目 录

Red Zone Management:

红海管理

——关键时刻改变规划

Changing the Rules for Pivotal Times

Dutih Holland
[美] 达奇·霍兰德◎著
安东建◎译

六大红区
六本方略
成败案例
六大训诫
十大原则

改变竞争战略　合并与收购　业务流程再造　打造电子商务　企业文化变革

经济管理出版社
ECONOMY & MANAGEMENT PUBLISHING HOUSE

北京市版权局著作权合同登记：图字：01-2002-4328 号

图书在版编目（CIP）数据

红海管理：关键时刻改变规划/（美）霍兰德著，安东建译. —北京：经济管理出版社，2011.1

ISBN 978-7-5096-1258-3

Ⅰ. ①红… Ⅱ. ①霍… ②安… Ⅲ. ①企业管理 Ⅳ. ①F270

中国版本图书馆 CIP 数据核字（2011）第 000827 号

出版发行：经济管理出版社
北京市海淀区北蜂窝 8 号中雅大厦 11 层
电话：(010)51915602　　邮编：100038

印刷：北京晨旭印刷厂　　经销：新华书店

责任编辑：申桂萍
技术编辑：黄　铄
责任校对：陈　颖

720mm×1000mm/16　　14.5 印张　　262 千字
2011 年 9 月第 1 版　　2011 年 9 月第 1 次印刷

定价：48.00 元

书号：ISBN 978-7-5096-1258-3

引　言

“……快看！他的10码进攻[①]已经推进到16码线，深入袭击区啦！棒极了，霍华德？这可是本赛季的关键局，虽然还落后4分，但巨人队确实有机会拿分，并打赢这场球啦！”

“你可别太激动了，丹。现在让我们看看他们能不能迅速发动他们的红海进攻来抓住这个大好机会。他们知道要是在这儿没能触地得分，攻势就得从头再来。”

“看看他们怎么进行他们的红海进攻。你看那个助攻，他已经把自己的耳机递给他们的主教练了……好像要换他上场。你看见那个助手把红海比赛手册[②]交给他们的教练了吗？”

“看到了……你看谁上场了？坎贝尔和鲍尔斯不是受伤了吗，但他们现在正在上场，巨人队这回换上他们的明星球员，你知道，他们在整个赛季已经是巨人队的顶梁柱了。现在可不是新手上的时候。”

“……看那个开球，好，传球，嘿，那是鲍尔斯，带球急转，斜向突破，越过右边的阻截队员，噢，他向最后的4码冲去了！很少关键局能像这样，他们就要得分啦！下面会怎么样，霍华德？红海方略手册上还有什么？”

“小伙子，我来告诉你怎么了。现在球队用的不是每场比赛都要用的一般规则，而是在紧要关头的比赛中才用的特殊规则，以往的统计表明，这时的成功机会最大。在整个赛季，教练们都在考虑哪些比赛是要高度重视的，这些比赛要派上最好的球员，这些球员也会在这种关键时刻做出巨大贡献。到需要的时候再临时定红海计划就太紧张了，所以，教练们必须把本年经验的精华都集中在方略手册上，现场比赛时再参考它随机应变。好了，回答你刚才提的问题，等着瞧吧，接下来，比赛还是要集中在右半场，在那儿所有的正面进攻都

① 10码进攻是指在美式橄榄球比赛中，得球的队为向前推进10码连续4次进攻中的一次，若连续4次进攻都未能推进10码即成死球。

② 比赛手册，指橄榄球比赛中，主教练总结的、内容绝密的比赛方法与比赛战略的手册。

会集中在巨人队的进攻线上……”

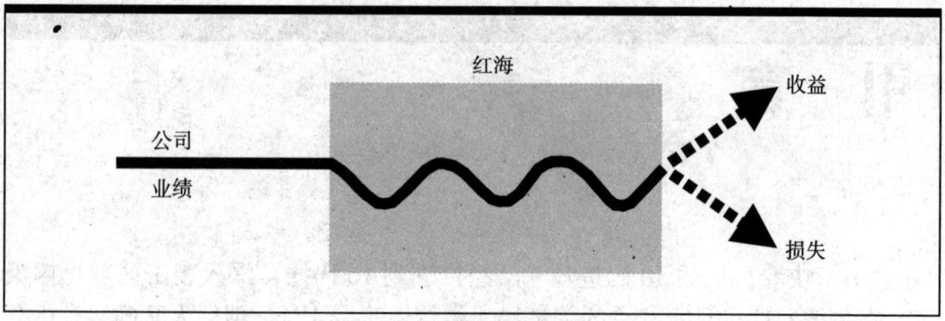

图 0.1　红海

商业上的红海

在橄榄球比赛中，红海是指球员在球场内触地得分前要穿过的最后 20 码场地。一旦进入对方的这 20 码场地，球队要么触地得分，要么失去得分机会、士气大减。球队在离开红海时，不是在得分板上得到了宝贵的 6 分就是在精神上被对手挫败了一回。商业领域也同样具有这样的红海：那是一些特殊时刻，在这些时刻，企业必须采用新的管理方法，才能在未来继续向成功的目标迈进。红海要求管理者不只是确立一种管理方法，还要跳出他们通常的管理模式。管理者所面临的红海，即企业发展历程中的那些关键时期，往往会具有以下的共同特征：

- 有机会获得巨大收益。
- 也极有可能损失惨重。

在红海里，没有获取高额收益的同时往往就会伴以巨额损失。我们来看图 0.1，它描绘了企业在对红海艰难突围的过程当中，可能表现出的发展路径以及可能出现的相反情况。企业要么向前飞跃，要么向后倒退，不可能再保持原状。

不幸的是，在商业领域，管理者没有一个 20 码线的标志来提醒管理者公司已进入红海。管理者要想觉察到红海的出现，就只能主动对公司某些重要的、初露端倪的表现进行仔细观察，并从自己的职业生涯和其他公司的历史教训中得到启示。商业历史表明，以下任何一种剧烈波动的情况都称得上是红海：

- 公司竞争战略有重大改变。公司可能会迅速地增加市场份额，也可能烧掉大笔资金而无任何进账。
- 和另一个大规模公司进行合并。合并要么会共同提升两个公司的市场地位，加大两个公司的实力，要么会使两个想要重写历史的公司大失所望。

● 在公司的业务模式上发生重大的内部变化（如从根本上检查组织的结构，再造核心业务流程，或者进行企业的文化变革）。这样的变化不是给公司带来重要的、新的能力，就是会带来困惑、反感以及信心的丧失。

● 实施类似企业资源计划系统（Enterprise Resource Planning System，ERP系统）的大型计算机系统。一个ERP系统的应用，要么会使组织内部联系得更紧密、整体更加和谐统一，要么会使大多数员工感到不解、疏离和挫败感。

● 实施重要的电子商务解决方案，如网上供应链应用（E-supply Chain Application）或是主要客户关系管理系统（Customer Relationship Management System，CRM系统）。电子商务可能会推动组织有效地提高效率、降低成本，也可能会导致供应商或客户产生厌恶和不满。

以上的每种情况都会在公司的发展势头、市场地位、员工士气以及企业资源方面，给公司带来极大的收益或巨额的损失。

本书重点

当70%以上的企业再造项目远离其目标，当至少一半的ERP实施者遭到彻底失败，当众多备受追捧的合并者得到的不只是上升的股价，更多的是源源不断的账单的时候，就一定是什么地方出了问题。我看到的情况是，那些执掌着红海策略的管理者，在企业航行到风口浪尖的关键阶段，武装他们的希望和自负远远超过了专业技术和创新。当高层管理者小心地选择对红海高高在上、避而远之，而把对红海的管理扔给那些并不重要、缺乏经验的人去做的时候，就确实需要做些事情来改变这一状况了。

我相信，能够应用本书中这些实用观念的管理者们，可以刷新他们的成功记录。我相信，大多数需要红海导航并与主要的组织变革有关的管理灾难都会因这些观念而得以避免，而管理者们因此可以把钱花在那些必须花的地方，比如，保持员工的精力和他们的生活方式。

我们知道，在大多数情况下，经济需要通过合并、重组和应用那些能够增加价值的技术及工具来获得发展。经济的发展需要大大小小的公司成功地穿越红海。想想看，如果企业可以浪费更少的时间、成本、精力和人力而成功地通过红海，那将会为整个经济节约多少资源啊。如果经济变得更有闯劲、更健康，也更充满活力，那么掌握红海管理就会成为确实的需求。换句话说，上升成长的经济可不需要那些以不成功的思维模式稀里糊涂地面对红海的公司来拖后腿。

本书将向你展示，要完成向不同的管理模式和更高、更有意义的承诺层次的转变，都有哪些至关重要的要求，以及你如何才能利用好当今的最大机会，并避免我们每天都会读到的众多失败。希望本书能对充实商业知识的内容做出贡献，成为你管理红海所需的必备工具。

我们在红海中获得的经验

30年来，我们对变化过程中的组织不断地提供咨询，现在，我和我的公司可以回过头来看一看数十个有关在红海中交战的情形，并把我们的所得贡献给我们的客户。每一次我们公司都与客户在红海中一起努力，我们的工作就是要帮助他们把注意力集中在他们即将获得的巨大收益或是可能遭受的巨大损失上，而不是把注意力过多地牵扯在通常的业务上。

我和我的公司曾为两大类型但都是二级的下游石油和天然气公司服务，他们确信他们可以走过合并这个红海，并成为中西部此类公司中主要的一级公司。我们从中更深地领悟到，那些强大的领导者，必须身先士卒并且创造性地领导公司去做大量细节性的工作，而这些工作在平常往往是交由下面的工作人员去完成。我们看着这些公司和它那些数以千计的员工，在将近一年的时间里，以长得令人难以置信的时间超时工作，所承担的义务远远超过了他们的职责所要求的范围，他们以这些努力力争赢得在市场中令人瞩目的成功。我们懂得了，强有力的、富有创新性的领导者所具有的明显的权威，而这些权威总是集中在做那些能够促成合并成功的正确的事情上。

我们和一个主要的公共事业机构合作，它刚刚经历了实施大型信息技术系统的失败，现在又在艰难地实施一个主要的企业资源计划系统。我们又一次看到了强有力的、创造性的领导力的价值，即坚持将实施的蓝图细化到目标、时间及预算。我们体会到，要让高层领导始终坚持对这个系统的实施是困难的，因为他们同时还要考虑企业其他主要的策略和结构变化。我们看到，这种实施与通常的商业管理实践大不相同，完全出人意料。

在一家大型的国内私人公司正在以自己的力量努力通过红海的时候，我们与之并肩作战。那时，这家公司遇到了艰巨的挑战，竞争者以低成本和低价格对它进行紧逼。有些人会说眼中看着沃尔玛（Wal-Mart）就是商业麻烦的最终定义。这家公司需要有极大的创新和勇气才能预见到可能的收益，以扭转局势赢得这份胜利。

有超过四年的时间，我们与美国主要的航空公司之一进行合作，它正在改变自己的竞争战略，来应对来自于一家有政府津贴背景的外国公司的挑战。我们看到了来自其首席执行官的真正的领导能力，他使红海的危险清晰可辨，而那些远离销售过程的员工往往因为远离红海而看不到来自于对手的威胁，看不到企业竞争战略亟须彻底革新的真正需要。我们看到，公司里最优秀的人才，被赋予了专职来负责改革和实施新的战略，以使公司重返市场的领导地位。

你已为穿越红海的旅程做好了准备吗？准备学习怎样调整你的组织度过那些艰巨的时刻，虽然这些时刻对人们许之以巨大的成功，但它往往受着巨大损失的威胁。坚持下去，旅途才刚刚开始。

红海管理的辅导课程

第一章，红海管理的现状，描述了现在正处于红海当中的公司所面对的较大的难题。你将知道红海是难以对付的。

第二章，红海条件与策略，详细描述了红海的不同种类和公司用来顺利通过这些红海的管理策略。你将学会判别哪些现象是红海迫近的信号。

第三章，红海失败原因，确定公司最终是损失而非获益的关键原因。这一章集中于特定的行动或要素，指出在不同的红海情况下哪些行动和要素必将会带来损失。

第四章，红海原则，聚焦于在红海中需要应用的基本的和根本的原则，无论是哪种红海，无论处于红海当中的是什么公司，这些原则都是通用的。这些原则都由简单的术语表述，它们表明红海管理相对于日常管理确有超乎寻常之处。

第五章到第十章，红海管理战略，针对六个当前公司普遍会遇到的红海情况所制定的特定的战略。公司会为了获得巨大收益而采取这些战略。这些红海战略包括：

- 全新竞争战略。
- 合并/收购。
- 业务流程再造。
- 实施企业解决方案。
- 打造电子商务。
- 企业文化变革。

第十一章，精通红海管理，关注企业为了获得红海的管理能力所必须采取的特定行动。企业在其整个发展过程中难免会与这些红海暗流不期而遇。

读者提示

由于我们所有的读者并非都具有同样的阅读习惯或是抱着同样的阅读目的，所以我对本书的结构做了专门安排，这样读者可以按照自己的不同需要进行不同的选择。

选择 1：你想详细了解红海管理

如果这是你的目标，那么只要一直读下去就行了，理解全书安排的逻辑顺序，做什么，不做什么，如何特别地进入为你准备的六个红海情形下的管理战略。但是，即使你把全书通读了一遍，最好还是重读一下第四章——红海原则，以及与你为自己公司选择的有望采取的红海策略相应的特定的战略章节。

选择 2：你只想看你想看的

如果你只有时间阅读个别章节，可以先看一下第一章内容作为了解，然后再看看第四章所有重要的红海原则。如果你掌握了这些原则，当你的公司遇到红海的情况是，你就能制定出自己的应对战略。

选择 3：你现在正处于某种红海中，你想看到相应的红海战略

既然你现在就在红海内，那么我们的内容可谓正符合你的需求。你可以直接阅读战略章节（第五章到第十章），然后阅读第四章以完全理解这些战略背后的原则。你也可以读读第三章，看看是否有红海的失败原因已在你们公司产生影响。

译者导航：飞跃红海

红海是什么

红海，源自橄榄球赛，那是要拿到得分所必须穿过的地带。商业中的红海是企业面临的生死攸关的时刻。在这种时刻，需要企业进行大刀阔斧的管理变革，采取了变革就可能硕果累累，同时失败的风险也超乎寻常。结果是，企业要么向前飞跃，要么向后倒退，不可能再保持原状。而不采取变革，往往就是坐以待毙，躲不开最终的浩劫。所以，一旦碰到红海，除非实在力有不逮，唯一的选择只有奋力突破。

红海有什么

商业世界纷繁动荡，随处潜伏着影响企业市场的变化因素，有些因素肯定会给企业带来裂变性的变化和分化性的影响。应对这些裂变分化性因素，企业采取了种种策略，对于那些最重要的策略，每个策略都是一种红海，值得我们给予特别的管理和关注。

六个排在首位的红海（策略）：

- 改变竞争战略。
- 合并与收购。
- 业务流程再造（BPR）。
- 实施企业解决方案（ERPs）。
- 打造电子商务（E-business）。
- 企业文化变革。

大多数其他红海（策略）都可由这六种红海（策略）组合或变化而来。

所有这些红海策略都代价昂贵，困难重重，随之而来的是巨大的冲击、压力和超负荷的工作。这里需要大量的变革和创新，需要强大的领导者实施细节、身先士卒，需要整个战斗集体既要有破釜沉舟的决心，又要有奥林匹克级的承诺，因为在这里，不成则败，只能殊死一搏。

所幸的是，红海策略的经验皆息息相通，一个策略的成功经验同样有利于实施另一个红海，精通这六个红海，就可以以一当十、一通百通。

为什么要突破红海

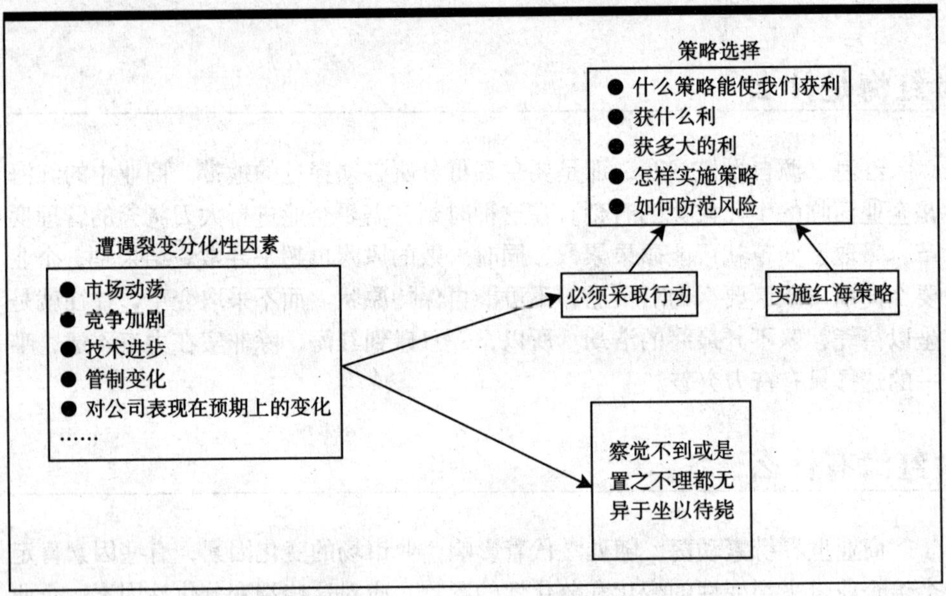

为什么需要这本书——怎样突破

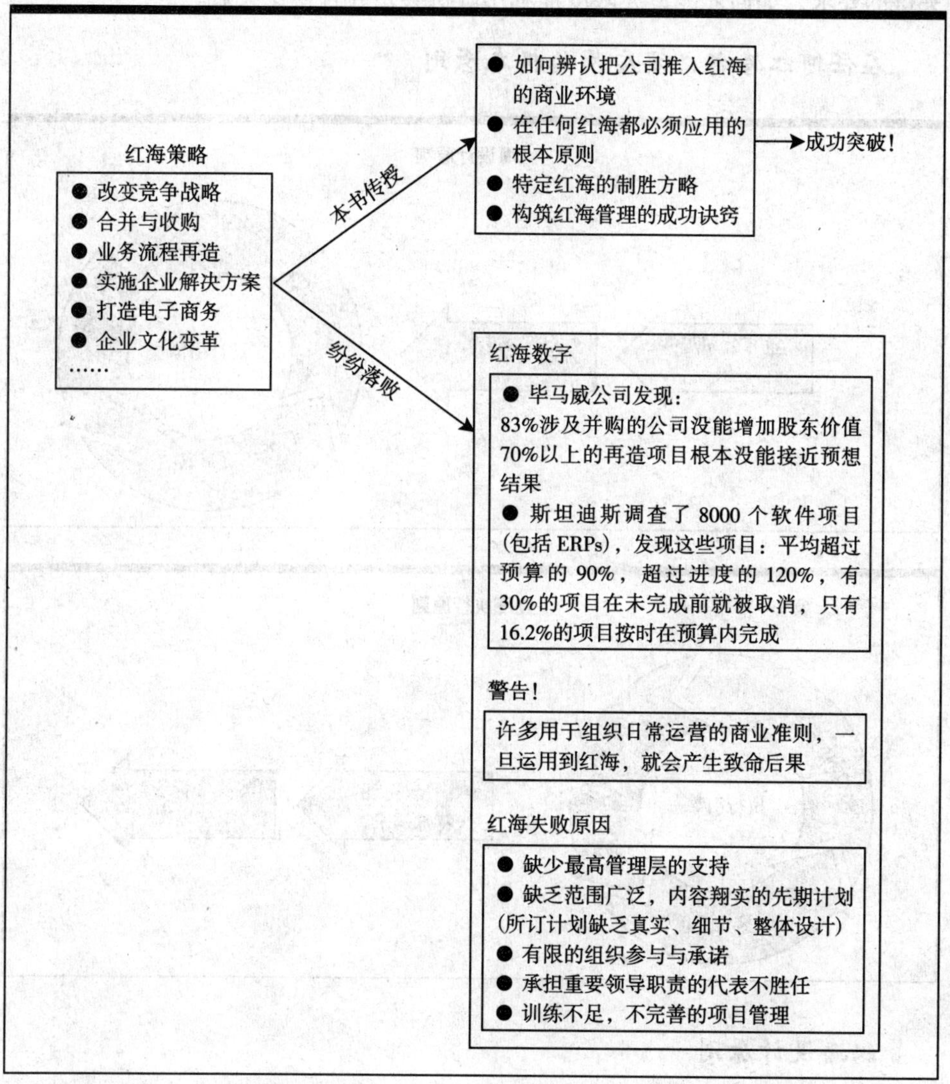

在我们读到的经济新闻中充斥着太多的红海失败，点缀其间的是寥若晨星的胜利者。难以避免的红海与十有八九的失败率让人望而却步。但是，逃避解决不了问题。

本书的实用观念可以使大多数需要红海导航并与主要的组织变革有关的管

理灾难得以避免，使企业能够用更少的时间、成本、精力和人力，成功地通过红海。

本书指出，要完成向不同的管理模式和更高的承诺水平的转变，都有哪些关键的要求，如何才能最大限度地利用好机会，并且避免失败。

在任何红海都必须应用的根本原则

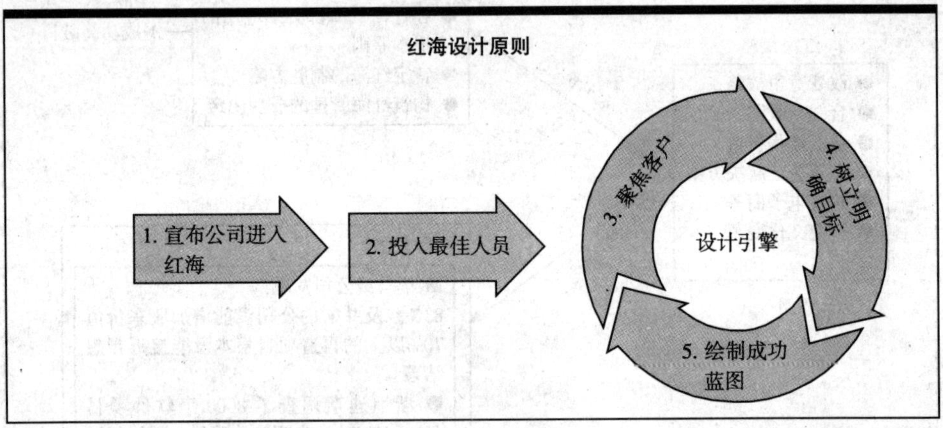

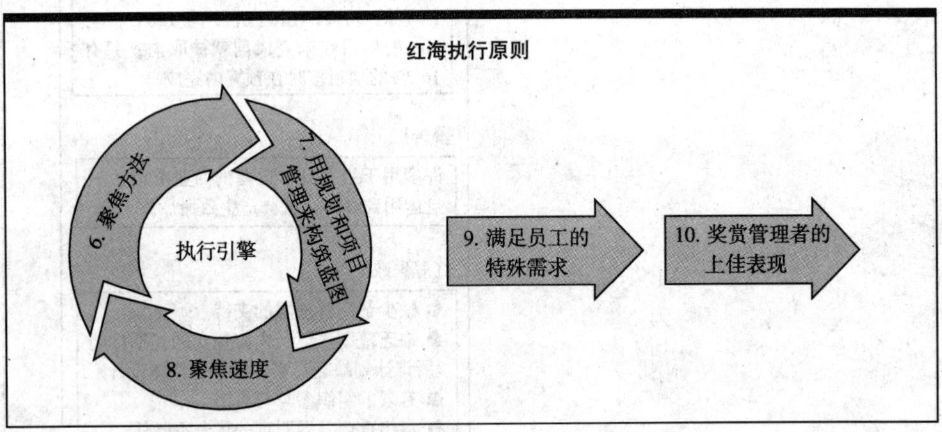

红海设计原则

1. 宣布公司进入红海

①使员工了解，公司需要他们做出哪些特别的表现和承诺（奥林匹克级的表现与承诺） ②公司上下破釜沉舟的决心

2. 投入最佳人员

最佳人员标准

①资格及个人威信
②领导素质
③耐力和精力水平
④对公司的承诺：代表公司利益
⑤经验、能力
⑥业务知识
⑦在组织中的位置或在公司中的级别

→

确立职责

对处于关键的组织角色上的经理，分配红海任务，明确其直接的职责和义务。这些关键组织角色包括：CEO，COO，CSO，CFO，CIO，CHRO……红海经理、规划经理、项目经理……

3. 聚焦客户

红海策略能为市场带来什么？能为客户带来什么？

→

- 不同的产品/服务
- 更高的性价比
- 更准确的市场定位

红海客户记分卡

客户		现在的位置				理想的位置				所需采取的行动	
企业为客户贡献的价值	产品/服务的属性	我们	竞争对手1	竞争对手2	竞争对手3	我们	竞争对手1	竞争对手2	竞争对手3	改进	保持
价值 1	属性 1	+	○	+	−	+	○	+	○		√
	属性 2	+	+	○	○	+	+	○	○		√
	……										
价值 2	属性 1	○	+	−	−	+	+	○	○	√	
	……										

注：+：更好的；−：更差的；○：相同；√：选择该项

4. 树立明确目标

① 可行性研究
(聚焦客户记分卡→保证增加客户价值)
② 有一定的成功把握

5. 绘制成功蓝图

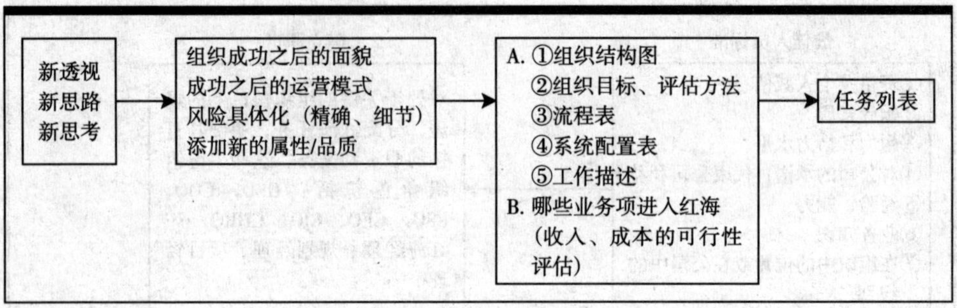

红海执行原则

6. 聚焦方法

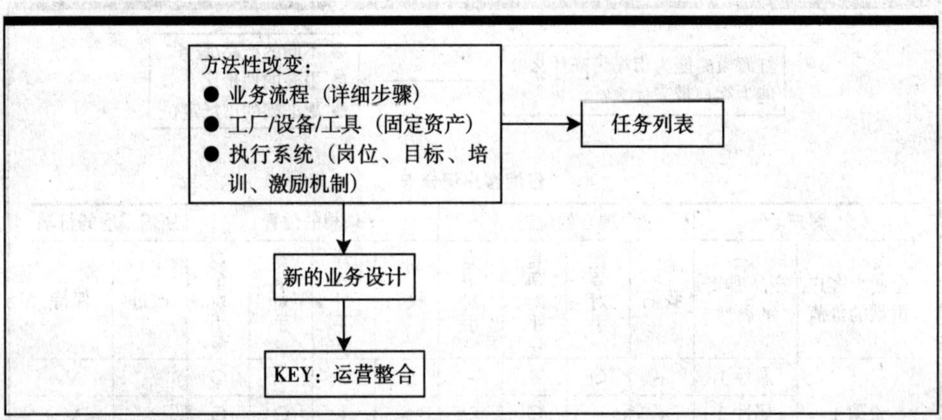

7. 用规划管理和项目管理来构筑蓝图

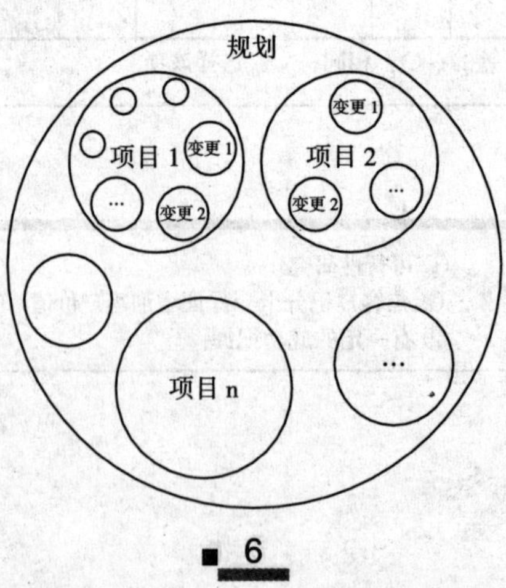

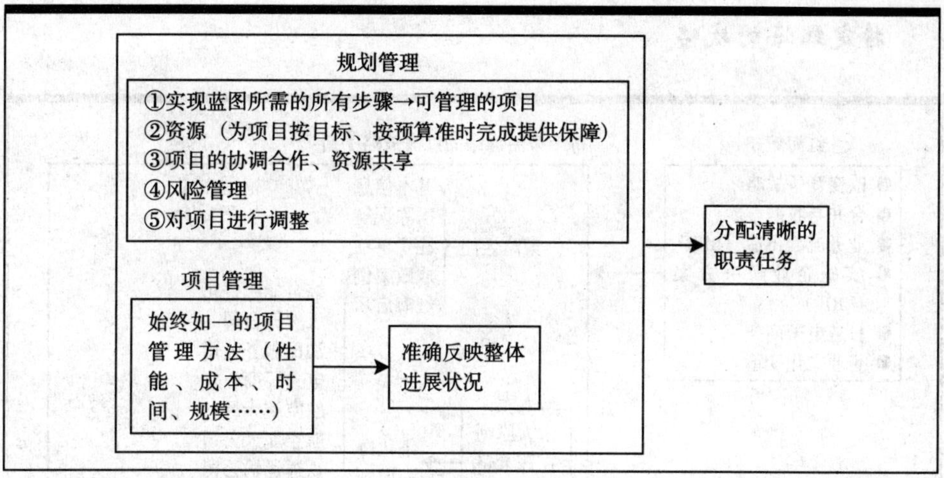

8. 聚焦速度

● 同时应付红海和必须做好的日常工作，极为困难。越早把红海抛在身后，越早跳出来，就越能以更远的视野展开新的战略和行动。

● 精神抖擞地通过一种红海会在短期内形成一种竞争优势。一种新的工作方式或竞争特性所带来的优势。

● 在红海繁重而紧迫的工作当中，具有消极影响的不测事件时有发生。组织面临着真实的危险，员工也许会耗尽所有的欣喜、时间及精力。

● 追求效率不等于放松质量。缺乏细节的计划、粗心的实施，只会导致达不到标准不得不在日后返工，甚至功亏一篑，无功而返。

● 穿越红海的最佳速度可以通过运用严格的、符合红海蓝图关键路径的规划和项目管理来获得。要求制定有里程碑意义的总时间表，并加强品质核查。

9. 满足员工的特殊需求

● 工作量管理
——时间计划（常规工作量）
——灵活性
● 卫生保健
● 奖惩公平

10. 奖励管理者的上佳表现

● 双重激励
——对达到一般商业目标的激励
——对达到红海目标的激励
● 奖励与红海完成之后两三年中的组织表现以及红海的中长期成果挂钩

特定红海的战略

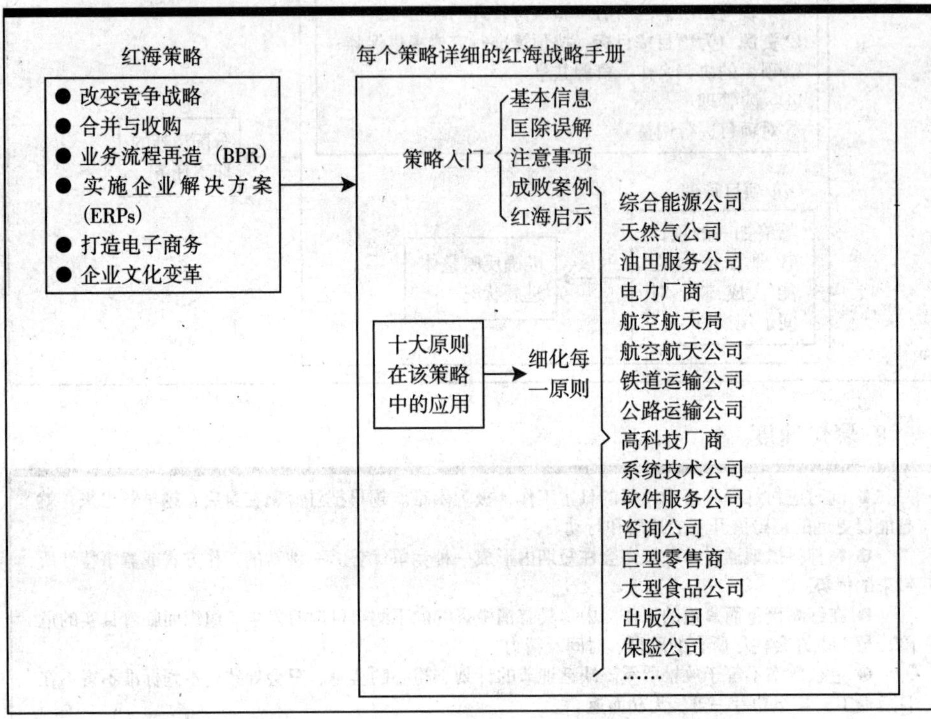

竞争战略

1. 竞争战略

一个公司的竞争战略是其在市场中定位其产品和服务的方法，这种方法能使公司在争取客户方面获得优势，同时抵御竞争对手以保住公司的市场位置。

2. 制定竞争战略

①把握机会：死亡的结果通常是因为失败者未能理解和把握住浮出水面的新生市场和新产品，以及开辟他们未来竞争“空间”的新手段的需求。

②准确定位：

● 集中：采取一种本行业中较小的竞争范围。

● 变化的视野：怎样定位才能保证一个持续演变的环境始终处于我们的视野之中，并且找出什么是我们的优势，什么不是我们的优势。

● 创建环境：怎样才能影响我们所处的竞争环境——不只是适应它，更要创建它或是塑造它。

③产品独特：

● 价值：产品/服务贡献了有特色的价值（性能、质量、形象、品牌……）。所提供的产品/服务是如此独一无二，以至于人们愿意为此付出更高的价格，并且有些人会长时间地持续购买。

● 交付：交付产品/服务的方式独特。

④目标集中：

● 坚定：能依靠这种战略闯过非议、斗争，并且权衡利弊，牺牲一些战略中次要的部分或时机来集中力量完成这种策略。

● 集中：确保所有的活动都瞄准目标和战略。

● 一贯：在战略执行上始终如一，不朝令夕改。

3. 改变竞争战略

威胁
● 新进成员
● 替代产品/服务
● 供应商提出的条件
● 买方需求
● 现有公司间的竞争

→ 比较分析
将本公司的目的和表现与其主要的竞争对手的目的和表现进行比较

→ 改变
● 公司形象
● 给客户带来更多价值

→ 目标
● 增加市场份额
● 提高客户满意度
● 提高利润
● 提高收益率

合并与收购

● 整合划一
● 文化融合

业务流程再造

● 对业务流程重新设计
● 加入最新、最好的技术诀窍

→
● 极有效率
● 成本更低
● 公司或其产品/服务更独特
● 为客户做得更好

实施企业解决方案

ERPs：将企业各种业务功能（制造、财务、人力资源、分销等）链接入一个共同的系统，使企业业务流程流畅和事物处理工作自动化。

实施 ERPs →

一套统一的处理方法：业界领先的业务模型
标准流程：企业内部业务功能和业务流的集成
各部门衔接：ERPs 系统作为企业所有业务活动的单一数据源

→

- 效率更高
- 成本更低
- 统一性更强

打造电子商务

E-business →

- 增加销售渠道
- 与客户、供应商、员工等更快、更高效地沟通
- 通信、交易更便利
- 更全面的客户数据→定制性服务

企业文化变革

- 集中于某一概念、原理（理念）
- 贯彻在组织内每个人的行为表现上

构筑红海管理的成功诀窍

①运用红海策略增长你的业务。
②培养红海心态，包括树立红海预期。
名人典范：杰克·韦尔奇，GE
巴尼维克，ABB
郭士纳，IBM
……
③制订红海计划。
④使红海流程到位。
⑤保证红海资源。
⑥了解（评估）你的红海能力，并利用它来进行竞争。

红海能力衡量标准 →

- 高能力：红海斩获者
- 有红海能力
- 低能力：竞争对手红海能力的潜在牺牲品

超越自我

环境瞬息万变，裂变分化性因素无处不在，每个组织、每个人无时无刻不在面对。红海是我们无法逃避的事实。发现这些因素，把握机遇，勇敢抉择（自知无力也要勇于放弃），消除导致失败的因素，掌握策略、原则，就能成功突破红海，得到宝贵的经验、信心、动力以及优势。

大多数人都在忙于应对在红海策略中有关自己的那部分细节，而缺乏对红海整体的把握。红海管理经验的稀缺为关注红海、掌握红海的人创造了先机。

唯愿这本书能够帮助你及早地认识红海、发现红海、掌握红海，获得冲破红海的勇气、信心与成功！

第一部分 今天的红海管理

在今天这个快节奏的商业世界，公司为了在竞争中获取优势，有时甚至只是为了还能参与竞争，使用红海策略的机会已经大大超过往常。当今的红海策略承诺会有巨大的收益，但是一旦没有谨慎管理，也会带来剧烈的效益滑坡。在第一部分，我的目标是呈现出当今红海策略应用的现状，找出许多这些策略在实施中失败的原因或形成的原理，最后，我还提供了红海管理的十条原则，这些原则能有效地防止大多数红海困难的出现。

第一章　红海管理的现状

在橄榄球比赛中，一旦进攻者穿越了对方球队的20码线，他就进入了红海，因为在这个区域，每一个移动，每一次犯规，每一英寸，每个细节，都关系着成败。在这个活动剧烈的运动中，没有哪里可以明显地划分为最初的进攻地点或是防卫地点。在这里，最明显的是对热血沸腾的胜利的渴望。这里是输赢分晓的地方，强弱互现的地方。大家都知道，在红海中所犯的错误将耗费人们的工作、事业乃至他们的生命。

——蒂姆·格林（Tim Green），《红海》（The Red Zone），华纳图书（Warner Books），1998。

红海管理

红海管理的现状是非常可怕的。我不断地看到那些对通过红海寄予厚望的很不错的公司，在推行了红海策略后得到的却是巨额的损失。有些损失是可以弥补的，有些损失则永远无法逆转。读一读《财富》（Fortune）或是《福布斯》（Forbes），你就会看到红海策略的失利就是一场真正的肥皂剧。更糟糕的是，管理者、作家和咨询顾问并没有把这些难题综合考虑。我们看到在一系列的文章中，谈并购的有它自己的一批作者、研究人员、咨询顾问，而谈企业资源计划系统的实施和流程再造的问题的，则是另一批人。我们需要立即对这些巨大的困扰组织的难题开始进行全面的观察，并把它们作为一个整体的现象来对待。这样我们才能透过现象看到它们的本质：那就是红海。

恰恰是在流行的热点文章之外的文章，探讨研究了在红海策略中事态将会如何发展，是被并购，进行大型的再造项目，实施ERP系统，还是对企业的战略进行较大的改变。对于选择了红海策略的组织来讲，最终发现“有70%~80%的部分未达到预期水平”的情况并不罕见。例如，毕马威国际会计公司（KPMG International）就发现，有83%涉及并购的公司没能增加股东的价值。

有70%以上的再造项目根本没能接近预想的结果。1998年，斯坦迪斯国际集团公司（Standish Group International）调查了8000个软件项目，发现大型项目平均超过了预算的90%，超过了计划进度的120%，有30%的项目甚至在项目未完前就被撤销，只有16.2%的项目按时在预算内得以完成。

这些研究大多数都试图发现，在这样少数成功，多数失败的现象背后真正发生着什么，希望能够以此得出结论，为什么有的做法成果斐然，有的做法毫无建树。在致命的失败原因中，我们发现高居前几位的是：缺少最高管理层的支持，没能动员起组织内足够多的员工，也没能得到他们相应的承诺，工作一线计划不足。

关键的一个问题是，许多公司没有对红海给予保证其成功的足够重视和认真对待。在大多数的公司都知道红海有潜在的巨大收益的同时，他们似乎并未理解实施红海策略可能遭遇到的各种风险，或是没有对这些风险进行一定的客观研究。他们没有从他人明显的经验中吸取教训，对于各种错综复杂的情况、所需要的承诺水平，以及要获得预想的收益所需进行的惊人数量的创新进行了非常错误的理解。

商业领域的管理

在我开始阐述这一章的详细内容之前，让我们来回顾一下在商业领域中常会遇到的有关区域的基本定义。在通常情况下，管理者将通过两个商业区域来推进他们的业务。

（1）管理者会遇到机会区，在这个区域如果他们进行了足够的创新，他们的公司就有机会实现巨额的盈利。即使没能获利也只会带来失望，不会给公司的业务带来颠覆性的恶果。

（2）管理者会遇到风险区，在这个区域他们的公司会冒一定的风险，可能会有较大的损失。若是能成功地降低风险，就能防止任何可能会给公司业务带来较大的负面影响和动荡，但是这并不能使公司的业务获得向前的发展。

但是当管理者遇到我们所谓的红海的时候，情况就截然不同了，它们在公司的生命历程中是一些关键的位置和时刻，其标志就是这种时刻会同时出现获得巨大收益的机会，但是也确实有遭到巨大损失的可能。在红海内，未能获得巨大收益往往就会导致巨大损失。

要想成功地穿越红海，公司必须投入在机会区中要获得胜利所需的极大的积极的动力和创新。同时也要具有在风险区中避免巨大损失所需的孤注一掷、破釜沉舟的决心。但令人遗憾的是，如果说不是大多数，那么也是相当多的公司没能做好这些工作。

在红海内失利的公司

为什么有这么多的公司在红海内表现得如此糟糕？让我们来看一下对一个典型的红海选择者的剖析。首先，让我们看看有些愤世嫉俗的人曾经谈到的大型项目的六个阶段：狂热，幻灭，恐慌，歇斯底里，寻找罪人，惩罚无辜者及赞誉未参加者。

若说这六个阶段是开玩笑的话，那么它其中也包含了更多的事实。要想感受一下一个典型的红海选择者走向失败的过程，可以浏览表 1.1。如果你已经对红海的失败将会怎样非常了解，可以跳过这一部分，直接阅读后面的内容。

表 1.1　不成功的红海策略实施者的概貌

1. 意识到自身的需要，并发现了“重大的解决方案” ● 宏伟的目标；我们盼望着好事情的发生。 ● 我们想为公司做出更好的表现。 ● 哇！这可是个好点子。 ● 这不是个引人注目的解决办法吗？ ● 要是不利用这个机会，那我们不是就失职了吗？ 2. 在获得了对于解决方案的承诺之后的欢欣鼓舞 ● 这真是令人兴奋！ ● 股东会爱我们的。 ● 这会让我们的履历更漂亮，不是吗？ ● 我们有很棒的团队，我们能拿下这个工作。 ● 随着这个决定，我们会跨越一个重要的里程碑，它会引领我们公司进入更好的未来。 3. 计划阶段的宏伟蓝图 ● 早期授权；毕竟重大的决定已经做出了；你说要授权给我？ ● 别担心，我会在这儿帮你的。 ● 我们能从公司内部或外部寻求咨询顾问的帮助吗？ ● 请注意我们的时间底线；我们可没有时间细化一线计划。 ● 没有时间做详细的风险分析了；我们是伟大的困难解决者；一遇到这些困难，我们就会解决掉的。 4. 迅速消退的管理兴趣和热情 ● 在员工面前表现出极大的信心。 ● 另外，这些年来我已经尽力了…… ● 当然，所有的项目在开始时都是杂乱而模糊的。 ● 你们需要的时候我们会到的。 ● 毕竟，我们这些执行官总是会筹划指导委员会。 5. 项目启动 ● 找咨询团寻求“帮助”。 ● “好，好，您说得对，顾问，沟通，沟通，沟通。” ● 雇员们还记得上一次类似的策略。

续表

- 玩世不恭的情绪在上升。
- ……尽管有人解释说，这次不会再搞成那个样子了，但……

6. 细节中的魔鬼
- 查看所有的细节……
- 查看所有这些变动的部分。
- 综合病症：总是说“噢，不!”
- 利害关系人太多，而时间太少。
- 难道现在不是重新启动项目的时候吗?

7. 以优先处理日常业务来中断红海策略的实施
- 生意必须继续。
- 那是些非常重要的约会。
- 我们更希望你本人能到场而不是派你的代表来。
- 哎呀，我们的明星队员出什么问题了？你什么时候会回来?
- 老说“我们会一直在这里帮助你们的”筹划指导委员会，现在怎么啦?

8. 战壕中的战斗
- 我知道你有你的日常工作，但是我们需要你的帮助!
- 当然你的世界要受影响了；你从最初的简报上听到这样的消息。
- 这的确很难，而且也没有什么乐趣。
- 雇员们感到疲乏，充满挫折感、愤怒，冷漠地随波逐流。
- 我们究竟该怎么解决这些难题呢?

9. 宣告失败
- 对这件事，我们并没有好的感觉……
- 实验结束了：如果我们告诉你这个项目陷入困境了，你们这些执行官会做何反应呢?
- 请向管理层寻求帮助吧。
- 执行官：你确定你的人处理不了吗?
- 执行官：这还有一些钱……

10. 最高管理者上岸了……
- 最高管理者回过头来解决冲突……可是已经太晚了。
- 而且在高层……
- 你的人怎么弄得这么乱?
- 我警告过你，这些顾问……
- 我们只能在力所能及的范围内尽我们的最大努力。

11. 重新开始
- 我们需要对现在所处的位置重新评价。
- 我们现在需要的是一名新的项目经理。
- 而且我们需要一个新的项目计划。
- 我已经太累了、太丧气了、太气愤了，可没力气再来一遍了，这个项目再做也好不到哪儿去，有什么用啊?

12. 余波：公司从内到外进行恢复
- 让我们更清楚地重申一下我们对这个项目最初是怎么预期的。
- 我们必须要巩固我们的既得收益。
- 毕竟我们走得还不算太远。
- 我们内部的原则听起来越来越好了。
- 无论我们说什么，员工都会称为“又在吹牛”。

13. 在下一次红海策略实施之前暂时抛掉过去

续表

● 这时候，组织中出现了这样的声音：让我们把这些事儿抛在身后，不要去管它了。 ● 很好，现在那些最高管理者可以不到这儿来了。 ● 这一次肯定会有所不同了，因为将由我们领导。 ● 毕竟，那些都是“旧经济”的问题……现在可是“新经济”时代了。 ● 好了，现在我们可以继续前进了。

这些情况听起来有点耳熟吧。可是为什么呢？为什么我们都在和这样的情形作斗争呢？

为什么公司在红海里不能做得更好

我想，在这里有一些明显的和不甚明显的原因，使我们大多数人在红海中不能很好地选择红海策略。例如，许多公司并没有真正认识到红海策略的困难性。并且，我们尚且还不知道需要进行多大的改革、创新，甚至我们还不知道对红海策略的理解要清楚到什么程度。我们没有认识到，一些不明显的因素，比如许多我们在运营自己的公司时所运用的能产生效果的通用的商业准则，一旦运用到红海内就会产生致命的后果。

陷入红海，困难重重

阻碍许多公司取得红海成功的一个重大因素就是，它们没有意识到自己将要从事的工作将会多么艰难。我知道，有些事情当你没有经历过的时候，你很难认识到它的困难。但是，我仍然希望你能在实施红海策略前认识到红海的困难。我曾有一个飞行驾驶教练，他送给了我一席极其宝贵的话，用来形容我在第一天上直升飞机驾驶课时可能会有的感觉。他知道我对于固定翼飞机很有经验，也感到我对于上直升飞机的驾驶课颇有些自负。所以他先是对我已有的固定翼飞行时间点头表示赞赏，并且说我的这些经验在飞直升飞机时是现成的，尤其在学习后期更能用得上这些经验。他这样一说我就来了精神，他接着说，“刚开始时的确不算太难。不过你要想象自己带着一个篮球跳进了一个深深的游泳池的底部，然后站在这个篮球上！这就是你会有的感觉了。”我可以向你保证，当我把自己绑进那架机器里的时候，我的头脑和感觉都和几分钟前完全不一样了。

从一开始，我就试图向我的客户们证明，红海策略很大程度上就像是站在那个篮球上，至少从商业角度看两者的难度是相当的。要通过红海是艰难的，这就如同开始一场全新的冒险，只要出现任何一个大的错误，就可能功亏一篑。通过红海至少是困难而耗时的，因为在这段时间，你至少可能会经历主要产品的失败，或是失去主要的客户，而且事态还会加速蔓延。进入红海项目就意味着，如果情况进展正常的话，你将每星期工作 5 天，每天工作 12 小时；而如果状况不好的话，你可能每天要工作 12 个小时，连续 7 天或是 24 天，甚至 365 天乃至更长的时间都要这么超负荷地运载。红海项目意味着创造性的飞越、艰难的决定、强硬的交涉、面对面的对质。嫌我太啰唆？最起码，如果你怀着“在花园里散步”的渴望进入红海，那么你最终就肯定会被深深地压在“篮球”之下。

红海管理的经验尚是稀缺品

要进行红海管理，经验是非常重要的。但在公司准备通过红海的时候，适当的经验并非唾手可得。这就如同在橄榄球比赛中要使用红海策略一样，你需要使用那些曾经多次进入红海，并用自己的表现证明了他可以很好地实施你的红海策略的明星球员。虽然我们中的许多人曾经经历过某个红海，但大多数人并没有注意到这些策略的管理是如何处理和控制的。而且，即使我们注意了，大多数人也不知道该往哪瞧，才能抓住那些关键的决定。实际上，大多数人都只是在忙于应付在这个策略中有关我们自己的那部分细节：我们的部门将会有什么变化，需要学习什么新的技能，谁是新人，我们将怎样和他一起工作，等等。

红海经验的关键要素在于如何控制这些策略。很少有飞行员能告诉管理者他什么时候是“动操纵杆的时候”，他需要的是真正开过飞机的飞行员而不是看过飞行的或是开过汽车的人。在今天，参加过多重合并或再造项目的管理者少之又少；实施过一两个以上的大型企业信息系统模块的管理者同样稀少；而在他们公司的竞争战略发生重大变化时，有过深思熟虑并着手采取行动的经验的管理者就更少。所以，关键在于红海管理经验在现有的公司中如同稀缺商品，很难找到。

但是，所有的红海经验都是有用的，不管是有关再造的，构架一个新的大型组织结构的，和另一个大型公司合并的，或是实施一个 ERP 系统的，所有这些红海策略在核心上都是类似的，领导其中一个策略的经验同样有利于领导实施另一个红海策略。

通用的商业准则在红海内却会带来伤害

为什么我们在红海内不能表现得好一点儿呢？其中一个原因就是，公司错误地应用了在常规管理中有效的通用商业准则。上直升飞机课的例子在这里也同样适用。我的老师在提到篮球的时候，他不只是要告诉我所要做的事情会很难，他还要告诉我，我想当然地认为开固定翼飞机的经验能直接地应用在飞直升机上，而事实并非如此，前者的经验有时是指望不上的。在红海管理中道理也是如此。

数十年来，教师和顾问一直给管理者们输送着管理思想的盛宴，以供他们试验和实践。这其中有许多思想已被证明是非常有益的，并在今天的许多商业领域成了成功的核心。我们所指的许多启示已经被综合成基本的经理培训课程，从初级的学院到大学到公司的内部培训课程都有这些内容。而不幸的是，在许多情况下，这些启示已被扭曲切割，改写成一般通用的，而非原来素材中有特殊背景的经验，而且缩减了许多区别的界限。于是这些启示成了被人们广为传播的所谓的“我在大学里早就学过了”的原理，而不是“我是在长年实践中学到的”经验和知识。简而言之，这些启示中有些内容恰恰是不起作用的。而那些暂时的管理实践，好也好，坏也好，都比我们大多数人所认为的管理原理更是管理诀窍中隐含的宝藏。

我们中的许多人已经谈到了在商业变化中的管理理论的种类和实践，但我们谈的不是正在进行中的商业日常管理的事务。当这些新的启示在公共领域中流传，当我在我所去的大多数地方都能有意无意地听到时，很明显，这些启示并没有被综合成我们管理或是指导管理培训时所用的那种直率的或是含蓄的方式。

另外，我想小心地审视一些关键的管理主题，它们因其在红海行为中潜在的否定效果而得到了极大的关注。下面的六个主题是其中最重要也是最值得注意的，它们可能正是不能给红海管理带来价值的常规原则。在这六个主题之外，我们所谓的“文化实践”也会对经理产生影响。

并不能给红海带来价值的好思想

运营业务的管理系统

我们设计一系列的管理系统来把我们业务中那些重要的、相关的部分和步骤联系起来，以使我们能够更加迅速而高效地完成工作。管理系统是在我们的日常工作中发挥作用的，我们接受了它们，并认为其中一些潜在的原理是很好的管理思想。例如，我们在学校里学到的是管理和评测目标，而不是管理和评测手段，只评估结果而不是评估获得这些结果的行动。但是在红海里，我们要把注意力集中在那些为获得新的结果而专门设计的新的手段或行动上。另外，按我们所受的教育，对于日常工作要用例外的情况去管理，这里我们假定在我们的管理系统中，大多数员工在大多数时间里都做得很好，那么只有在例外的情况下员工才需要管理者去进行管理。但是在红海中，我们聚集在了例外之中。实际上，红海中的每个重要事件都是例外情况。

在日常管理中，在工作时信任和依靠我们现有的政策和程序，它们在普通的、常规的管理环境下是有效的。但是，红海中的一些最关键的工作，就是要我们尝试着为我们所要开创的商业冒险建立起新的政策和程序。在平时，我们要信任预算、计划、控制所提供的我们需要的信息。但是，在红海里情况就不同了。在红海里，我们能跟随的只有项目计划。简单讲，我们的那些管理系统多年来的成功使我们产生了一种错觉，好像只要使自己的大脑处于自动领航状态，我们就能给公司做出巨大贡献，我们相信这些系统能带来我们想要的结果。但是，红海里没有一个这样的自动领航系统。

培养管理能力的哲学和程序

我们大都接受这样的看法，那就是培养具有长期职业生涯的经理的最好办法，就是通过一系列重要的、富有挑战性的工作，来增加他们身上所承担的义务和责任，以使他们锻炼出新的能力来。我们知道，有些经理多年后会回过头来重新思考当年公司的安排，并最终认识到在当时他们通过艰难的路程学到了很多。我们也都曾看到过新的同事刚来到新的工作岗位时的情况，我们在内心深处微笑地看着他们在把事情搞糟的同时也学到了通过其他途径学不到的重要经验。

但是，难道我们真的想在红海中也这样培养经理吗？我们想让红海成为那些达不到我们所需能力和经验的经理们的培训场吗？我们想对他们显示我们对他们的信任，却把他们独自撂在红海里，让他们自己从工作中学习领悟，而不管公司的命运已经危在旦夕了吗？的确，我们会在那里做他们的导师，但这就足够了吗？不。我们常会看到执行官们在经历红海时退到了后面，而做出“发展性的安排”。让他们的一些年轻的管理新星来领导公司走过红海。但是红海可不是锻炼新手的时候。我们应该让我们所拥有的那些最优秀的管理者来领导红海，不管他现在在组织中担任的是什么职位。这意味着红海中的领航人可能是企业的首席执行官（CEO）或是首席运营官（COO）。

领导或管理的展示和风格

对于领导者来说，清楚有关领导和管理风格的理论已经有二十余年了。好的领导者和管理者会通过别人去将事情完成。伟大的领导者会站在幕布之后，通过伟大的教导，提供远大的视野、鼓舞和激情。领导的工作就是走在队伍前面保持关注的视野，在障碍到达组织前就已预先感知，在他的大队人马遇到这些障碍之前就已将其除去。伟大的领导者对其组织内部的问题非常警觉，他们会采取我们在下面提到的许多投入性措施，来确保他们所采取的任何行动都将充分合理，能够在员工中得到坚决执行。好的管理者所受到的教育是要应用和他们的队伍的发展或能力相符的领导风格：做组织内新手的强大导师，对老员工进行正面的指导，对表现最优秀的员工进行侧面的建议。

对于公司正在进行的业务，这些领导和管理思想并没有什么不对的地方，但是在红海，这些管理思想却可能是致命的。这些管理思想，特别是如果与通常有效的“代表—代表—代表”的管理思想相混合，就会告诉红海的领导者，他应该扶持一些有力人选来实施真正的红海策略，并对他进行直接汇报，而他会在旁边对他们给予鼓励和教导。而如果我们不留意，我们可能就不会意识到，在红海里，实际上每个人都是新手。

在许多领导思想中，有一个潜在的假定，那就是领导者应该脱离任何具体的事务性工作，以使他在重大的机会和难题刚一出现时就能着手处理，并保持旺盛的精力。而红海恰恰是这样一种情形，领导者需要身处工作一线，他不仅仅要作为新的商业冒险的设计师，还要积极地参与详细计划的领导，并要力争实现这些细化的目标。

团队精神

团队精神被认为是对企业的日常业务运营非常关键和重要的因素。在企业中，每个人都处于某种或某些业务团队之中，每个人都要与团队成员协同合作，才能确保他们所生产的产品和所交付的服务在提供出去的时候能够满足客户的不同需求。跨功能和跨流程的团队，在帮助组织成员理解公司的业务在企业内部是如何流动的问题上，具有至关重要作用，他们使许多公司向前迈出了重要的步伐。

团队精神同样是组织应对变化的方法之一。组织性的变化和任务的压力似乎是联系在一起的，它们使组织成员可以聚在一起，提出许多奇思妙想，并对问题的解决做出充分的承诺。即使没有清楚的表述，在许多团队管理思想中也隐含了这样一种想法，那就是在决定做出和付诸实施之前，团队成员要在相关的问题上达成一致。另外，在许多公司的企业文化中，团队的含义包括在没有召开一系列的团队会议并做出决定之前，谁也做不成任何事情。

红海是一种紧张激烈的团队环境。团队精神对于任何一个成功的红海策略都是至关重要的。红海要求团队成员能够有机会为问题的解决方案碰一碰头，需要的时候得到指导，然后各自能够独立地完成自己的任务。他们不可能每一次在决定每件事情时都能聚在一起。常常没有足够的时间让每个人对要做的事情和怎么做都能达成完全一致。在红海里，团队精神的目的是工作的执行，而不是在前进道路上的每个步骤都达成一致。在红海，团队精神的目标是使团队成员能够在团队会议之外，仍能像达成一致的团队成员一样地行动，在完成自己的任务时知道并且考虑其他的团队伙伴也同时在平行地进行工作。在橄榄球比赛的红海中，枢纽前卫可找不出额外的时间来为每一次新的行动取得一致。

解决冲突

有关解决冲突的管理思想很清楚。我们希望贯穿部门和每个业务流程之间的运作都是协调统一的。我们的目标是使作业流程变得更为通畅，发现潜在的冲突，并及时进行解决。我们期望经理们不再明争暗斗。而更大的目标始终是获得企业的最终产品，即最终客户的满意。经理们被告知，要对其他个人的运作方式表示尊重，而这些经理反过来也告诉他们的团队对公司里其他部门的人员要予以尊重。

再说一次，这些管理思想对于企业日常正在进行的业务有着重要而积极的推动力量。但是，在红海里，如果我们曲解了上述思想，并进而使用了这些曲解的思想，那么我们就会陷入麻烦。建立起和谐合作的局面，并不意味着就要避免确认、谈及和解决在红海策略中的冲突。最近，我们与来自两个刚合并的公司的两个大型的信息技术部门进行合作，需要说明的是，这是一次没有任何一种可以用来一起工作的清晰的组织架构的合作。这两个部门的新任领导在红海正处于中间阶段的时候，提出了很好的运营建议。他的意见很明确，“我不想你们搅起任何事端，我希望没有争斗、没有冲突，只要把我们的产品和服务提供给我们的用户就行了”。不幸的是，有些冲突是由“某某原来是为某某做这些工作的”原因引起的，而组织为了搞清楚这些冲突起因所做出的任何努力，都会遇到老板强硬的态度：“裁掉！”于是，员工的表现大打折扣。

根据定义，红海将是一个具有强烈冲突的工作环境。组织想要奋力通过红海，成就一次成功的商业冒险，就要寻找冲突，找到之后立即使这些冲突浮出水面，并尽快努力使之得以解决。

时间的愈合效果

许多公司和经理都有一种基本的认识，即时间可以治愈一切。当我们开始做一些新的事情，而且事情有些棘手时，我们就会听到这样的声音：“噢，我们会及时完成工作的”。我们对学习曲线的认识是，我们做某些事情花的时间越多，我们就会做得越好。我们的经验是，可以指望那些先是犯些错误，在开始的时候有些失策的人，因为我们相信即使这样，我们还是能够按时完成工作。

而在红海里，时间是我们的敌人。在红海里，我们每天都要付出极大的精力、关注和动力作为获取成功的代价。我们必须放弃这样的念头，即指望那些“出错”的人完成什么事情，寄希望于他们迟早会步入正轨。我们必须带着足够详细的计划和准备进入红海，这样员工才能预计新的任务可以很快完成，感到在新的工作方式上也能得到所需的帮助。

为什么我们在红海里不能做得更好呢？我们检查了大量潜在的原因，其中可能有许多原因也在你们公司的环境中发挥影响。不管这些原因是什么，我们都将面临如下的挑战：

- 得到突破红海所需的热情的承诺和紧缺的资源。
- 当需要红海原则时（在第四章中将有更多论述），不能使用通常的管理准则（或是运用对这些原则的错误理解）。

在红海里什么是生死攸关的

在红海里什么是生死攸关的事情呢？如果我们在红海管理上没有从一开始做到更多的管理会有什么影响呢？顺便说一句，如果我不能极有说服力地描绘出什么是对你和你的公司生死攸关的事情，我也就不会愚蠢地期望你能读完这本书余下的部分了。

首先，许多可能得到的巨大收益都不会发生。实际上，许多这样的收益甚至没有被试图争取，就被小心地放在“太难”一类的卷宗里了。开创行业新局面的机会，在整合服务的技术上取得巨大飞跃的机会，从一种财务的角度重新改造公司价值的机会——所有这些机会都会因为我们对红海策略的不适或恐惧而失去或置我们于危险之地。简而言之，如果这样，我们将得不到这些机会可能带来的市场份额的增加，客户满意度的提高，风险收益率（ROI）的提升，竞争优势的加强，为夺取市场争取到的时间，以及做出出色业务的许多乐趣。

另一个观察什么是生死攸关的事情的方法就是再看一看那些潜在的损失：来自客户、厂商以及股东的诉讼；对客户信心的打击和市场份额的流失；更高的成本；结算时出现的亏损；取消的项目上的浪费；毁掉的事业，信誉丧失的经理，备受打击的员工，人们心中的愤怒与怨恨；工会问题；以及其他损失。

如果我们未能学习如何更好地管理红海，那么无论是个人还是集体，都会有许多重大的事务危在旦夕。当红海策略没有发挥作用时，你的事业可就由红海的获利和损失来决定了。经理和员工都会从中学到积极的和消极的教训，这些教训将会伴随他们走过今后的职业生涯。悲观地讲，在大多数情况下，无辜的人会因为负责或者是与一个不成功的红海策略有联系而受到惩罚。而抛掉过去展望未来，要说我们可以期待能在我们的职业生涯中少碰上点儿红海将是愚蠢的。一个在现代商业中的职业人，要是没有在红海舞台上的技巧，就别想在他的事业上取得更大的成功。所以从某种程度上讲，当你在努力掌握红海管理时，你的事业也就处于危险之中了。这本书可能是你从同伴当中脱颖而出产生飞跃的一个大好良机。

满足当今管理者的需要

这本书就是用来满足当今管理者在涉及高风险的获利或损失时的需要的。事实上，所有的管理者都将经历红海的状况。本书满足了在这个全球喧嚣、变化和竞争中管理者的六个需求。

(1) 经理们必须知道他们的公司在什么时候是在红海内的，这样他们才能做出适当的行动，并提升自己的能力以具备使其公司通过红海所需要他们达到的在创造力、承诺和领导能力上应该达到的水平。经理们需要识别出哪些条件是红海条件，这样他们才能向公司宣称哪些特殊的行为是公司为了获取收益和避免损失所必须做出的。

(2) 经理们需要敏锐地意识到，如果他们没能成功地驾驭红海，那么他们的公司就很有可能难以避免地遭到重大损失。这种失败的后果是真实而且实实在在的，它将给他们的企业带来更为深重的负面影响。

(3) 经理们需要区别红海管理和危机管理。危机管理是在一家公司平息了一场风暴之后，从一个意想不到的关键职员的流失中恢复，或是修复一段与一个关键客户已经破碎的关系时开始进行的管理。红海管理是在公司处于紧要关头时所使用的，但是它与危机管理不同。红海管理需要做出为获得一定的特定收益所设计的，纪律严明以及受到约束的行动，而不是在危机管理中的那种保守的恢复性行动。当一家公司处于红海时却使用危机管理，那实际上肯定会给公司带来损失。

(4) 经理们必须要知道如何在正式地驾驭企业穿越红海状况（如合并、重构或 ERP 的实施）的同时，又能成功地经营好常规的业务活动：服务客户并得到报偿。经理们需要掌握正规的管理办法，这样他们才能同时处理这两种都至关重要的事务，而且能在高风险的环境下把这两种事务都做好。

(5) 在红海里，经理们需要可以理解的规律和原则，以及详细的战略手册，以在获得巨大收益的同时，将造成巨大损失的可能性降到最低。经理们需要那种用简单而实用的术语写成的清晰的战略，需要一种能够使他们理解自己必须进行的组织行动的方法，而这种方法是他们要获取巨额收益并避免巨大损失所必需的。经理们所需要的不是更多的理论原理和推理论证，而是符合其公司红海状况的具体的行动指南。

(6) 经理们必须知道其公司什么时候不在红海内，这样他们才能相应地管理时间和资源。并不是所有的关键情况都是红海。管理者必须能够分辨出它们之间的区别（请参见第二章）。经理们必须知道何时要保持常速，何时要疾速而行。因为经理们已经意识到不管是他们还是他们的队伍，都不能以冲刺的速度来跑马拉松。

本书能够给予您的是：

● 对于组织中类似红海情形的简明透视。

● 用于识别红海、产生变革并引领组织成功穿越红海的明确战略。

● 给予读者直接的保证，即保证您在读完本书后对于拿什么来突破红海已经所知颇多。

管理者们已经具有了许多红海管理所需要的技术能力，但是他们可能还未掌握如何把自己的技能转化为成功的红海驾驭能力。

第二章　红海条件与策略

商业世界是一个不断变化、动荡不定的世界，在这里，市场力量会随着经济、地缘政治和企业竞争战略的变化而变化。而可能影响一个特定公司的市场因素，无论是这些因素的数量还是种类都没有确定的范围。但是在通常情况下，有些因素几乎肯定会给企业带来裂变和分化性的影响。掌握红海管理的第一步，必须在日常工作的基础上考虑到这些因素。及早意识到了这些裂变分化性的因素的管理者就有可能引领他们的组织朝有良好机会的方向进发。而那些没有意识到在他们的市场中存在裂变分化性因素的管理者，则几乎肯定会最终发现，他们的组织陷入了危险境地。

裂变分化性因素

裂变分化性因素能把一个组织带入一个关键红海。裂变分化性因素可以分为几大类：市场动荡、竞争加剧、科技进步、管制变化以及对公司表现在预期上的改变。当每个裂变分化性因素出现时，有的公司会得到积极的推动，而有的公司则会受到消极的打击。例如，中国作为一个市场对外敞开大门时，这对世界上的许多公司都是一个好消息，但是对一些中国国内的生产厂商来说却是一个坏消息，因为他们将要遭遇潮水般涌入的新的竞争对手。而执政官进行管理的最重要的任务，就是应该预见到围绕着这些裂变，或是从这些裂变当中，能够创造出的机会。

市场动荡

货物市场、服务市场以及资本市场时常会因为产品革命和产品灾难而产生动荡，它们要依照买方的需求进行转变，打开或关闭相应的市场领域。多年来，我们已经看到，资本市场因为我们现在称为“垃圾债券”的新事物而发生了改变。远东作为一个主要的商业市场向外界敞开了大门，而部分其他国家的市场则关上了大门。我们已经看到，围绕着新的需求的产品有着势头强劲的增长。我们还看到，互联网已经发展成为一种营销某些产品的新型工具，并同时为分销其他物品提供了实时的帮助。

竞争加剧

当一个主要的竞争对手进入一个行业时，当行业中一个主要的竞争者崩溃或是退出这个市场时，相应的公司都会受到不同程度的冲击和影响。企业间战略联盟的形成或是完全的合并，都常会改变业界现有的竞争格局，有些公司会从中获利，有些公司则恰恰相反。今天，无处不在突然窜起的新生力量可能就会成为现有公司的最大威胁。

技术进步

技术的革命和发展常会在一个行业或市场中引起翻天覆地的变化，它会在产品性能、生产成本以及分销效率上在企业间竖起一道分水岭。芯片的计算能力增加了，而芯片的成本却在降低，这造就了一些公司的竞争优势，同时也为其他一些公司敲响了警钟。

管制变化

新的法规推翻了公司旧有的业务方式，它需要企业在公司战略和生产技术上进行较大的转变。立法上有关汽油内容的最重要变化，使相关公司的制造部分发生了根本性的改变。而宣称某些地理区域成为执行机动车污染物排出限制法规的特殊区域，则在给一些公司创造出新的机会的同时，也禁止了其他一些公司的参与。

公司表现在预期上的改变

当公司被新的拥有所有权的集团接管时，对公司表现的预期，甚至对公司的要求都会发生改变。从微观上讲，新的董事会或首席执行官能提高公司表现的标准或可预计的程度。拥有所有权的集团可以要求公司转向环保产业或是离开烟草行业。

多种因素的结合

也许公司所遇到的大多数裂变分化性的状况来自于两个或是更多的裂变分化性因素的同时出现。想想看吧，你要对付重大的竞争性转变、某项技术发生的巨变，还要应对新东家在预期表现上提出的新的要求，所有这些困扰都发生在同一时间，所有这些困境都要求你在同一时间妥善处理。

管理者如何应对裂变分化性因素

从有管理者和公司起，管理者就已经在处理那些影响着他们公司的裂变分化性因素了。管理者进行经营管理的一个明确的职责，就是要对其所在的行业中的竞争者和客户时刻保持紧密的关注，以在裂变分化性因素刚一浮现的时候就能准确地抓住它们。有些管理者是自己来应对这些因素的，而其他一些管理者则借助于同事和外部市场中供应商的智慧。事实上，写写这些职责比完成这些职责要容易多了。有些执政官就是因为在不知不觉中落入了裂变分化性因素的陷阱而丢掉了他们的工作，而另一些执政官则恰恰因为他们有能力发现这些裂变分化性因素，赢得先机，而得到了较高的评价。

一旦辨认出了裂变分化性因素，管理者接下来的任务就是要预测这股力量可能会给他们公司带来多大的冲击。这个裂变分化性因素是会呈现出一个新的机会呢，还是会带来一次新的冒险？如果是机会，那它有多大？如果是风险，那潜在风险的程度有多高？是什么危在旦夕——是每股所得分数的变化，还是本公司的生死存亡？

一旦这场冲击的规模是决定性的，管理者就有责任进行革新或是设计和采取积极的行动来进行应对。这个裂变分化性的因素是公司在内部就能管理的，还是需要加入新的资源才能控制？在公司的运作方式、业务规模和管理方式上，我们需要的是较小的改动，还是巨大的变革？

六个排在首位的红海策略

虽然在细节层次上，这些主动行动的种类是无穷多的，但是从近年来的情形看，公司的这些行动还是分成了几种主要的类别。这些类别或是策略中的每一种都被使用了多次，公司采用它们作为驱动公司前进的一种手段，以对于某种裂变分化性因素进行预测或是应对。今天，最重要的策略具有以下标志：

- 改变公司的竞争战略。
- 并购另一个公司（合并或收购）。
- 再造一家公司的核心流程。
- 实施一个信息技术系统。
- 实施较大的电子商务解决方案。
- 变革公司的企业文化。

高层管理者的任务就是在这些标准的策略中选择一个，或是用自己的奇思妙想创造出一个独有的策略，并为实施这些策略搭建一个备用的企业策略箱。这个企业策略箱必须能够回答公司利益相关者的一系列合理问题：

- 什么策略能使我们获利？
- 我们要怎样实施这个策略？
- 当我们采取了这个策略，会赢得哪些益处？
- 我们如何才能确保成功？

从理论上讲，至少对于资深的管理者来说，在还没有找出令公司的利益相关者信服的红海策略前，不要贸然行动。既然红海策略很有可能会带来巨大的损失，那么在还没有很好的商业感觉之前，就不应实施任何一种红海策略（有关企业策略箱的内容将在第四章详细论述）。

那些标准的红海解决方法并不新鲜，事实上它们在很大程度上已经是企业的经营策略之一了，并且这种状况已经持续了多年。对于管理者而言，幸运的是，今天有着大批的知识团体和专家，可以了解有关各种可选策略的基本原理。但是，同样对管理者而言，遗憾的是这些策略并没能按照它们的本来面貌得到真正的对待：伴随着红海能获得确实的收益的背后，所潜伏着的是真正的危险。

现在，就让我们简要地看一下每个策略，看清楚它们的目标以及它们所能带来的各种收益。让我们检核一下与这些策略本身相关的风险，以及它们会给公司带来的各种损失。简而言之，让我们找出为什么这其中的每个策略都是一种红海，并且什么是值得我们给予特殊的关注和管理的原因。

改变公司的竞争战略

一个公司的竞争战略是其在市场中定位其产品和服务的方法，这种方法能使公司在争取客户方面获得优势，同时抵御竞争对手以保住公司的市场位置。例如，在公司与其客户进行了广泛而深入的对话之后，可能会决定增加附加的金融服务包、解决方案服务或是一些炫目的促销活动，以使其产品和服务区别于自己的竞争对手。

在公司改变了竞争战略之后，客户们将会看到企业所呈现出的一副崭新的面貌，企业将向客户提供出比以前更多、更吸引人的产品和服务。在这里，关键的是一个“看”字，因为在某些情况下，公司试图留在顾客心中的恰恰是公司或是其产品的形象，而非该公司或其产品本身的物理属性。在公司的竞争战略变化之后，它的竞争对手也会看到一个崭新的企业，这个企业需要使用与以往不同的竞争战术才能将对手在市场上击败。

如果一家公司能够在改变了竞争战略之后，真正地使它的产品和服务为客户带来更多的价值，那么，竞争战略的改变就能为企业从市场上获取巨大的收益。成功的竞争战略改变能够增加企业的市场份额、客户满意度、成本与售价的差额以及收益率。我曾经工作过的一些公司，它们在改变了自己的竞争战略之后，市场占有率提升为原来的两倍，而且它们的客户满意度也从原来的第三四分位（third quartile[①]）升至现在的第一四分位（first quartile）怎么样，听起来不太可能吧？但是，这的的确确发生了，而且这么大的收获很快就能取得。改变一种竞争战略通常会花去数月甚至是数年的时间。

而如果一家公司在改变了它的竞争战略之后，并不能使其产品和服务为客户带来更多价值，那么，竞争战略的改变就会导致该企业在市场中遭受巨大损失。失败的竞争战略改变会降低公司的市场份额、客户满意度、成本售价差以及收益率。我也曾看到过某些公司因为推行新的竞争战略遭到失败，而失掉了原先大量的市场份额，最终这些市场份额旁落到了其他那些更能攫取成功的竞争对手的手中。而公司在其内部也因此受到重创，因为新的生产方法的有效性甚至是可能性都没能得到证明。

改变竞争战略是一种红海，之所以这么说，是因为产品和服务的改变无论是在技术上，还是在组织上，都会有相当大的困难，而在这个过程中，不但要提出所要改变的战略，而且还要争取大家的认同。通常情况下，最大的困难是在公司已经决定了新的战略，管理层正在着手战略的改变，并力争新的战略开始发挥作用时接踵而至。最大的挑战似乎是发生在传达和解释公司所要进行的组织性的变化，以使战略的转变成为现实的时候。我看到过许多公司在战略改变刚启动的时候就走错了道路，这是因为，它们从一开始就缺乏亲临的领导、清晰的方向，以及一丝不苟的监督。而现实是：当管理者的决定改变一种竞争战略时，他们常会对正在深入的困难程度做出错误的判断。

合并或收购另一家公司

一家公司可以通过合并或收购另一家公司来使自己在市场中处于更加有利的位置，或者能够更好、更有效率以及更有成果地提供它的商品和服务。例如，时代华纳和美国在线服务公司通过合并，利用了彼此互补的产品和服务的优势，提高了效率，并极大地增加了市场份额。

在成功的并购之后，顾客们将会确实地发现，企业将在更广阔的市场范围内提供不同的产品和服务，留下一种崭新的商业冒险的串串脚印。这家公司可以使用与以往不同的品牌或是包含两个公司原品牌的混合品牌来作为一种新的尝试，帮助公司新的产品和服务与公司原有的身份进行衔接。

如果这家公司能以一个完整统一的新公司的形象出现在顾客面前，那么合

---

① 注：quartile 是统计学中的概念，译作四分位数，是概率分布的数字特征之一。它表示全部统计样本中的 1/4 点（位）。该句的意思是：从排列在最后 1/4 的位置，上升至第一个 1/4 的排位。即从 75% 以后的排名进入到了前 25%的位次中。

并或收购就会给这家公司在市场上赢得巨大收益。成功的并购能增加公司的市场份额、客户满意度、成本售价差以及收益率。

而如果这家公司未能使两家公司融为一体，未能使它们如同一个统一完整的公司那样运作，那么合并或收购就会造成巨大损失。我亲眼看到有些已经合并了的公司或是最近才发现并购的公司，它们因并购引起的内部纷争是如此剧烈。以致参与并购的两家公司都因此受到重创，产生了衰退。我甚至还看到一个合并后的公司非但没有达到两个公司合并后可能达到的最高点，而且降到了两个公司走到一起可能达到的最低水平。

合并或是收购一家较大的公司也是一种红海，因为光是试图将两个公司整合成一家公司，从逻辑上讲也会遇到很大的困难。最大的难题往往在这个策略刚刚启动时就开始出现，因为在并购当中，组织中的许多要进行整合和调整的部分必须要保持同步。通常，合并在开始时是合理化的改革，因为作为一种途径，合并可以使企业利用规模经济的优势，或是通过减少资产和人员的重复占用来达到节省资金的目的。但是，许多进行合并的公司发现他们所行进的是一条艰难的道路：从最初的计划中找出各种潜在的能使两家公司在合并后增强实力的因素是一回事，而要使两家公司从自身调整者转变为共同工作者，并利用这些协同增效作用则是另一回事。

公司的核心流程再造

一家公司可以通过再造它的核心流程来充分利用新的工作方式的优势。举个简单的例子来说。我买了一所 1936 年建造的房子。最初建这所房子的人的太太讲，她的丈夫在建这所房子的时候不惜血本，用上了当时能用上的最好的材料，包括铅管和配线。但遗憾的是，或许也可以说幸运的是，对于我来讲，在 1993 年购买这所房子的时候，在材质上，我实际上有更好的选择，特别是在铅管制品和配线上。我的任务就是给这所房子装配上 1993 年最佳的钢管和配线，以对它进行重新的设计和处理。

对一家公司进行流程再造也是如此。流程再造可以使一家公司在重新整合的过程中加入当今可用的各项最佳的技术和诀窍，以使现有的流程变得更好也更有效率。

流程再造通常的目标是在降低成本的同时，使公司更为与众不同或是在某些方面能为它的客户做得更好。一家公司可以通过对其核心的制造工艺流程的再造来降低生产成本，并能以更低的价格出售他们的产品。一家公司也可以通过再造它的新产品开发流程，以缩短产品的上市时间，使它们更快地到达顾客手中。流程再造通过适当的安排和调整那些能够更好地完成工作的、更新的、更有希望的流程，来提升公司在本行业内的位置。

如果执行得当，流程再造就能大大地提升公司的表现。有报告表明，再造项目能够使公司在生产周期的时间上缩减75%，在某些流程的直接成本上削减50%，在相应时间上减少90%，在作业流程的步骤数和传递量上减少50%，等等。一项刊登于《全面质量管理》(Total Quality Management) 的研究报告表明，在他们研究的组织当中，几乎有70%的组织已经看到了组织表现上的提升，并且这种提升达到了50%以上。

如果实施不当，流程再造也会给公司带来市场上的巨额损失。公司会在财务上出现亏损，流失数打的关键雇员，数千的其他员工受到打击，而公司只能狼狈地苦苦支撑，并把大片的市场向竞争对手拱手相让。经过流程再造项目，有的公司不但花费了数百万美元来实施这个项目，而且在项目实施后损失了更多的数百万美元。

流程再造也是一种红海，因为它可以瓦解和动摇一个公司的根基。回到前面我讲的有关我1993年购房的例子，设计新的铅管和配线都不成问题，也不具有裂变性。但是如果要更换铅管和配线，并要在更换了铅管和配线的房子里过日子，那么，设计和更换铅管和配线这件事情就会变得如同要搬到后院去住一样具有裂变分化性了。在有关组织如何运用再造策略来为电子商务时代做准备的讨论中，《商业周刊》(Business Week) 指出，再造项目可能会非常的复杂，技术的、商业的以及组织的剧变可能都会立刻动摇组织的根基。那是一些令人心惊的冒险。那些过于大胆的公司会有伤亡，而那些过于胆小的公司损失则更大。

阿格维公司 (Agway) 负责计划和运营的资深副总裁布鲁斯·鲁珀特 (Bruce Ruppert) 在总结流程再造的经验时，说得更加发自肺腑："仍旧用老方法你可以生存，使用新方法，你也可以生存，但是，在这两者间该死的切换过程将杀了你。"在这一点上，再没有别的红海能超过它的了。

实施企业信息系统

一家公司采用企业信息系统可能会有很多原因。而一个能把整个组织连接在一起的单个系统，能够横跨各个部门，提供处理事务的标准的方法，并使公司能够极大地提高生产力。企业信息系统是为了提供一套基础的处理方法或是行业领先的业务流程而设计的。另外，因为企业信息系统是现货供应的标准化的商品软件，而不是按企业的具体情况度身定造的定制型系统，所以，实施企业系统的组织希望能从这个软件供应商提供的系统性能和标准规则的改善上受益。

有关企业信息系统的一个有趣的事实是，大多数的企业信息系统根本不是在全企业的范围内实施的。大多数的企业信息系统只是针对某种业务的具体部分而设计的，并且它们是按模块购买和实施的，这些模块包括财务模块、采购模块、人力资源模块等。因为每个模块的安装启用都有其复杂性和困难性，所以大多数的公司在完成了单个模块的安装启用之后就已经很高兴了，因为这样，他们就不需要再去努力启用一个更大的、覆盖整个公司的企业信息系统了。

如果公司所实施的企业信息系统的内容能够满足该组织的需要，并且运行良好，那么企业信息系统就能大大地提高企业的运行能力。根据报道，有些公司利用企业信息系统的连通性和内置在系统内的业务流程，在成本上节约了数百万美元，并且大大提高了他们把握时机的能力。但是，并不是所有的公司都体验到了这么大的收益，有些公司不得不回过头来重新开始实施所启用的企业信息系统，用他们的话说，就是实施第二波，他们知道实施企业信息系统一定会给企业带来好处，而这些好处一定还隐藏在哪个他们尚未发现的地方，所以他们要努力地把它找出来。

未能成功地实施企业信息系统会给企业带来极大的损失。有的公司甚至因为启用了粗劣的或是有漏洞的系统（或者是两者皆有）而遭到了破产。搞糟了的企业系统实施可能会影响公司上上下下的任何事情：产品的可用性、关键销售季节的销售、大大延长的供应商还款周期等，更不要说雇员未得到的应付奖金了。有些公司在其企业信息系统的实施过程中就中途放弃了，他们付出的代价是数千万的美元。而其他一些公司则忙于与供应商和系统集成商进行没完没了的诉讼，以争取挽回一些他们所声称的自己受到的损失。

实施企业信息系统是一种红海，因为它会使公司在运作方式上发生巨大改变。当一家公司选择使用商品化软件来替换掉公司现有的系统，而在这些现有的系统中，有许多部分可能正是由公司内部开发的，这时，员工就可能会产生这样的疑惑：对他们来说，什么是主要的组织战略变化呢？公司怎么能放弃我们已经拥有的一流的系统，而换上一套任何竞争对手都能买得到的软件呢？除了这种质疑之外，如果员工不能为使用这种新的系统做好充分的准备，如果员工的业务流程因此而不能衔接，企业得到的结果可能就会是一场灾难。公司将要忍受的是，在启用新的企业信息系统的过程中，员工可能会完全地迷失在这套系统之中，他们会使流程中的操作逐个地中断、停止，直到他们能够运用这项新的技术时，企业才会渡过这个难关。

打造电子商务

一家业已存在的公司实施了电子商务，就能够得到与客户、供应商和/或员工进行快速、超高效的沟通和业务往来方式所带来的优势。电子商务并不能引入全新的业务流程，但是它能够提供完成这些全新的业务流程所需的可供选择的方法。查尔斯·施瓦布（Charles Schwab）公司的例子举不胜举，它投资了佛罗里达动力阳光在线网站（Florida Power & Light's online），该网站在客户和公司之间架起了一座桥梁，客户通过这个网站可以采购到重要的原材料，而查尔斯·施瓦布公司也同时提升了自己的在线交易能力。

实施电子商务的通常目标是在拓宽公司的市场领域的同时，使通信和交易变得更为便利。而附带的目标是，通过电子商务，企业能够开始收集有关客户和供应商的数据，这些数据可以用于公司为客户和供应商提供更好的服务，以及/或者增加这些服务的边际利润。当你再次访问亚马逊书店（Amazon.com）的网站时，你会得到一个非常个人化的问候，这样的问候是基于你以往访问亚马逊和在其上购买商品时的记录并总结出的你的购买偏好，而向你专门推荐的，为你度身定制的，你可能会感兴趣的特殊商品套餐。

如果做得好，电子商务能使公司取得很好的成绩。有报告称，一些公司通过在现有的为其客户提供产品的渠道之外，增加了电子商务的电子分销渠道，而得到了数以亿计美元的回报。有些公司如同查尔斯·施瓦布公司一样，将电子商务的杠杆作用运用在了在市场中进行竞争性订购所产生的大量的繁琐事务上，从而从一群不起眼的小公司中，跃升成为在资产规模上可以与市场领导者相提并论的角色。

电子商务的失败或是其运行实施的失败，都将给公司带来巨大损失。有些公司还没来得及广泛宣传它们的电子商务，就已经损失了数百万美元，这些损失不是因为他们新的电子渠道还没能增加什么新的生意，就是因为他们由于再也看不到电子商务对公司还有什么潜在的价值而取消了电子商务系统的实施。博德图书（Border's Books）公司由于过高的成本消耗而放弃了它的电子商务网站就是一个最好的例子。未能实现用电子商务的"一揽子"服务来很好地招徕顾客，将会极大地挫伤组织的锐气，削弱领导的商业威望，更不要说还浪费了数千万美元。

实施电子商务解决方案也是一种红海，因为这种策略对于企业来说是一种全新的尝试，它的方法原理尚未成熟，技术也还没有得到充分的验证，而且这种解决方案对于公司当前的订购方式具有裂变性的影响。虽然出发点是好的，但是失败的电子商务努力，仍会影响到公司大大小小的各个方面，从激怒公司原有的营销渠道到与公司相互争夺自己的客户。即使.com公司普遍遭到了幻灭性的打击，围绕着电子商务仍然有着不断高涨的热情。但是，公司必须要保持警惕，小心不要让新技术常常允诺的可以带来的辉煌成果冲昏了头脑，因为这样的成果很可能根本就达不到。

改变公司的企业文化

一个公司可以通过改变它的企业文化来完善它的做事方法，使其变得更加平衡和一致。关于企业文化的定义有许多，我们倾向于一种简单的定义："企业文化是我们围绕着一定事物的做事方法。它是我们进行公司业务所用的标准方法。"一种企业文化变革的焦点不在于单个作业流程或是一台电脑系统的启用上；企业文化变革的关键在于整体员工的行为之上。企业文化代表着一种观念，它要求企业中的每个员工，都将他的思虑和决心集中于某一重要的企业概念或原理上，如持续的过程更新或是一流的客户服务。

如果做得好，文化变革就会使公司在运行上取得巨大进展。有些公司宣称，聚焦于客户服务和减少成本的企业文化变革，已经为它们在响应时间和客户满意度上取得了令人瞩目的成效。公司通过这样的企业文化变革极大地提高了客户满意度，减少了客户投诉量，并且增加了它的市场占有率。通用电气公司（General Electric）一直从它的两项特殊的企业文化变革中获益数千万美元，那就是集思广益大会（Work Out）和六西格玛标准（Six Sigma）。

如果做得不好，试图改变公司企业文化的举动就可能导致巨额损失。许多公司都尝试过企业文化变革，但都以失败告终，他们因时间和资金的关系而几乎所得寥寥，甚至还因此而失去了管理者的威信。在企业文化变革中的失败会极大地削弱管理层在领导公司走向任何一个新方向时的带动力量；人们会记住他们曾经的失败，并且对他们不时地冷嘲热讽："又搞一种新花样了。这次总该行得通了吧。"

改变一个公司的企业文化也是一种红海，因为聚焦于组织内的每个人的行为表现并对之进行改变将是如此之大的一项工程。在公司的运营方式中加入一些新的元素已经是够难的了；而集中精力改变公司正在使用的运营方式可以说是一种更艰巨的任务。有些管理者声称企业文化变革是他们在自己的管理生涯中曾经尝试过的，并试图去实现的最难的变革。

其他的红海策略

我把红海策略全列出来了吗？红海策略就只有六种吗？我已经列出的只是其中主要的六种，但是红海策略绝不只有六种。例如，使领导层从创业者的角色转换成公司第一代的职业经理人，这就是一种明显的红海，并且需要综合运用许多其他红海原则。今天，实行精益生产（Lean Manufacturing）在许多行业都是正在风行的举措，很明显它也是一种红海策略。要进行精减需要从包括流程再造、实施企业信息系统到企业文化变革的多种不同的思路。客户关系管理（Customer Relationship Management，CRM）的实施与诸如流程再造、企业文化变革，以及其他所有相关的系统实施都有着相似之处。而这些策略的底线是简单明了的，那就是：管理并使用多种策略来推进组织向前。凡是红海策略都应满足这样的宗旨。然而，幸运的是，大多数的红海策略都能从本书所覆盖的这六种策略组合或变化出来。

红海策略的共有元素

这些红海策略都有什么共同点呢？所有这些红海策略都承诺，如果设计和实施得当，就会获得巨大收益。而且就我的经验来讲，那个“如果”可是一笔大数目！所有这些策略从 9144 米以外看过去时都是引人注目的，具有非常的吸引力。而且每个策略都有着大量的成功范例，这些成功的典范所取得的多是些长期的收益而非短期的效应。

但是，所有这些策略如果实施失败，都会有着随之而来的潜在的巨额损失。这些策略的启动已经被证明是非常困难的、危险的并且要冒很大的风险。所有这些策略都有着许多变动的部分，所有这些部分都必须要能适当地结合在一起，才能确保公司取得它想要的结果。这些策略的潜在损失包括大打折扣的结果（比如，没有达到最初的期望值）和实施上过度的花费，包括经济上和人员上高额的成本费用。

不论是在组织所要进行冒险的新颖设计中，还是在组织对这个设计有效的执行过程中，所有这些策略都需要做出相当大的改革和创新。不管它们是会取得巨大收益还是会导致巨额亏损，所有这些策略实施起来都是相当昂贵的。所有这些策略在经济上的费用都很高昂；改变一个组织的属性足以成为一种真正的新型的商业冒险，在公司可能获得更多机会和商业成功的同时，它所付出的代价也是昂贵无比的。组织花费在这些策略上面的精力将是惊人的，因为公司要在完成它的红海策略的同时，还要努力在它的客户面前保持一种平稳的态势。

所有这些红海策略在实施期间都有着极高的人员费用，包括长时间增加了强度的工作，而且这些工作较之从前有着更大的复杂性和不确定性。每个曾经参与其间的人都会感觉到激烈的竞争和挑战，他们常用诸如“这是在组织底部开凿运河”或是“18 个月的地狱生活”这样的字眼来形容他们当时的感受。虽然有些人事后回忆时，觉得在红海策略的实施过程中也有一些乐趣，但即便这样，人们也常表示他们可绝不想像那样再来一遍。对于他们来说，身处红海，就等于要处于对个人巨大的冲击和压力当中，这包括低沉的士气、玩世不恭的态度，还有精神和身体上的极度疲乏。

有关红海策略的重要事实

在本书中，我的目标是大声地说出这样的真相，那就是许多我们今天所使用的标准和解决办法实际上是真正的红海策略。我想强调有关这些策略的重要事实，并且提供一套新的原理，这套原理能够实质性地提高实施红海策略的成功率。我的观点如下：

- 公司要赢得红海策略的成功将会遇到极大的困难。简而言之，大多数公司都不善于执行这些解决方法。
- 管理者们善于看到能从红海策略中获取的潜在利益，但不善于预见或是减轻在同样的策略中潜藏的巨大损失。
- 不只是首要的裂变分化性因素会给企业带来遭受损失的危险，那些红海策略自身的特质也会给企业增加更大的风险。正是那些承担着完成红海策略任务的行动，能从企业内部对公司的运营产生负面的影响，并给公司或员工带来难以弥合的创伤。
- 各个红海策略不是完全独立和不同的，它们可以说是一个单一策略的不同版本。这些策略都是企业为了在裂变分化性因素存在的情况下，能够高效运转，并形成一个崭新的企业风貌的方法。在每种红海策略中，公司都必须要改变一些关系到公司风格和如何运营的因素，必须创新性地改变自己的特性，以达到梦寐以求的收获。
- 今天，在大多数的公司里，对红海策略的管理都存在问题，事实上，红海策略需要以一种更为不同的方式来进行管理。而为大多数公司所用的作为平时商业管理的方法在红海里往往难以发挥作用。但是，一些基本原理仍能在红海策略的应用中融会贯通，增加成功的机会。

警告

在公司的运营过程中，不是每个艰难的时刻都是本书所定义的红海。就是你的组织已经有了一些我们在上面描述过的症状，也并不意味着你要因为突然发现了红海而失声尖叫，极度恐慌，如临大敌似的赶快抽出红海原则的章节细细研读。我常常看到一些公司，即使他们感到自己的生意已经处在边缘和危险之中了，实际上他们所处的情况也并非红海。例如，当费尔斯通轮胎公司（Firestone）和福特公司（Ford）在处理探险者 SUV 车型（Explorer SUVs）的轮胎不合格的问题时，在努力解决着一种危机，但是，他们都未处于本书所定义的红海中。两家公司将要面临巨额的损失，他们所要做的是尽其所能最大限度地减少损失，而不是如何获得巨大收益。

当组织具有以下情形时，我常发现，我不把它们认定为红海：

- 个人或部门非常忙碌，甚至过于忙碌。
- 资源匮乏，包括人员、资金，还有工具。
- 员工陷入不明所以的困境，而且缺乏方向。
- 混乱或是完全无组织的情绪和事实甚嚣尘上。
- 业务流程和技术没有发挥有效的作用，或者干脆就用不上。
- 员工感到组织正在失去控制。
- 员工们相信，绝对是管理层出错了，这些领导简直疯了，想用冲刺的速度跑马拉松。

如果你的组织在出现这些症状的同时，并没有一个获得可观收益的远景，那么，请运用平常使用的好的管理方法来解决这些困境吧。

在红海里准备行动

在这一章里我们解释了组织发展历程中会把组织带到不同区域或境遇的商业压力，以及为能化解这些压力而常常应采取的应对策略。我希望我已经证明了，这些在我们这个时代标准的、广受欢迎的商业策略，实际上恰恰是我们所称为的红海策略。而且，我希望我也证明了这些红海策略的运用是两难的，实施这些策略的过程充满了危险和失误。那么什么是我们着重要去做的呢？我们必须要对我在第三章中描述的我称为红海失败原因的问题多加小心，这些红海失败原因是引起红海损失的最频繁的因素。

第三章 红海失败原因

红海失败原因的定义

大多数的红海损失来自于领导者和相关管理者的行动，或是缺乏行动。我们不能把失败或损失的过失归结为策略本身的性质，归结为商业条件、世界经济的状况，甚至归结为天气。在这个问题上，难以接受的事实是，在红海内，那些经理正是他们自己最不利的敌人。不管我所详细观察的经历红海损失的公司是哪一个，不管其所实施的红海策略是多么与众不同的类型，我都在他们的损失情形中看到了相同的常规模式。这些模式是如此顽固，其潜在的后果是如此糟糕，我决定称其为“红海失败原因”来强调它们的危险程度。

红海失败原因是指，导致一家公司在红海内遭到损失的单个行为或是一整套行为。有些失败原因在一般商业情形中只是普通的坏消息，而如果公司正处于红海，那么这样的失败原因一经出现，就会有致命的后果。其他失败原因，如果作用于一种通常的商业情形中，可能还是值得赞赏的管理实践，但是一旦作用于红海，对于公司则更可能会带来毁灭性的打击。

具体的红海失败原因

最常见的红海失败原因是：

- 缺乏高质量的管理支持。
- 缺乏全面而具体的计划。
- 过于勉强地组织实施红海策略，参加的部门或人员也过少。
- 承担重要领导职责的代表并不胜任。
- 训练不足和不完善的项目管理。

在这一章下面的每一节中，我的目标就是描述这些失败原因，并指出为什么它们在红海内有着致命的杀伤力。

缺乏高质量的管理支持

红海失败原因中排在首位的是缺乏管理层的支持。这个失败原因不论是对于管理者，还是攻克红海团队的成员，都是一个最头疼的问题。团队成员在看不到或是感觉不到管理层对红海策略的支持时，就会感到失落和沮丧，而管理层同样会觉得灰心，因为他们认为自己已经给予红海团队很大的支持了，而听到的反映却是这支队伍根本就没有看见领导对他们的支持。

我拜访过一位气恼的首席执行官，他刚接到红海筹划指导委员会发来的通知，通知上很微妙也很认真地提出，红海团队并未感觉到他对这个小组当前努力实施的流程再造策略有什么管理上的支持。“我对这个流程再造项目怎么没支持，我还专门到他们那儿表示了我的支持！”在这个案例中，双方的想法都有道理。这个首席执行官的确亲临了项目实施的现场；他出席了红海团队首次的组织会议，并表示“我同意这个项目”。两三个月后，应红海筹划指导委员会的请求，他又来到红海团队，并做了一些总结性的评论——这些评论是他照着从口袋里掏出的便笺宣读的，很明显那份发言是别人替他准备的。是的，这个首席执行官表示他支持这个红海团队所进行的红海项目，但是我们可不能只从表面上看一看就确认了这一点。说归说，做归做，对于红海的管理支持，意味着在论及红海策略时管理者能够“有感情地谈它”，意味着到了组织详细实施该策略的时候，管理者应该亲临现场“真正地去做”。

下面的案例指出了在现实世界当中，管理支持不足这个失败原因的具体情况。

首席执行官的忽视

一个中等规模的工程公司的首席执行官，对公司在关键流程上进行重要改革的提案表示了赞同。他口头上的支持，是他表示他将在随后的两天内参加一个由他的管理班子组成的专门会议，以设定在这次改革中最需要改变的流程。但是在这个会议上，他们只定下了结果含混不清的泛泛目标。在这个所谓的目标设定的会议结束之后，接下来的管理层会议，这个首席执行官就明显缺席了，而他的理由用他的话说就是“我有真正的商业原因不得不缺席，我需要处理真正的客户的真正事务”。

在改革关键流程的行动开始后不久，这家公司的市场就开始出现暴跌。这吓坏了每个人，也使管理层的注意力更多地偏离了改革本身。管理层中有些成员据理力争，希望能够说服其他人支持他们的意见，对改变关键流程的行动进行有效的跟踪，这些成员对于这次改革仍然寄予了最大的希望，希望组织能够有所突破，改变其现在所处的市场份额下降的竞争地位。尽管这些成员做了很大的努力，该公司的首席执行官还是越来越把注意力投入到日常的业务当中，他试图以这些原有的业务阻止住公司业绩的下滑，但一切还是徒劳。日复一日的压力，以及所谓的“因适应市场而缩编裁员”所带来的临时解雇，很快就导致了企业内真正的精神上的恐慌和绝望。

首席执行官施压

一个价值1亿的电力厂商的首席执行官觉察到了该行业在经济上即将到来的转变，但是他的公司必须要在很大程度上搭上这条船，否则就会遭受巨大的市场损失。在行业中这种趋势越来越明显时，他召集了公司管理层，提出了自己的担忧。会议以他的训词作为结束。他要求本着“对任何需要改变的事物都要进行根本变革”的宗旨，对公司内的所有关键的商业做法都要进行重新的检核并进行相应的变革。在和管理层进一步的会议当中，该首席执行官再三地强调他的希望，那就是立刻开始削减成本。

在和首席执行官进行了多次的对抗之后，有些管理层成员开始在组织内他所掌控的那一部分启动了一些初步的行动。虽然这些行动的既定目标是要对原先的运营方式进行彻底的手术，但是这些先行启动的部门还是未能在重新审查各个流程和降低费用上做出足够认真的努力。事情进展得并不顺利，数月之后，该首席执行官与其管理团队共同参加了一个有关流程再造的速成课程。在这个课程当中，他的管理团队对于需要进行什么样的变化和需要向什么方向变化表示困惑。从一些小的分组讨论中可以看出，管理团队所关心的是他们需要看到企业未来的图景。每一次提出这样的请求，他们的首席执行官只有一个回答：“我不知道我们在未来要变成什么样子。所有我知道的就是现在必须要把我们的费用降下来！”这家公司最终转型失败，并且最终遭受到了每个人都担心的巨大的市场份额损失。

首席执行官宣言

一个大型能源公司的首席执行官，发现他的公司的竞争地位和股价攀升率都落在了它的主要竞争对手之后。他对这个发现的反应是宣布他为本公司设计了新的未来，那就是“成为第一大能源公司”。然后，他在全公司内倡导实施一场彻底的变革来达到这个远景目标。他的这些想法以演讲和书面的形式传达给了员工。公司甚至为此制作了这位首席执行官有关这场彻底变革的首场演讲的录像带，以对这次行动进行进一步的宣传，员工们接收到这些信息，但是仍旧有些困惑，他们问自己，这里所指的“第一”和“彻底的变化”到底意味着什么呢？遗憾的是，没有人愿意就这个需要澄清的问题去问问这位首席执行官。

开始的时候，这位首席执行官的支持只是字面意义上的，但是，当他带着几分欣赏和感激地听说他的员工对此需要方向和力量时，他的支持转为了实际的领导。在他发布了最初的远景宣言的两年之后，他召集了这家公司的年度管理大会，会议和主题就是他所一直探寻的变革。在管理大会两天的相互交流中，公司的80位高层经理传达了他们的心声，那就是他们需要描述得更为清晰的远景以及支持变革的切实行动。在听到了这样的请求之后，该首席执行官任命了一个远景特别任务小组来制定指导变革的详细远景计划。同时，该首席执行官特别批准了一个在公司的运营计划流程上的重要变化，授权首席财务官为这个项目组织一个由拔尖员工所组成的全天候的工作小组。这个特别批准的变化被确认为公司中“不可动摇的举措”之一，代表了本公司首席执行官的关注、力量和支持。

缺乏广泛而翔实的先期计划

在引起红海策略失败的原因当中，缺乏如何实施策略的先期计划也许是人们第二个最多提及的原因。缺乏计划意味着公司在进入红海时，手中没有一个用来引导员工的简洁的、标注好坐标的行进路线图。但是，怎么会缺乏计划呢？难道计划不是当今企业非常擅长的一项工作吗？投资者和董事会怎能允许公司没有合适的计划就向前进呢？

答案在于，公司在执行红海策略前的确是制订了计划，但是，在大多数情况下，那只是一种错误的计划。我说它们是错误的计划是因为这些计划含有大量的缺陷，而这些缺陷对于红海来说则是致命的。就我的观察，大多数的红海计划都缺乏事实，长于假定而缺少细节。另外，据我所知，大多数的红海计划都集中于红海策略完成之后企业所应达到的数字或目标，而没有集中于开发出一种高质量的，能够赢得成功的企业设计。

举个例子，我们公司近来对一个大型食品公司的“一揽子”合并计划进行了复审，这些计划几乎全部集中于解释，在完成合并之后，新公司的市场份额将会如何的广阔。而这“一揽子”合并计划缺少的内容是：

- 对这次合并如何能赢得市场的说明。
- 要在目标时间的框架内努力实现这次合并的关键步骤。
- 为了两家有效的合并，哪些风险是需要规避的。

幸运的是，在这家准备收购另一家公司的公司里，有一位敏锐的高层管理者听从了这些好的建议，仔细核查了这次合并的目标、步骤以及风险，结果发现这两家公司的企业文化完全不同，两者的合并很可能是一个糟糕的主意。就在本书交付印刷的时候，那家本来准备被收购的公司还在寻找更合适的目标。下面的案例说明了红海中有关计划的失败原因的真实情况。

虚饰的计划

一个业内占领先地位的，对强大的信息技术有着严重依赖性的保险公司，启动了一个新的战略以保证公司能向客户提供更好的、价位更低的服务。新战略的核心是要创建一家独立的信息技术公司，这家信息技术公司将服务于该保险公司各分部，期望这家公司能提供反应更快、投资回报率高的服务，保险公司也希望这家新成立的信息技术公司能够与该保险公司的各分部建立起一种更为密切的服务关系。

在开始启动这个新战略时，这家新成立的信息技术公司制订了广泛的计划，他们的计划在很大程度上是基于他们从以前的工作关系中获取的有关该保险公司国内的市场状况。但是他们的计划始终站位较高，集中于组织的目标，而没有指明使这个新组织投入全面运营所需要的特定方法。随着新公司独立运营，管理放松，经理们很快就遇到了许多他们没有预料到的难题，所花费的时间和精力，是他们再狂野的梦想也无法想到的，比他们在最狂热的梦想中所预想到的情况还要花费更多的时间和精力。保险公司总部先是耐心地观察着，然而总部还是失去了耐心，因为新公司彻底未完成它的规划。在我撰写本书的时候，保险公司向这个信息技术公司重新任命了一位高级经理，他的任务就是解散这家分离出去的公司，并将其所发挥的功能重新收进保险公司内部。

虚假的计划

一个负有盛名的出版公司购买了一个新的数据库，这个数据库包含了一些绝佳的勘探地点的数据，出版公司认为他们运用这个数据库制作出来的出版物将对石油天然气生产商具有十分高的商用价值。出版公司计划启用这个新数据库，上马一个数据生产公司，并将此公司投入运营。但是，这个计划是为了支持新业务的不切实际的目标而匆忙出台的，计划制订的基础来自于该公司对市场和对这场新的商业冒险在信息技术实现方面的困难所进行的错误的估计和假定。使情况变得更为糟糕的是，这个计划只停留在了高级管理层内部。领导这次冒险的最高管理层担负着这样一个计划，这个计划他们根本不能承受、完成，甚至不能给苛求的董事会一个合理的解释。没过多长时间，这个公司的最高管理团队就整个被炒了鱿鱼。

继任的公司总裁只是在市场和信息技术的需求以及这些需求所需的能力上，进行了亲临现场的应有的努力，就使公司所面临的风险得到了控制。他首先遇到的难题就是如何在董事会和员工中建立起自己的威信，而这些人曾经亲身体验过被封闭在一种无用的、令人迷惑的计划中的痛苦，他们可不想再经历一次。通过具有真实结果的讲究实际而详细的计划，历经近一年的挣扎和反复，大家的信任总算是恢复起来了。

虚构的计划

一个在油田服务领域实力强大的公司，构思了一种新的远景竞争战略，即集成多种服务，而大型的能源公司客户将会分别购买这些集成了的服务。这家油田服务公司雇佣了一家咨询公司来深入研究这个市场，他们希望咨询公司能够验证市场上存在着这样的需求和愿望，并且他们的集成业务将极具吸引力，这个油田服务公司推断，作为第三方的顾问咨询公司所提供的意见，会比服务公司自己员工的想法更为可信和客观，较少先入为主，自我肯定的倾向。围绕着咨询公司的调研资料，该服务公司制订了一个广泛的计划，专门设计了各种细节，以指导这个新的集成服务部门成功地正式启动。

这家油田服务公司发起了有关这项新业务的全面进攻，它将自己数目庞大的部门组织成一个整合的部门来实现新的战略，但是这个战略的基础和论据是无效的市场数据。客户的反应从一开始就是消极的。这家服务公司的员工惊愕地从他们客户那里了解到，那家咨询公司的调查问卷并没有准确地理解和解释客户们的真正需求。但是这个计划还是生效了，计划本身似乎已经有了自己的生命。这家油田服务公司为了这个大一统的集成服务的构想奋斗了将近两年的时间，放弃了已有的市场份额，最终得到的是宝贵的教训，那就是：要用事实去验证计划而不是盲从于虚构的计划。

有限的组织参与

对于这个失败原因的简短定义是，没有让所有将受红海策略影响的员工有效参与、签署协定并为红海策略的成功做好及时的准备。在很大程度上，在红海策略刚刚展开的时候参与红海策略的员工是很少的。当两家公司进入合并的红海，缩小红海策略参与人员的范围明显是重要的，甚至是必需的，直到有关的法律问题和竞争冲突解决之后，红海策略才会在整个公司的员工当中大面积地展开。但是，我仍然能够看到在保密程度上类似于 ERP 系统（企业资源计划系统）的实施，大型企业的流程再造，甚至还有公司的企业文化变革这样的红海。一个大型的系统软件怎么可能在几乎没有用户参与（或是对所要使用的系统提出所需的要求）的情况下就被选定呢？一家公司怎么可能改变了一种竞争战略，而对全体员工根本没作解释，员工在这种情况下受到指示，要改变每个商店中各个商品的价格，他们怎能不备感困惑呢？

有人可能认为，所有的管理宣传和课程都在教人们：参与和承诺会使管理更加开放也更易于得到员工的响应。但是现实中的情况却是，大多数管理策略的实施过程中，不到最后一刻，都不会让大量的员工加入。但是，为什么会缺少这种参与呢？

(1) 仍然存在一些执行官低估了他们的经理和员工对基本的企业策略的理解能力。我曾与一位有着超过 5 万名员工的公司的首席执行官一同工作，他表示他并非真的需要把他们即将启动的红海策略（一种战略变革）告诉员工，因为他们根本就理解不了。然而这个以为进行了周密安排的执行官没有意识到，一个一线监管核心小组已将当前战略受挫的消息在一个星期前就透露出去了，并且号召员工们努力改变现有的局面。

(2) 有限的组织参与的第二个原因可能是，执行官对于“有红海正在向公司逼近”这个信息的价值表示怀疑。我最近就听到另一个执行官说：“好吧，好吧，那我们就告诉他们；但是他们得到了这些信息又能有什么用呢?”我有时会为此感到担忧，我们低估了自己的经理和员工，而他们却正在真诚地、认真地努力，使自己与同伴一起，为即将到来的改变做好准备。

(3) 或许也是有限的组织参与的最有可能的原因，也许只不过是我们忘记了组织和员工的参与需要做得足够广泛和足够迅速。准备实施一个红海策略是一项艰苦而细致的工作，它把我们的注意力从诸如“对于即将启动的策略，我们如何才能使组织做到最好的准备?”这样的大的整体性的问题上转开。而且，我们中的许多人，都是在没有把问题想通想透，设想出所有的细节之前，不愿意把有关即将启动的策略的信息拿出来与别人分享。

下面的案例描绘了“有限的组织参与”这个失败原因的真实情况。

可靠人手只有那么几个

一个全球性的，为采掘工业提供软件和服务支持的高科技厂商，启动了一个计划流程来确定一种新的战略，以使自己在当前四分五裂的市场当中具有更大的竞争力。该公司的首席执行官要求这个计划流程的参加者将包括 15 个对公司的成功至关重要的核心经理和技术专家。这个新成立的小组随心所欲地，具有创造性和挑战性地面对着公司当前的情况，并且决定他们要提出一个成功的战略。这个小组在为期 6 个月的时间里，每月集中碰头三天，来确定出一种新的具有竞争力的战略，并为该战略的实施做出详尽的计划。在这个战略的开发和计划的过程中，该首席执行官要求这个计划流程小组在对该战略的首次发布做好充分准备之前，要对该战略的方向严守机密。

而当这位首席执行官最后宣布这个战略可以开始进一步地展开时，当这个 3000 人的组织中的其他员工也参加进这个看起来是要进行快速推进的实施计划时，麻烦也就蜂拥而至。没有参加过这个战略小组的经理和技术专家们从一开始就对这个新的战略表示出了震惊和恐慌，因为这个新的战略既包括了公司在前进方向上的变化，又大量增加了跨组织的合作。这位首席执行官从员工们抵制他的意见，不愿意迎接变化的表现中，感觉到了员工们在刚刚接触新战略时的疑虑。曾是这个战略项目关键人员的最高管理层成员劝告这位首席执行官，战略实施的速度应该降下来，对新战略的实施时间表和过程都需要再做斟酌。起初这位首席执行官还不肯把新战略的实施速度放慢，但在经过了3个月的挫折之后，他的措辞缓和了下来。他允许自己的管理团队在公司位于全球的各个主要据点开设论坛，让公司在全球各个地方的员工对这个战略各抒己见，畅所欲言，提出他们对该战略的疑问，找出大家争论的焦点，接受来自各方的批评，并允许员工们对这个新战略“细嚼慢咽”，充分消化。事实上，这些论坛最后得到的评价是“非常的成功和必要”，由于这些论坛的作用，他们没费太大力气就修复了因早期过快过猛的艰难推进新战略而带来的弊端。

参与的进程进展得过快

一个最大的公用事业公司之一的天然气生产分公司投人实施一个ERP系统，他们对此的全部认识就是，他们需要强硬的项目经理才能准时地启动这个项目。一位受到最高管理层支持的内部项目经理被推到了前台，驾驶着一艘处境凶险的小船，在本公司的技术支持部门、此ERP软件的供应商和第三方系统集成商之间穿梭。技术小组高兴地看到这个软件应用系统按计划上马了，同时，这也让用户群体很惊奇。这个技术团队知道用户肯定是在某个地方访问这套系统，而这些访问该系统的用户也知道有这么一个ERP系统在后台工作着；于是在早晨该系统被启动之后，当电脑屏幕出现反应和变化时，这些有趣的情形就开始出现了。

但是，员工们对于现在由电脑屏幕来指派他们工作的运作模式还没有做好准备，他们干脆就什么也不做，同时，他们也在努力推断这个系统到底想让他们做什么。混乱的局面一直持续着，不知所措的员工和被恐慌所笼罩的经理聚在一起出谋划策，商量着怎么才能让工作恢复正常。在数月的产出远远低于原有水平的情况下，公司总算是恢复了正常。在黑暗中，员工明显还没有为新系统的运行做好准备，对于组织的运作模式，员工们处于苦恼、抱怨和牢骚之中，而且也没有任何报偿。

压力制造者

一个大型能源公司的大型信息技术专业服务部门，正在考虑使用一种新的技术方法来进行数据管理。在对主要的候选软件进行了几个月的评估之后，该公司的首席信息官（CIO）决定要与数据管理市场上两个主要的供应商之一的厂商进行合作。既然已经做出了决定，首席信息官就向公司发出一波又一波的有关这个决定的信息，这个决定的理由，以及这个决定在总体上需要公司做出的改变。为了进一步地阐明公司进行这种改变的必要性，首席信息官在该部门每个员工的桌子上都放了一本相同的有关变革的新书。

首席信息官与其选定的供应商试图进行进一步的合同谈判时，他开始觉察出公司中某种怨恨情绪正在上升，许多关键的技术专家对引进新的软件系统完全持反对态度。看来，员工们认为管理层并不乐意倾听他们的意见，或是愿意与他们就目标进行讨论，所以员工们决定故意拖延，不予合作。这种相持的局面在浪费了数月的时间之后才得以打破，一位资深管理者站在组织的立场上坦率要求首席信息官："把选定的流程再重新走一遍吧，这一次要让大量的一线员工参加进来，并要与他们进行充分的对话和沟通。"

承担重要领导职责的代表并不胜任

信不信由你，不管是从流程再造到大型企业系统的实施，从并购到企业的文化变革，在红海策略的失败原因的名单上领导代表的因素都是榜上有名。在这个失败原因中，最高管理层把对红海策略的领导权甩给了那些还未准备好或是威信差的下属，这就如同一枚去了销子的手榴弹。但是，为什么最高管理层要在这种危急时刻派遣代表而不是亲自出马呢？当我们把关系到公司"十年变化"的任务转交给某个并不十分老练的职员时，我们到底是怎么考虑的呢？

当前普遍存在的把红海领导权下放的做法的原因一定是在于最高管理者对红海的低估。对红海策略的重要性或是对前方任务难度的低估的确能够解释，为什么在红海中，这些教练会把球交给除了球队中最佳的球员之外的任何队员。

对于一再发生的派代表去应付红海的现象，一个可能的解释，就是我们在前些章节中讨论过的一种好的管理实践——管理者通过授权来赢得时间，更好地利用时间。在日常的管理当中，我们鼓励经理们有效地分配自己的时间，而且委派他人来代表自己完成一部分工作，以使自己能在提高经验的机会到来的时候，更好地利用自己的时间。

按我的经验，大多数委派代表的情况的发生，都是因为最高管理层觉得，领导一个红海策略将是令人非常不快、痛苦和麻烦的事情。坦白地讲，我们中的有些人是在逃避红海的责任，我们总能用"需要代表"和"管理需要发展"来作为摆脱红海职责的借口。

下面的案例提供了不胜任的红海领导代表的真实情况。

新手领导

一个大型的航空与航天公司市场份额出现了萎缩，这个公司意识到有必要对他们的产品成本进行重新的设计和压缩。市场的销售效果使该公司的首席执行官相信，降价是绝对必要的，而降低产品价格的唯一途径就是用完全不同的方法来进一步地缩减成本。对成本构成重新进行设计的任务首先落到了一个负责公司全部运营（工程部分和制造部分）的执行副总裁头上，而一接到这项任务，这位执行副总裁就把这项任务转交给了一个28岁的年轻工程师，由这位工程师来担任成本再设计项目的项目负责人。这位年轻的工程师被公司视为一名表现非常优异的工程师，一位在公司里广受欢迎出色的员工，管理者对于让他启动项目发挥良好作用，寄予了厚望。

但是，他所接手的这项任务非常棘手，令人望而却步，组织中的每个人都明白这一点。好在这名年轻的工程师满怀信心，毫不畏惧，他很快就设计出了一套他认为能发挥巨大作用的项目实施方案。这套方案的重点在于，在全组织内进行有关质量方法和第五项修炼思想方面的培训，遗憾的是，这套方案并未在组织内激发起任何热情。组织的关键成员并不想参加这些培训，他们也不允许直接受他们领导的人，参加这些培训或是抽时间参加该项目的特别任务小组会议。那位执行副总裁试图扭转这个难堪的局面，他通过言辞激烈的“致全体员工书”和许多题为“让我们一起推动项目的成功!”的演讲来表明他在这个项目背后给予的大力支持。而与此同时，公司变成了一个集市，各个顾问公司纷至沓来，展示他们的解决方案，承诺他们可以为公司带来的巨额回报（当然，只需要在这些回报中抽出很小的一部分付他们咨询费就可以了)。而公司的那位耐心的、彬彬有礼的首席执行官最终结束了这场荒谬的闹剧，他更换了那个执行副总裁，由另一个承诺进行直接领导，并能真正付诸实施的经理来接替这项工作。

补位领导

一家大型的杂货零售企业感觉到了横亘在它面前的困难，它所面对的是横跨美国南部和西南部的竞争日趋激烈的市场。迅速扩张的折扣店在价格上对它是一个很大的挑战和威胁。他们也看到，有些商店开始在市场上尝试着提供一种完全制作好了的食品和一种“现买、现做、现吃”的新型服务模式。最高管理层在讲话中谈到了要进行一场战略重估确定出可供替换的战略，有必要的话，可能还要对企业进行流程再造。公司新近被任命的总裁正忙于巩固他的新位置，无暇抽身；而公司现任的首席执行官倒是对这个项目显示出明显的兴趣，但是在这个项目上他只想做个观众和评估者，并不想成为这场战略测试的领导者。那么，他们如何推进这个项目呢？解决的办法就是委派一个信息技术副总裁来代表他们完成这项任务，而这个信息技术副总裁恰恰进公司的时间较晚，对于诸如流程再造这样的业务转型策略也相对地缺少经验。

作为当前的再造项目的领导，这个信息技术（IT）副总裁从公司第二梯队的管理队伍中抽出一些最出色和最引人注目的成员组成了一个再造项目小组。这个团队按照研究，发现既而学习的思路对几个具有竞争力的组织的再造项目进行了分析，来弄清楚这些组织是如何进行流程再造的。该项目组迅速地建立了一个流程再造知识库，并雇用了一名顾问，来对他们进行有关企业级再造的高级培训。但是，项目小组很快就了解到他们这个项目如果没有公司的实权人物加入和参与就不会有什么进展。而与此同时，在公司内部也有人因为这个项目小组中没有一位公司的高层人物，而对他们的活动表示质疑。这个项目拖了大概三个月的时间，由于缺乏组织级的优先权，缺乏执行官实质的支持以及该IT副总裁不尽如人意的组织威信，该项目遭到了重创。这个流程再造项目最后还是以悲惨夭折的命运告终，因为最高管理者的注意力都集中在公司当前正在面临的运营问题上了，根本没有把精力放在这个项目上。

无效领导

美国航空航天局（NASA）的一个关键部门面临着一个双重的难题，太空计划所需的费用在上升，而航空航天局在公众心中的声望却在下降。该部门以往的运作模式是在国家对太空技术研究的兴趣达到峰值的基础上做出的，那时候投资于一流水平的太空计划的美元唾手可得。但现在情况变化了，国家对太空计划的热情已有所回落，如果该部门还按照旧有的业务模式去运作，就会出现实质的利润下降。高级管理层敏锐地意识到了这种利润缩减的威胁，但对于要采取什么措施来进行应对，大家还莫衷一是。一位行政董事向这个部门的领导层表示，可以由他来负责采取一定的行动，解决这个难题。这个时期，全质量管理运动正在兴起，所以这位董事建议在组织内展开一场积极的质量管理运动，以作为对付利润下降或许有效的解决办法。部门中大多数的管理者因为这种认为他们部门的质量已经不再是世界一流的想法表示震惊而退却，他们对这位董事的建议的质量运动提不起任何兴致。

这位董事并未被眼前的阻力吓倒，他指定他的一位高级经理作为该项目的带头人。这位高级经理当然很能干，有足够多的白发来证明他在领导大型攻关活动方面经验丰富，这一点即使对于基于像全质量管理这样的尚在发展过程中的管理技术也是如此。但是这位项目领导人能干、老练、经验丰富却缺乏威信。在这个满是工程师的环境中，他不是工程师，来自于该部门地位最低的组织，而且在大多数的中层和高层经理眼中，他的管理级别也过低。这个项目经理缺乏对个人和组织的影响力，而更糟的是，他手中可支配的资源预算极其匮乏，只是以往任何一个技术项目资源预算的十分之一。令人惊讶的是，就是在这样的条件下，这个项目还是取得了一些重要的成功，但是，这与由一个德高望重的领导者执掌大局所需要的成功和可能获得的成功相比，还是相差太远。

训练不足和不完善的项目管理

对这个失败原因所下的简单定义是，未能成功地应用系统的项目管理方法来计划，监控实施一种红海策略所需的各项步骤，以致该策略无法按既定目标，在预算内按时完成。当今大多数运用红海策略的组织都试图使用某种形式的项目管理作为红海策略管理的一项有效工具。但是大多数组织整个项目管理的质量大都明显不足、随意而无效。甚至是那些有着运用强硬的、纪律严明的项目管理，迅速高效地建造了工厂或是提炼厂这样的成功记录的公司，实际上在红海的项目管理上也常常栽跟头。那么为什么呢？许多案例都表明拙劣的项目管理是红海策略失败的关键原因之一，那么，隐藏在这个现象背后的东西到底是什么呢？

最近，一位首席执行官告诉我，项目管理只对像建造化工厂那样的“硬”项目才管用，对像改变一家公司的企业战略或是它的企业文化这样的“软”项目起不了什么作用。持这种看法的人不在少数，但是这种观点本身就会成为问题的根源。如果我们把一个项目看做“硬”项目，并为该项目指定一位受过良好训练通过资格认定的项目经理，并明确告诉他管理层期望他能按目标、按预算地准时完成项目，我们也许能得到这样的结果。但是，如果我们把一个项目视为“软”项目，却指定一个从未从事过严格的项目管理工作的人来担任项目经理，对他的期望也模棱两可，那么这个项目最终就很有可能脱离目标、落后进度并且超出预算。

在红海中出现拙劣的项目管理的另一个直接原因可能是组织内缺乏有着进行项目管理的天赋和经验的人才。在当今的组织当中，大多数的经理对进行当中的业务单元的运作有着丰富的才能和经验，但对类似项目这样的短期事件的形成、推动发展以及管理的工作，则几乎没有丝毫的经验。缺乏这种经验对于有着数百万资金规模的大型项目尤其是致命的，而且它的后果会波及成百上千的人。

没有精明而实际的项目管理来引导红海航程，企业就会有遭受严重后果的危险。比如，糟糕的项目管理将可能意味着，对于获取成功至关重要的事项，会由于疏忽大意、筹资失败或是缺乏足够的人手而不能完成。糟糕的项目管理可能会使数个技术项目的花费都超出预算两到十倍。糟糕的项目管理可能会导致这样的结果：一个领导小组准备使用一种新的运作方式将项目向前推进，然而，其他员工则惊讶地发现他们不知道，这还有一套新的战略。

下面的案例说明了在红海中有关项目管理的失败原因的真实情况。

依靠英雄成功

一个《财富》50强能源公司的信息技术分公司承诺要对其用户服务流程进行再造。这个分公司的首席信息官保证新流程的设计已经得到有效的管理，甚至已经通过了彻底的试运行。但是当拥有数千名专业人员和数十个主要的用户区域的整个公司开始正式实施这些流程时，这个首席信息官则采取了完全事不关己的态度。尽管他强烈呼吁任命一位经验丰富的项目经理来领导这个流程再造项目，但他对这个负责为全公司各部门服务的信息技术经理的要求只是“能应付得了就行了”。

新流程网络的实施结果好坏参半。有些经理在改变他们与用户交互的方式方面取得了可喜的进步。但有些经理在改变他们部门对指定客户的服务方式方面则几乎没有任何实质进展。当公司的管理委员会要求流程再造项目组就该项目提交一份报告时，那位首席信息官向公司的管理委员会暗示，他手下的经理中，既有一些敢于大胆创新、不负众望的优秀经理，也有一些确实只善于打理日常生意而不善于进行管理变革的经理。管理委员会对此并不买账，他们要求首席信息官必须亲自负责找出再造项目进展缓慢的原因，找出到底是谁在该项目的实施过程中拖了大家的后腿。

策略失控

一家大型的共同基金公司正在飞速发展，远远超过了其竞争对手，在已经升高的盈亏底线之上财源广进。公司的核心管理者们感到心中隐隐作痛，因为无论何时，一旦股票市场转变方向，狂欢也就会到此结束。三位公司的创立者为此召集了一个最高管理层的高阶会议，与会者包括了公司最高管理层的40名左右的核心经理，三位公司创立人请这些经理把他们所担心的和所碰到的问题拿出来，大家一起商讨对策。在这个高层会议上，与会者们认识到，如果他们能适当地发挥公司的重要能力，并能有效地阻止艰难时刻的出现，那么从长远上，他们就还可以获得更大的增长；但是，如果他们不幸而尚无防备地遭遇了艰难时刻，那么目标会损失惨重。

在这种共识的极大鼓舞下，与会者决定在接下来的18个月左右的时间里需要完成大致20个重要的步骤或行动、会议以及与会者做出每季度为公司进展状况碰一次头的承诺。对于这20个积极行动的整体管理，职责划分并不明确，但大会指定了首席财务官作为确保下一季度此项会议按时召开的负责人。

一个季度的时间很快就过去了，与上次相同的与会者再次坐到一起，互相展示和交流他们在该项目上的进展情况。在预定的20个要展开的行动中，只有三个行动正在进行；有十个行动的行动小组已经组成，但无所事事；剩下的七个行动已经很难界定或是让人很难再回忆起来了。公司的那几位创立人和与会者都认为事情进展得太糟了，但是他们还是决定使用同样的计划来管理下一个季度的相关行动。

成败参半

一个大型的综合公共事业公司启用了一种大型的企业系统，这种系统会对整个组织的运营产生影响。一个技术很强的项目经理奉命来领导整个系统的实施。但是，在所有努力刚刚展开时，情况似乎就明显表明，要完成整个系统的实施需要完成多个不同的项目。这些项目的混合体中既包括那些纯粹的技术性项目，这些项目对信息系统的用户没有什么直接的影响；又包括那些既有技术性问题又有组织性因素的项目，这些项目对于用户如何在他们自己的信息系统环境中工作有着非常直接的影响。

这个项目经理坚持进行纪律严明的项目管理，但他没有要求那些对直接用户产生影响的项目要做出详细的计划。所有项目的注意力都主要集中在了技术层面。当整个系统的实施渐近尾声的时候，所有的技术类项目都交出了满意的答卷，而那些涉及对直接用户产生影响的项目的评级只达到了C到B+的级别。虽然这个故事中的项目并非完全失败，但明显地，没有要求所有项目都设计出详细的行动步骤，会使组织耗费大量的时间、金钱，并且会严重地挫伤一部分员工的积极性。

什么比有了某个红海失败原因更糟

只有一件事比组织内有某个红海失败原因更糟：那就是同时有多个红海失败原因在组织内发作。对于许多公司而言，没能在红海内获得巨大收益，往往是因为公司存在着多个红海失败原因，这是条规律而不是偶尔出现的个别现象。

第四章　红海原则

我相信，红海中的每一个原则在单个使用时都有它自身的价值，但同时我更相信，当所有这些原则放在一起作为一整套原则来使用时，每个原则都对其他原则起到加强和补充的作用，这些原则才能发挥出它们真正的作用。我们在这里要谈的红海原则有两种：一种是如何在设计过程中进行有效管理的原则，而另一种则是如何在执行过程中进行有效管理的原则。

设计一个成功商业模式的红海原则

图 4.1 显示了五个红海设计原则。请注意原则三、原则四和原则五，它们并非前后紧接或是成一序列，但是相互关联。它们一起组成了我们所谓的设计引擎。一家公司在运用这些设计原则时，可能需要应用很多次才能达到运用自如的境界，当达到这种境界时，公司就已经为其新的商业冒险创建出了一种成功的模式，这种模式可以引导公司得到它在红海中梦寐以求的成功。

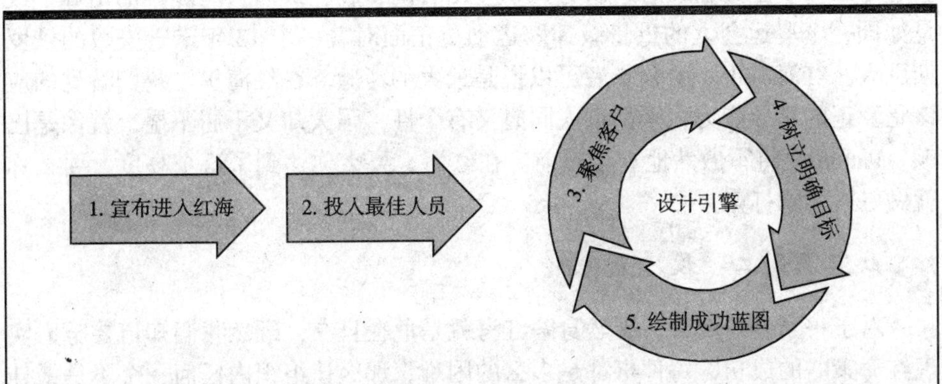

图 4.1　红海设计原则

红海原则一：宣布公司进入红海

我相信，当一家公司处于红海时，正式告诉全体员工公司当前的真实处境将是至关重要的。在红海中，公司的宣告和沟通能使员工们了解到公司需要他们做出哪些特别的表现和承诺。作为红海宣言的一部分，需要用奥林匹克级（Olympic-level）的激励和创新来定义公司要求员工做出的表现和承诺，只有这样，才能使公司用破釜沉舟的决心来避免可能出现的损失，也只有这样，企业才能获得预期的收益。有什么比努力赢得金牌的奥运会运动员的形象更能激发我们所需要的激情呢？这些运动员在面临一个又一个的奥运会竞争对手时，更坚定了他们迎接世界上最激烈的挑战，全力以赴，以他们的最佳表现来赢取金牌的决心。而对于今天身处红海的公司，冲出红海获取成功的干劲和渴望也必须如此，在一个真实的红海中，在获得一个重要收益的路途上将危机四伏，实施红海策略是一种真正的困难，而世界级的竞争对手也的的确确地挡在你前进的道路上，与一种每四年才会有一次的奥运会相比，企业每年都处在“奥运赛场”上。

一个身处红海的首席执行官有着无可辩驳的、不可推卸的、不能掺半点水分的责任，去带领他的团队获得亲临一线奥林匹克级的获胜欲望，因为，那正是他们将要接受的现实。同时，一个红海的首席执行官必须要能确保他的组织可以看到并且能够完全理解失败的后果以及这个后果严重的程度，一旦红海策略失败，后果将是极为巨大的损失。

红海中的公司和个人都必须显示出同样的破釜沉舟的决心来避免失败，就像一个医科学生面临最后一次考试，登山者准备爬上最后一座陡峭的山峰，或是如同一个奥运会上的重量级摔跤运动员正面对着一个 13 年未曾失败的俄罗斯巨人。红海对于一个领导者可以说是最大的考验。在红海里，我们看到的应该是真正的领导能力，平易近人同时又有个性，强大却又不屈不挠，就像是巴顿（Patton）① 将军傲然地立于旗前。在红海，要么你达到了这个高度，要么你就做好最坏的打算。

红海原则二：投入最佳人员

对于一家公司而言，既然身陷红海就是危在旦夕，既然我们知道要努力实现红海策略的成功，每件事都是多么的困难，那么让组织内任何一个不是最佳

① 巴顿（Patton，George Smith，1885~1945），美军陆军上将，“二战”期间曾率部队参加北非战役，后历任美国第七集团军司令、第三集团军司令，其装甲部队屡建奇功，而其本人则以骁勇善战著称。

人选的人参加这场比赛都是非常愚蠢的。把任何没有真才实学的人放到一个关键的红海位置上的人都理所当然应该免职。

“得了吧！不管是哪种重要的组织策略的实施，我们都不会用那些我们认为是不能干或是做不了它的人。”我听到你们说“不会”。但是你这样想并不等于你就能想当然地开出一份合适人选的名单。你需要依照比尔·盖茨（Bill Gates）获得他想要的最佳人员名单那样的方式来获得你想要的最佳人选。

设想一下，假如即将来临的有关微软（Microsoft）的法院判决对微软公司来说将非常不利。想象一下，法院对盖茨先生说他的公司在美国必须关门。再进一步设想一下，比尔要对山姆大叔说拜拜，而要投入加拿大的怀抱了。而加拿大说，欢迎你啊，盖茨先生，不过你只能带过来十几个人。你认为比尔·盖茨能选出十几个人来帮助他在废墟中重建微软吗？我想你打赌他能做到，并且你会打赌那十几个愿意来的人一定都是非常勤奋努力的冲锋陷阵的人。他们将是天赋卓越的伙伴，能在一片废墟之上开创出一次新的商业冒险。他们正是那种在自己的公司处于红海时需要投入赛场的人。

那么，怎么确定谁是你手中的最佳选手呢？你的内心将告诉你谁是你应该启用的人。你已经看到过他们曾经的最好的表现；你从他们带来的成功和应对失败的方法中已经知道了他们都拥有什么。另外，组织的全体员工也会告诉你他们想让谁来充当这些关键角色。当你一提候选人的名字时，他们会立即用寄予厚望的热情或是阴沉沮丧的举止来表明他们的态度。

如果你想在相信你的内心和直觉之外对自己的选择更加确信，在你提出你的红海团队的名单时，请考虑一下下面这些你的红海团队所应具有的决定性因素：

- 资格及个人威信。在红海内所进行的战斗是一场专业级的战斗，我们需要的是那些资历深、正直诚实、久经沙场，可以解决问题，我们能够依靠的人。红海需要将上到大胆的执行官，下到出色的采购者的所有这些与组织有关的人员的个人优点汇集在一起，充分发挥作用。如果你手头还没有这样的人，请找到这样的人。

- 领导素质。红海可不是一般的微不足道的管理难题，在这里，我们需要的是能够带领组织到达从未到达过的疆域的领导。我们需要领导者能够满怀信心地对我们说“来吧，这正是我们将要做的”。

- 耐力和精力水平。红海可能还称不上是用冲刺的速度来跑马拉松，但是它确实需要你在中长距离中全速奔跑。这时的领导者必须要具有应付这段旅程的足够体力。

- 对公司的承诺。红海不是玩弄权术，也不是优先考虑个人利益的地方。

红海领导者将需要代表公司的利益对公司行使指挥权，而不是代表他们个人或是为了他们个人的利益来进行领导。

● 经验和能力。红海呼唤的是能够产生巨大影响、起到巨大作用的实权人物，他应该知道如何才能把事情做好。他能够进行革新，即兴发挥，甚至能使一个方形的木钉恰好楔入一个圆形洞中。在红海，我们想要的是那种“走到哪儿赢到哪儿”的成功经验。

● 业务知识。红海中的战斗是一场为了你在某一行业中的业务而与世界级的竞争对手所做的殊死拼搏，这些竞争对手都是专家。红海需要的是特定业务最高的专业水平。

● 组织中的位置或公司中的级别。红海需要的是组织内广泛的合作和协调。它需要拥有权威的领导者来推动事情的发生。领导者的这种权威来自其在组织中的级别和头衔，同时也来自于领导者的个人威信。

这张列表够严格的吧。这张列表的确严格，符合这张表上要求的人员可是你们公司要进行一场残酷战斗的队伍。这种红海的领导团队正是你需要去网罗的，他们会为你赢得收益，避免损失。

顺便提一下，如果你为你的组织选择了应对红海的最好人选，而你的核心执行官们却不在名单之列，那么求老天帮你吧。如果你仍旧敢于开始你的红海策略，在策略实施之前，你可能要考虑一下是不是要调整一下人员。

在找出你的冲锋队伍的最佳阵容之外，你还必须处理一个至关重要的问题，那就是谁是其中最有资格的人。你可能发现了你的最佳人员，他们中可能不是所有人都达到了你所要求的水准，你要求的水准应以能否完成你的红海策略作为标准。这种情况与为红海准备预备队员不同，你不可能只要需要，就能从其他球队征募或是引进球员，并且派他们上场。首席执行官的工作就是要确保他投入红海的队伍有真才实学，并且他必须要做到只要需要就能从组织内外自如地调兵遣将。

我想我怎么强调也不过分，那就是为了获得想要的收益，需要对那些处于关键组织角色上的经理，分配红海任务，并明确他们直接的职责和义务。我们公司通常在审查一个组织是否为红海成功做好充分准备时，要详细检查其组织结构图上所有的关键工作，我们还要询问，在他的核心报告中，每一个红海角色所担负的任务的确切内容是什么。如果各个组织的首席执行官、首席运营官、首席财务官、首席信息官以及首席人力资源官都还没有具体的红海任务的话，那么明显的，这些组织还没有为开始任何种类的红海策略做好准备。

红海原则三：聚焦客户

站在你的客户的角度来洞穿红海。对于任何红海来说，成功导航的关键就是要超越红海的视野，看到企业的终极目标。对于一个商业组织来说，它的终极目标就是市场，是市场上由客户组成的世界。这个策略的底线很简单，即如果你要进行的红海策略对顾客和市场不能产生积极影响，那么你就必须要三思而后行。

我认为，一个组织的终极价值取决于它对客户和市场产生的影响。组织在必须使它的其他利益相关人，如它的员工和投资者满意的同时，将客户作为策略实施的参照点，对于策略设计产生的效果是否显著具有非同寻常的意义。坚定不移地盯住通过他们的新的冒险到底能给市场带来什么的组织，更有可能成功地完成一个红海策略。

难道在红海策略的实施过程中要把注意力集中在客户身上，这还不是明摆着的事情吗？难道那不正是我们费了所有这些周折，诸如并购、再造、改变企业文化等的理由吗？不。许多公司进入红海的动机并非是要提升客户的价值。我看到过很多组织，他们采取红海策略就只是为了所谓的"金融工程"的理由。即一些公司想要不改变公司与客户之间的业务方式，就达到改变公司在投资者和华尔街眼中的形象的目的。而且我们中的大多数人都看到过，许多红海策略都是主要由那些想要从中谋取个人利益的关键执行官来策划实施的。大多数的组织在它们的执行官受金融目的驱动来发展业务时赢得了利润，但同时，也有许多组织在执行官以公司的支出为代价来获取经济利益时遭到了重创。聚焦于改善客户价值，将能核查其实施红海策略是出于合理的理由还是不良的动机。

当你的组织正要突破红海时，你怎样做才能保证你的目光紧跟客户呢？要做到这一点，一个可能的最好的办法就是把你们组织的产品和服务的属性都明确地排列成组，然后看看你的组织在这些属性方面当前的市场位置，以及竞争对手在这些属性上可能的市场位置。表 4.1 显示了一个红海客户记分卡的例子，在这个例子当中，客户记分卡用来确定一个组织想要通过它的红海策略带进市场的某种价值。样表中的数据显示了一个巨型零售商，在两个关键的客户价值（在消费者的购买经验中的购物的方便性和需求的满足度）上，与其三个最大的竞争对手（C_1、C_2和C_3）相比，它是如何看待自己的市场位置的（"+"表示更好，"–"表示更差，"○"表示相同）。最右边"所需采取的行动"一栏是想告诉大家，公司所试图采取的任何红海策略，都要能够帮助这家公司在价格（需要降低成本）和客户服务的价值维度上有引人注目的增长，而与此同时，公司还要能够在销售货品的质量上保持它们的有利位置。

表 4.1 红海客户记分卡

客户		现在位置				理想的位置				所需采取的行动	
价值	属性	我们	C_1	C_2	C_3	我们	C_1	C_2	C_3	改进	保持
购物方便性	地点	+	○	+	–	+	○	+	○		√
	就近度	+	+	○	○	+	+	○	○		√
需求满意度	价格	○	+	–	–	+	+	○	○	√	
	品质	+	–	○	–	+	+	+	○	√	
	服务	–	○	+	○	+	+	+	+	√	

一份填写完毕的记分卡可以使组织看到它与其客户之间相互关系的基础是什么，在哪些地方，它可以通过提升自己的地位而获得价值，而在哪些方面，它需要保持相对于它的竞争对手所处的重要地位。在红海设计中使用表 4.1 的例子中这样的记分卡，可以明确地把管理层的注意力吸引到对企业的最终挑战上来，并且为实现具体的红海目标做好准备，这些目标包括搭建外在的客户关系管理系统。而底线是：公司应在每个红海策略中计划出与他们的客户之间的更好的客户关系。没有这种改善客户关系的要求，红海就已经够难的了，但是如果没能引导客户进入公司明显的利润账户，却可能会给公司留下一个悲剧性的缺陷。

红海原则四：树立明确的红海目标

组织需要一批能在红海内领导众人明确的目标。一家公司，在它决定运用一种之前论述过的红海策略去追求一定的具有重大意义的收益时，这家公司就进入了红海。根据它们自身的本性，这些策略可能会为公司带来极大的收益，也可能带来重大的损失。挑战是成功实施策略。我发现，获得理想的收益的第一步就是要为这个红海策略制定出明确清晰的目标。没有这些明确的目标，要想做出红海成功所必需的组织级的努力将是根本不可能的。

树立明确目标的一个基本的理由是要驾驭改革和创新。红海目标应该是在一定的可行性研究的研究工作进行完毕之后才进行制定，这种研究工作会明确地把企业的注意力集中在我们在前面讨论过的客户记分卡上。红海目标应该确定出组织想要的，通过增加客户价值而能够产生出来的组织成果。例如，一种战略变化型的红海策略，可能会有一个增加市场份额的目标。但是，市场份额的目标需要定位在为客户提升的某种价值上。树立一个提高市场份额的目标，却并没有一个增加客户价值的计划，那么这种做法无异于在一开始就把红海策略推入了危险境地。

红海目标所描述的应该是管理者在有一定把握获得成功的前提下，为红海策略的成果所设定的最大奋斗目标，而不是像许多作为一个再造项目所推荐的目标那样过于宏大，毫无节制。无节制的过于宏大的目标常用来刺激员工去思考那些他们难以企及的目标，而红海目标所导向的应该是管理层确信员工可以达到的水平。如果即将跨入红海的是一个公共事业公司，用于目标设定的指导方针也是一致的，那就是，红海目标通常用来告诉企业的利益相关者，企业想在指定的一段时期内有哪些作为。

红海原则五：绘制成功蓝图

对红海策略进行一种新的透视，或是用一种新的思路对红海策略进行重新思考，这些都是重要的，首先要考虑的是，在红海策略完成之后，组织应该呈现出什么样的面貌，以及将如何进一步地运营。在红海策略完成之后，如果做得不错，我们的组织应该是进行了一次比以往更成功的商业冒险，这场新的冒险将使组织通过增加客户和市场的价值，实现它的红海目标。

另一条对红海策略进行思考的路径是将实施完策略之后的组织或风险具体化，就像我们能想象出重新改造后的房屋一样。我们可以通过一整套的设计图纸来想象重新改造过后的房子将会是什么样子。我们在这里选用的词是“蓝图”而不是“幻想”，这是因为“蓝图”通常意味着精确和细节，而“幻想”则意味着模糊和短暂。

记清楚，我们为什么要实施红海策略，就是因为我们要使自己的组织获得一些未来的收益同时避免一些可能的损失。要使我们的组织获得成功，就必须在我们的组织现在的状况之上增加一些不同的属性或品质。这张蓝图的目标，就是按照组织需要去获取预想的收益，并且加入那些能够和组织的其他属性一起发挥作用的新属性，来重新描绘一个新的组织。正如我们对家居改造时，通过对我们现在的房屋和新房屋的设计图的比较，我们都能理解我们的房屋将要发生什么样的变化。

虽然我们中的大多数人，若是没有一张确定的设计图，就会对一次较大的家居改装工程，甚至对于这个工程开始的构造阶段都提不起任何兴致，而我看到过一些资深经理却能没有一幅蓝图，就进入红海并这样走过他的红海全程。为什么？因为我们的大多数管理者习惯于按照已有的优先列表来检验自己完成了什么任务，还有什么任务没有完成，他们靠这样的工作方式来完成日常的业务。我们不常需要进行蓝图式的思考，因为那样常会引发新的风险。

需要为一个红海策略构筑一张蓝图有两个明显的原因。第一，一张完成了的组织蓝图在考虑红海策略实施的同时，也允许组织成员描画出他们所渴望达到的目标。他们心中的图景能从红海的另一个侧面，为企业要达到预期收益所需进行的行动勾勒出行动的背景和联系。第二，存在一个制定好了的红海蓝图，可以使组织成员在此基础上制定出获得预期收益所需完成的任务列表。我相信，从这张整体性的蓝图得出任务列表，而不是通过集中精力，从那些我们知道的能拼凑出红海策略的信息上得出任务列表，这一点极为重要。例如，当我们为整个组织制定任务列表时，如果只把注意力放在一种特定的系统的实施上，其所产生的任务列表会比我们将注意力集中在整体的组织蓝图上所产生的任务列表片面得多。

一个红海蓝图，比如针对并构、再造或是一个电子商务系统的实施，针对这些红海策略的红海蓝图将会是什么样子的呢？让我们以先前介绍的改造家居的例子来指导我们进行红海蓝图的设计。在这些房屋设计图中，采用的是俯视的平面图，这些平面图显示了房屋从外部俯视时所呈现出的图景；楼层的设计展示了楼层从上面看会有什么效果；每个房间内部的视图呈现了通道模式，各种器具，有时还有家具的摆放等。我在红海战略中会提供更多具体的蓝图内容以供大家参考，而在这里我想指出的是一张组织蓝图通常应包含的场景、图表和描述：

● 在红海策略实施完成之后，组织结构图应能发挥作用，在进行蓝图设计时，应把已确定的成员姓名尽可能地标注其上。

● 在策略完成之后，组织目标及评估方法应被用于组织的运营当中。

● 高层次的流程图表，这些图表将显示构筑组织的产品和服务将会如何实施以及对客户应该如何响应。

● 高层次的系统图表，这些图表将显示新的系统会在哪里配置，并配置些什么内容，如果需要的话，还要包括面对员工的新的操作界面将会呈现出什么样的风貌。

● 用叙事体或小品文的方式描述出雇员在策略实施之后将会如何工作；即运用新的业务流程，使用新的系统，迈向新的目标。

蓝图设计过程中的最后一个步骤是要确认实施红海策略的业务项。现在是对业务情况进行近距离仔细观察的时候了，你要确定当初的倡议是否具有真正的意义。在最高管理层可能已经有了高层次的有关哪些业务项进入红海策略的打算的同时，现在是加入基于对蓝图的收入费用评估的时候了，这些有关收入和费用的可行性评估将会告诉你红海策略是否要继续，还是要修改计划，甚至取消。

难道这份蓝图还不够详尽吗？难道设计蓝图不费工夫吗？是的，它的确是详细的，并且完成它将需要进行大量的研究和应有的努力，更不用说还要激发大脑的创造力。但是毕竟，我们是在生死攸关的形势下寻求公司的成功。毕竟，我们还能有几个数以亿计的美元资金可以投入。毕竟，我们最终只能影响到我们的客户和员工中的大多数。这还没考虑到，花上这么多的时间和精力值得吗？让我喘口气；去做吧。

别走开！在优化的业务设计清楚地成形之前，不要进入下一步的红海执行原则：

- 这个红海策略将如何确实积极地引导客户，这一点已经十分明确。
- 这个策略已经有了清晰的目标。
- 一份针对组织实施完红海策略后的蓝图已经完成并业已就位，这张蓝图是以假定组织已经实现了那些使客户满意的目标为基础的。

这是在红海策略开始执行前最后一个停止红海策略的机会。要知道，你是在用业务项和蓝图去赌公司的明天，所以在没有一个切合实际的业务项和一张蓝图之前，不要越过这个关口。因为你的确是在赌博。

红海执行原则

这里还有五条红海执行原则，请看图 4.2。注意原则六、原则七和原则八，

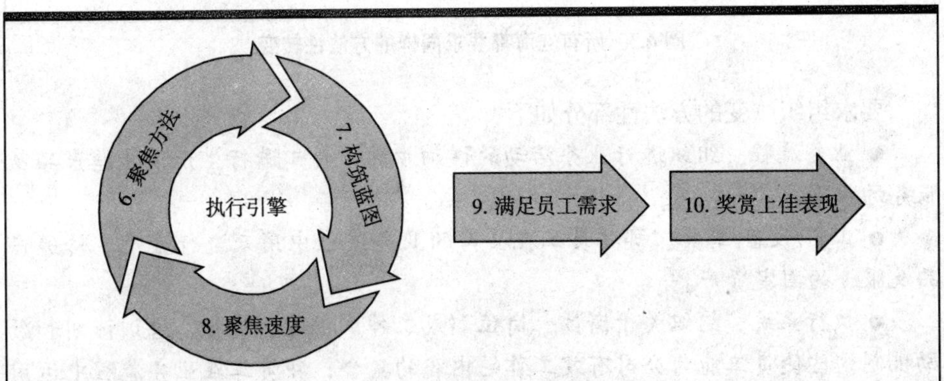

图 4.2 红海执行原则

它们是相互关联地形成了一个引擎，驱动着一个红海设计的成功执行。公司在运用这些执行原则时，可能需要在红海策略的执行阶段中反复应用，才能保证在红海中取得成功。

红海原则六：聚焦方法

无论你进入的是哪一种红海，要完成红海策略，有许多工作都是相同的。我们将组织看做是由有限的、可变动的、机械的部分组成的综合体，这些部分必须要有所改变才能使一个组织从它现有的状况转变为穿越红海之后所需达到的水平。图 4.3 指出了所有红海策略都要必须改变的方法性部分，只有这些方法性部分改变了，才能使企业趋向新的业务设计，并将这些设计整合进公司的运营当中。这个运营整合的步骤明显是红海设计的执行过程中最重要的因素。在红海设计完全地整合进公司的日常运营之前，不要指望公司会出现什么好的转变。

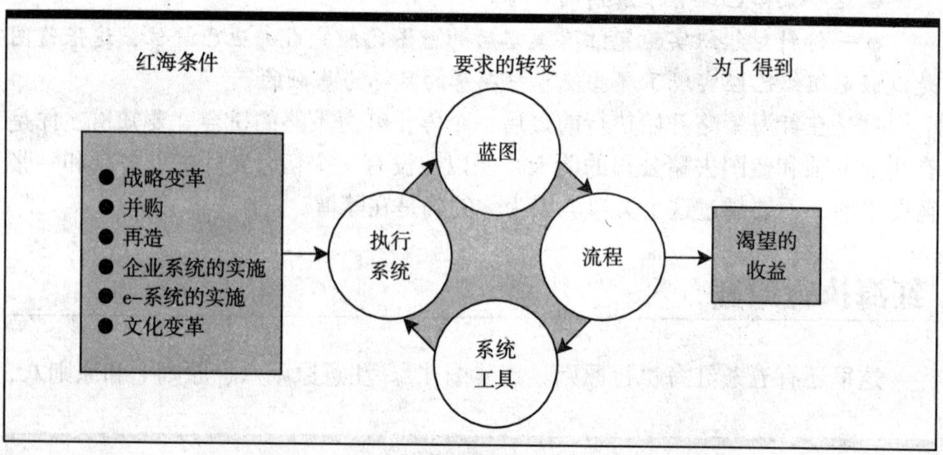

图 4.3 所有红海都要求同样的方法性转变

要求组织改变的方法性部分如下：

● 业务流程。组织进行业务活动的详细步骤，员工进行生产、传递产品及服务的步骤。

● 工厂/设备/工具。那些员工在公司的业务流程中用来进行生产、传递产品及服务的固定资产。

● 执行系统。组织关于岗位、岗位（或工作）描述、目标、培训计划和激励机制这些使员工能为公司有效工作的内容的集合；即员工在业务流程中运用公司的工厂/设备/工具来产出货物及为客户提供服务的系统。

这些方法性部分明显需要进行不同程度的改变，这些改变应基于红海策略的种类以及红海蓝图和目标的性质，但是基本的要点仍是简单而朴素的。如果你想使你的组织表现得与众不同，这些方法性部分将是你进行调节控制的阀门。按我们的观点，每个红海策略都可以看做一个工程难题。在红海蓝图要求的所有改造没有完成之前，这些变化就不会整合进公司的运营当中，而且组织也不会达到它想达到的目标。

例如，如果一家公司进入的是一个流程再造的红海，那么按照定义，它将改变业务流程。但是这些业务流程的改变必须要与在工厂/设备/工具中的变化相结合，以适应流程的改变，而且那些指导员工行为的执行系统也必须改变以适应流程和工具的变化。而对于一家进入电子商务红海的公司来说，改造将需要首先从信息系统（如工厂/设备/工具）开始，既而扩展到业务流程，然后延伸执行系统。

图 4.4 指出了在组织任何的方法性部分的改变，将需要在组织的其他部分采取相应的改变或变更，以使它们达到同步。图中的弹簧是想试图表明在各个方法性部分间的相互依赖性。有关特定的红海策略所需的变化的更多信息可以在后面的战略章节找到，以供参考。

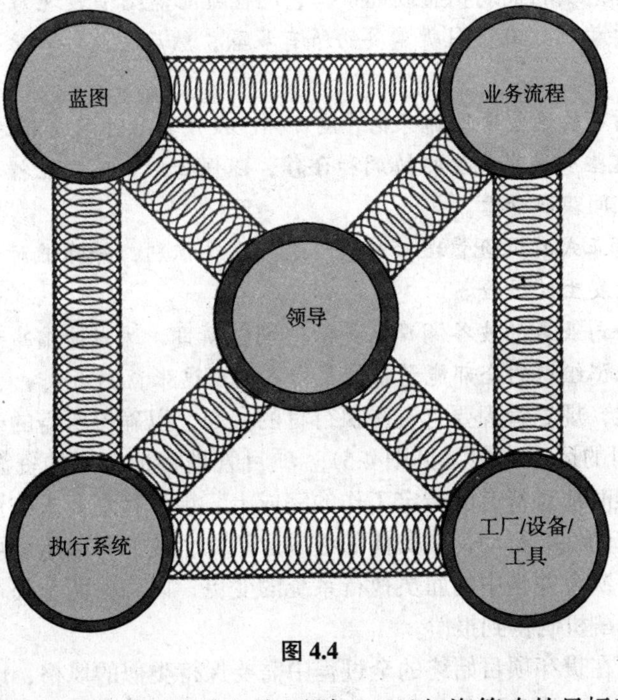

图 4.4

现在，让我们总结一下这个红海原则。一旦红海策略的目标已经确定，并且在策略草定之后的用于操作的蓝图已经出笼，红海经理就能够依照业务流程，工厂设备工具以及执行系统所要求的变更，做出需要完成的任务列表。对于许多经理来说，试图穿越自己的职业生涯中的第一个红海时，在他的行动列表上的事项数目是惊人的，有数百甚至上千条。不过要记住，一旦组织中的人们理解了蓝图，那么就有许多得力助手能够派上用场。我发现，那些把注意力集中在正确地鉴别，然后执行组织中所有需要在方法性部分进行变更的红海管理者，更有可能创造出可以带来预期收益的新的商业冒险。幸运的是，我们下面的红海原则将要描述有关的计划和项目管理工具。

红海原则七：使用规划和项目管理来构筑蓝图

一旦新的组织或冒险的蓝图已经勾画完毕，要进一步地构筑蓝图就需要认真的管理。这时所需的管理可以由两条成熟的管理准则来支撑，而这两条管理准则在通常的业务运营的环境下不常使用，这两条管理准则就是规划管理和项目管理。

项目管理用于将我们在原则六中讨论过的、成批的、小型的更改整合。规划管理用于总揽成批的项目。规划管理聚焦在一些重要的问题上，这些问题的解决能够实现组织的长期利益或远景，它们在红海蓝图中表现为：

- 确定要构筑红海蓝图所需要的所有步骤，然后把这些步骤编制成可管理的项目。
- 确保所有的这些项目都有能够按目标、按预算准时完成重要步骤的资源。
- 确保这些项目有必要的协调和合作，以保证他们不发生撞车和争端，并且能在彼此之间获取资源。
- 包含有正式的风险管理，对风险进行系统识别，并降低对于红海策略的实施最有可能发生的风险。
- 根据公司业务的波谷澜峰来灵活地调整项目，适当地缩减和放弃一些现有业务，以保证组织的全部能量都能集中在实现这张蓝图上。

简而言之，规划管理要有资深执行官的参与，以确保所需的改变能够完全地整合入公司的运作当中（见图 4.5）。项目管理将把有限的资源集中于按目标、按预算准时地对特有的指定工作的完成上。项目管理要求在预定的时间范围内，给既定的红海行动带来具体的结果。例如，我们可以运用项目管理来计划和控制在一次合并当中的雇员执行系统的变更，以确保两个公司的雇员都能按照同样的薪酬机制得到报偿。

项目管理在贯穿项目始终的全过程中需要保持类似的风格，以使规划管理者能了解在构筑红海蓝图所规划的组织的过程中，蓝图完成的整体情况或进展

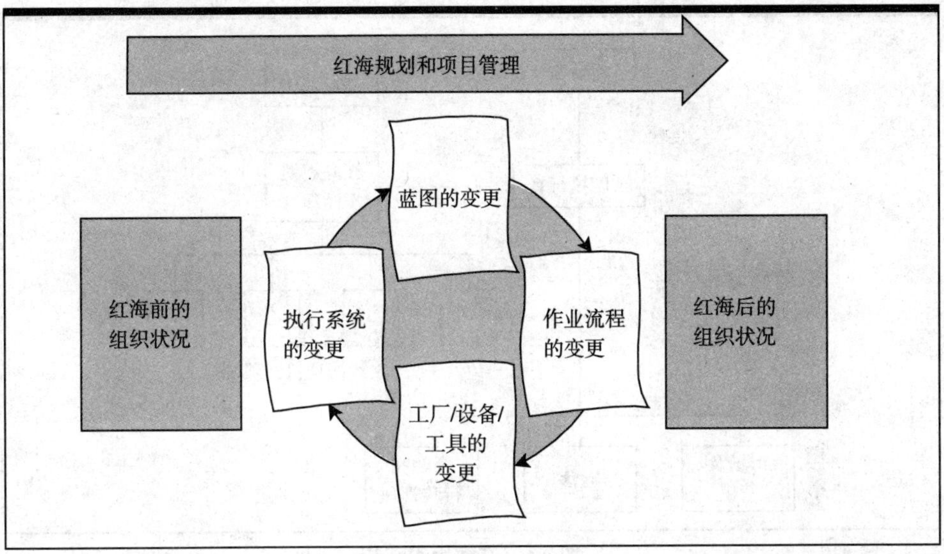

图 4.5　红海规划/项目管理

状况。没能采取始终如一的项目管理方法，会使变革管理中的一项干得不好的工作，以及与其同时进行的变革的行动失去可比性，导致的后果就是，规划管理在实际上根本不可能做好。

运用规划和项目管理，使处于红海内的组织能够为红海策略的各个部分，分配清晰的职责和义务。当然，任何策略最终的职责和义务要由它的首席执行官承担。首席执行官可以把规划管理中的日常工作，授权给另一个具有所需的经验、能力、组织性职衔及信用的红海团队成员。这样，红海项目就可以指派给其他具有获得项目成功能力的红海团队成员。

为了使红海规划和项目管理能够有效地实施，我确信，规划经理和项目经理都应被正式地任命并显示在公司的组织结构图中。图 4.6 显示了我认为可以最佳地传达红海策略的重要性和优先地位的基本组织结构图的模式。注意红海规划管理者是直接附属于首席执行官的。也要注意筹划指导委员会在组织结构图中处于规划管理的上方。通常，筹划指导委员会的成员是首席执行官和他的直接汇报者，虽然在某些情况下，可以依红海策略的性质的不同而添加进不同的其他人员。

红海原则八：聚焦速度

速度在红海之所以重要是有很多原因的。时间就是金钱，当你正在寻求巨大的组织收益时，你越快地得到它，就越是在经济上物有所值的好事。换句话

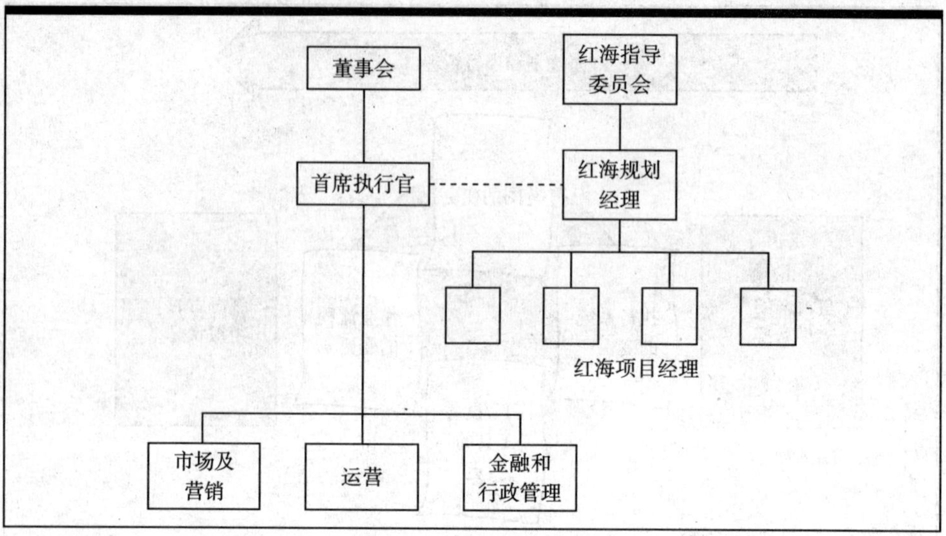

图 4.6　红海组织结构

说，你跑得越快，你就能越早地收割到红海策略的硕果。

速度对于战略焦点来说同样是重要的。对于最高管理团队来说，在实施红海策略的过程当中，既要能盯住“战略球”，又能同时应付好日常工作的战斗，这实在是太难了。公司能越早地把这个红海抛在身后，最高管理层就能越早地跳出来，以更远的视野，绘制出公司的下一个策略。

精神抖擞地通过一种红海也会在短期内形成一种竞争优势，因为公司已经进入了一种新的形态，而竞争对手会随之想要或需要紧紧跟上。任何红海策略的结果都应是形成一种新的工作方式，或竞争特性，这些都会给组织带来优势。当一个公司论证它可以更快地通过红海时，投资者会发现，他们将要共同承担一份更有价值的风险。市场往往会把额外的奖赏赐予那些表现出速度和敏锐的公司。

最后一个重视红海中的速度的原因与降低关键的风险有关。在红海繁重而紧迫的工作当中，具有消极地影响到客户的风险的事情时有发生。另外，组织也在冒着极其真实的危险，员工们也许会耗尽所有欣喜、时间及精力。

但是，也有可能走得太快。正如让员工待在红海里太久是种危险一样，让他们工作得太累或是工作得太快同样是危险的。推进得太快会导致热情燃尽、灰心丧气以及有价值员工的流失。另外，推行得太快可能会变相地鼓励人们粗心地实施，不充分地计划，以及做出其他一些效果差而不得不在今后返工的工作。走得太快可能意味着，一下子草草上马了系统，而寄希望于组织在将来什么时候抽出时间来再好好地调试。遗憾的是，许多组织在系统或业务流程尚还缺乏完整性的时候就结束了工作，它们因此也就没能对客户提供出好的产品或服务。

穿越红海的最佳速度可以通过运用具有严格纪律的，有着接近于构筑红海蓝图的关键路径的规划和项目管理来获得。将注意力集中于一个具有中间里程碑的适当的总时间表也将缩短红海的周期时间。加强品质检查和面对面的审核可以增加机会，使组织能够明确它现在处在什么阶段，它可以用什么样的进度，向前推进。最后但同样重要的是，对员工和他们工作量的敏感会使最高管理层以最佳的速度展开红海进程。

红海原则九：满足员工的特殊需求

在红海中，如果员工没有感受到极大的关注和支持，他们可能在期望的收益实现前就已经丧失勇气和精力了。对于员工和他们的家庭来说，红海无疑是一段艰难的时光，我们对他们的期待远远超过了企业在一般情形下的要求。有关给予员工的特别关注的问题，我们可以按下面几方面整理思路：

● 工作量管理。在红海中，由于组织里的每个人都会受到影响，并应该得到一定的考虑，所以，必须特别注意对红海团队成员的工作量的管理。对规划和项目管理的特别关注包括：

①在员工之间校准工作量。

②制订时间计划，此计划须覆盖团队成员的常规工作量。

③计划要有足够的灵活性，以使员工在精力耗尽之前，或是个人情况有变时，能够及时地调整团队的成员。

④为团队中的员工安排工作防护。

● 卫生保健因素。在红海策略中，工作条件是特别重要的。要注意确保工作场所是舒服和便利的（甚至是特殊的），并且要照料到员工的基本需求，从引进的用餐，到特别的运送，报销单的放宽，特殊的帽子和T恤等，都要安排好。

● 赞誉和赏识。无论是在红海中还是红海完成之后，我们都想显示出我们对所有员工的特别的欣赏。我们建立特别的激励或奖金，来表示我们对这些对于红海策略的成功至关重要的人们的感激之情。首先，我们想要确保那些在红海内表现得特别好的人员能得到对他们的表现的高度评价；其次，我们想要那些在红海中表现不好的员工感觉到或是确实地得到惩罚。在对个人的承认之外，也要考虑组织级的庆祝以标志规划和项目已经得到的进展，并显示出公司对员工的感谢和赏识。

● 为特殊需求的预算。在任何红海，吃紧的成本问题都与在任何红海期间使人特殊的问题有关。我们建议，为了在红海内获得预想的收益，就要把为那些成本所做的组织性预算作为整个投资中的一部分进行考虑。我们看到过很多项目就是因为红海经理在关心和供养公司的超级击球手时没有一元钱的资源，而使项目陷入了困境。

● 领导楷模。最后但是同样重要的是领导的示范作用。在红海中，没有什么比组织的执行官们与他的队伍融为一体，与他们一起进行长时间的努力工作而更有鼓舞作用了。在公司生涯中，执行官在这个危急时刻可能犯的一个最大错误就是不是得不到他的帮助，而是他根本漠不关心。在项目发展到最激烈紧张的时刻，他需要身在现场，向员工展示出这其中什么是对员工有意义的东西，并听取他们的意见和反馈。

红海原则十：为红海的表现奖赏管理者

管理者被指定为红海的关键角色，他们身负更严格的责任和义务，所以对他们的成功必须予以重赏。没能对红海成果进行直接的、有价值的、金钱上的激励会给策略带来严重的危害。

这个原则听起来似乎理所当然，但实际上，它不是。为什么有这么多的公司没有做这件事，或是把这件事做得极端错误？图 4.7 显示了一个非常简单的组合图，它是在红海内或围绕着红海的有可能的对管理层的激励的组合。大多数公司都是按常规使用激励手段，按年度对那些达到公司每年商业计划指标的资深经理进行奖赏。在进行这本书的写作时，我们公司有 25 个客户处于种种

动力种类	对达到一般商业目标的激励	对达到红区目标的激励
没有动力	无	无
促成裂变的动力	无	有
保持组织惯性的动力	有	无
执行效果最大化的动力	有	有

图 4.7　实现红海执行效果最大化的动力

类型的红海内，而且这些客户中的每一个都计划着要给那些达到或是超过常规商业目标的高级管理层予以奖励。

“为实现红海目标的激励”按字面上讲，是指为了达到在原则一中描述过的红海里程碑和/或实现红海目标所附加的激励因素。对于进入红海的公司来说，这样的激励常是一个难题。没有对红海目标的完成做出回报，而同时，却对一般的目标的完成支付了激励性的报偿，这会产生一种组织性的惯性，会使红海所需的变化甚至更难完成。

今天，和我们一起工作的少数公司，在用付给管理层额外奖励以通过红海这一方法的合理性上，有着很大的分歧。他们的分歧来自于多个方面：薪酬经理担心的是，这会扰乱平衡和公平；维护原有薪酬规则的员工认为，公司从来没有这样做过；高层管理者可不想花这笔钱，要不就是他担心有人会因此得到太多的钱；对于这样的激励制度将怎样出现在组织的员工面前的担心。理由多种多样，而未能给管理者们带来强大激励的后果常常明显的与排名第一的红海失败原因相连：缺乏持续不变的管理支持。

有时我还看到，有些公司在支付为完成红海目标而发放的激励奖金时，好像并不关心公司的日常执行情况。这种做法几乎肯定会对企业产生破坏性的后果，好像红海变革不用适当地考虑公司的常规业务就能实现。我就看到过许多具有破坏性的例子，当资深的经理负责全面的企业资源计划系统的实施时，他们只因实施了有关的技术系统受到奖赏，而对于他们正常工作的成绩则未受到任何激励的促进。这种情形的附带后果是系统常按技术的角度工作，而破坏了用户的工作环境和生产力。

我相信在红海最佳的驱动力来自于提供双重的激励，既鼓励达到红海目标，同时也鼓励达到通常的商业目标。简单的事实是，在公司努力地穿越诸如并购、流程再造或是系统实施这样的红海时，公司必须仍然继续做他们原来的常规业务。我曾看到的最好的提高驱动力的例子是同时制定和实施两套目标，最高管理层的报酬与红海策略完成后第一个两到三年中组织的表现挂钩。这种长期的激励挂钩，清楚地告诉高级管理者，光是完成了策略并不算数，只有达到了新的、更多成功的商业冒险，那才真正算实现了策略的成功。

我想用一小段文字来结束我们有关这十个红海原则的讨论。在本章的引文中，我说过这些原则中的每一个原则都会在红海的情形下协助其他原则的完成。现在，让我说，这些原则中的某一原则可能会比其他的原则更有威力。阿基米得（Archimedes）说过，如果给他一个支点和一根足够长的杠杆，他就能撬动地球。而在管理红海策略时，我宁愿运用这十个原则获得更大的进展，而不是只用它们其中的一个。

让红海原则发挥作用

让我们先搞清楚，让红海原则发挥并保持作用是谁的工作。最终，这是首席执行官的工作。他将负起无论是红海策略成功还是失败的全权责任。如同我在前一章里说过的那样，首席执行官的工作是纵览商业环境中的细枝末节，并且预见出那些可能会创造出机会的商业缝隙。所以他的工作就是领导组织进入某种红海策略，以使公司能够在将来运转得更为成功。最后，首席执行官的工作是使组织转入红海的实际运营，以确保企业在未来的成功。

使组织进行转变，进入红海的运作是一种挑战，而保持这种红海运作甚至是更大的挑战。最大的挑战将是日常业务的压力：满足客户需要，处理商业世界中不可避免的中断和不快，解决人力资源的问题，应对每一个想要回复到通常业务处理模式的组织倾向。

要使红海原则得到贯彻并得到保持，一个最好的办法就是为组织的红海创造出一个具体的管理战略。这种管理战略非常像橄榄球队在20码线内使用的特殊的手册，这种手册是为他们即将对阵某一特定球队的具体情况而量身定做的。这种战略应该像为组织准备启动一种红海策略而准备的入门读本，提供此种策略的来龙去脉，以及管理此种策略的基本指导方针。谈到红海战略，我指的并不是针对某个策略的具体的技术性的方法理论。例如，在后面的第七章，流程再造的红海战略中，将提供的不是有关如何实施流程再造的细节，这些细节你可以在大量的相关书籍和咨询性方法理论的书中找到。我写这本书的目标是要覆盖基本的管理原则，这些原则是要获得红海的全部成功所必须在最高层次上到位的原则。比如，一旦一个公司决定了对公司的核心流程进行再造，那么高级管理层应该完成他们公司的再造战略，并且要选择具体的技术文本或是方法论来指导详细的再造工作。

早先，我们提过一个关键的观点，那就是所有的红海策略可以视作是基本相同的，那也就是为什么这十条原则所隐含的原理能应用得如此广泛的原因。但是这里也有一些细微的差别，在本书所述及的六个红海策略中，每个红海策略的有些方面，作为该策略而言是独一无二的，本书以下的部分将集中在具体的战略上，这些战略集中反映了每个策略的详细内容和它们之间细微的差别。

第二部分
红海管理战略

在第二部分，我的目标是对 6 个最常见的红海策略的每一个做出详细的具体战略。每个战略章节都是由围绕着各个策略的入门级的基本信息构成，其后附有具体针对这个策略的 10 个红海原则。虽然有关这些红海策略的内容在结构上非常相似，但是每个策略的独有之处还需要更多的详细解释。

第五章　红海战略：全新竞争战略

在第一个有关红海战略的章节中，我们将要讨论的是最艰难的红海策略。改变一个公司的竞争战略是最为艰难的红海策略，这是因为其中有最多的可变动的部分，包括更多整个组织的移动，以及对公司的客户有比其他任何红海策略都更为直接的影响。本章将以有关竞争战略这个主题的高阶的入门读本开始，并以有关红海原则的讨论作为结束，这些原则会在改变一家公司的竞争战略中得到应用。

全新竞争战略入门

竞争战略的定义

当我们在谈论一个组织的竞争战略时，我们指的是什么呢？战略是一家公司用来在市场上表现它自己的方法，用来在市场上赢得胜利的准则，以及它为了保护自己免受竞争对手的打击时所进行的行动。

如果做生意就像是在玩大富翁游戏[①]一样，那么商业成功可能会容易许多。有足够幸运能够先把棋子落在热销的房地产上的下棋者，就能用通过同意遵循规则而每次得来的绝妙的资助筹码币，而在棋盘上买下这些房地产。在新得到的热销房地产上建造基础结构，将能得到更高的租金，并且这笔收入可以用来购买更多的热销房地产以及增建房产的基础结构。玩这种游戏所需的唯一战略就是疯狂地获得和积攒各种各样配套颜色类型的所有热销房产，再加上偶尔做点手脚。比如，如果骰子所掷的点数使一个极有竞争力的下棋者进入到了一个其他什么人已经经营得很好的领地，这时候，你就可以不小心地把骰子碰到桌子底下去。当我们通过每个“商业周期”时，这种棋盘游戏甚至会给我们

① 大富翁游戏，又叫强手棋，一种棋盘游戏，由 2~6 人参加，按骰子所掷点数走棋，以筹码币进行模拟房地产交易，以赢得多数房地产为胜，胜者可独占游戏中虚设的一切金钱和财产。

200 美元作为津贴。

回想一下我们在孩童时代玩的大富翁游戏，有少数几个小孩似乎总是会赢。这可不是他们总有运气掷出好骰子，也不是因为他们从公益金里拿得更多。好吧，也许他们的确是庄家。但是，他们确实能够持续不断地做到的是，他们找到了一种适用每局棋戏的方法，基于他们怎么走棋以及别人又怎么走棋，他们培养出了一份对赢棋的持久渴望。在任何人看到某种模式前，他们知道，何时为了一处房地产做交易或是从侧面买下它。他们知道只要用多少果冻豆，或是类似的象征性的感激，就能把价钱压下来。我们可以说他们具有积极而又成功的竞争战略。

战略

在任何行业，总有一些公司如同那些表现高超的玩大富翁游戏的下棋者一样，他们总能比他们的竞争对手高出一筹。他们能够建立并保持一种高出他人的竞争优势。为了生存，每个公司都必须要拥有不同程度的竞争优势。即使在那些优势甚小——他们的产品或服务实质上是一样的——的公司，这些微小的优势仍能保证这些公司是盈利的。对于一个邓金甜甜圈（Dunkin' Donuts）的特许经销商来说，竞争优势也许就是比克里斯比·克雷姆甜甜圈得到一个更好的货架摆放位置。而在大多数行业，竞争优势是一个更为复杂的问题，从产品需求的组合，到生产量，价格体系，市场营销计划，分销渠道，领导品质，以及长期形成的已经固有的要赢的决心，无所不包。当创造出竞争优势的战略不能被竞争对手轻易仿效时，这个竞争优势才可能长久保持。

比起以往的任何时候，领导者和管理者都必须将竞争战略的制定和执行视为一项不断前进的活动，这项活动决定了公司的方式和步伐，激发着员工和工作执行的品质，并且在通向成功的条件发生变化时，构筑着应对变革的能力和容量。

战略就是战略

什么时候一个公司具有了真正的竞争战略？根据空前的战略大师，迈克尔·E.波特（Michael E. Porter）的理论，当以下的五个特征出现时，你就看到了一个真正的战略。

（1）一家具有某种真正战略的公司能够证明它贡献出了有特色的价值，而这些价值与其竞争者所拥有的不同。

（2）一家具有真正战略的公司会进行一系列的活动来以与它们的竞争对手不同的方式交付产品。

（3）一家具有某种真正战略的公司将会依靠这种战略闯过非议、斗争，并权衡利弊，牺牲一些战略中次要的部分或时机来集中力量完成这种战略。

（4）一家具有某种真正战略的公司会确保它的所有活动都瞄准它的目标和战略。

（5）一家具有某种真正战略的公司会证明其在战略执行上的始终如一，它不会为2001年制定一个战略，只是为了在2002年又采用一个完全不同的战略。

在2000年9月，为伦敦的《星期日电讯报》（Sunday Telegraph）争夺“战略预言者”称号的访谈中，波特说过，“最好的首席执行官们是那些能够给他们的组织一个清晰目标的人。你会发现，他们对自己的员工不断地重复着他们的战略。”采访者问波特，为什么许多成功的公司命中注定地走向了最终的失败，即使他们拥有宏伟的战略。他回答说：“……许多公司逐渐破坏了他们自己的战略——大量的问题出于内部。一旦你已经成功，你就妄图扩张。这很自然。但是，正是这种扩张的行为会逐渐破坏一个成功的战略。当然，在这种战略逐渐破坏的环境下，随之就会产生结构上的改变。”

走近竞争战略

波特在二十几年前发表了他的开创性著作《竞争战略》（最新版，1998年，（Free）出版公司出版），这本书今天仍是最畅销的图书之一，被今天大多数的重大决定制定者公认为是这一方面的重要著作之一。全世界的MBA学生和管理顾问都在研究他的有关驱动行业内部竞争的五大基本要素的思想：

- 新进成员的威胁。
- 替代产品或服务的威胁。
- 与供应商的谈判能力。
- 与买方的谈判能力。
- 现有公司间的竞争。

按照这五个要素，波特确定了三个竞争优势的来源，他称为通用战略。在2000年2月的《CMA管理》杂志的《寻求竞争优势》的文章中，雷蒙德·苏塔里（Raymond Suutari）沿着以下的几条线索总结了竞争优势的源头：

（1）领先的成本水平——在本行业中具有最小的成本。成本优势在不同的行业间有所变化。它通常基于销售上合算，优先获得自然资源或是原材料，以及具有领先和专有的技术。领先的成本水平是有效的，只要一家公司能将价格控制在接近行业的平均水平和避免实行折扣的程度上。

（2）独特性——使一种产品或服务是如此的独一无二，以至人们愿意为此付更高的价格，并且/或者很多人会长时间地持续购买它。基于产品性能上优越的质量，或是基于形象或品牌这些无形资产，独特性能成为企业的有形资产和财富。独特性还可以通过产品或服务的特性或是分销渠道衍生出来。这种战略可能会造成公司更高的成本结构，只要产品价格的额外收益能补偿这些成本，这种战略就可以接受。

(3) 聚焦——采取一种本行业中较小的竞争范围。取得优势的时机可能来自于买方特点、产品规格，或是地理因素/特定位置。聚焦可能是将一个有独特需求的市场设定为目标市场，而这一部分需求其他企业所提供的产品或服务尚不能满足，即独特性优势；或者是基于公司拥有专门的设备，这种设备能更高效地满足目标市场的需求，即成本优势。

红海警报：变化中的竞争场景

竞争战略可能会出现完全意外的变化，或者至少要在设计中考虑到可能发生的重要调整，因为企业在其中运营的环境是在变化的。一个地区的经济可能崩溃也可能欣欣向荣，新的技术也许轻易地就会结束一种产品的发展历程，又或者新的条例或是立法就能戏剧性地改变竞争场景。当一个新首席执行官上任，这件事本身常常就是一种战略变化的信号，因为可能这种战略变化正是董事会要求他做出的。无论成功的基础是什么，竞争战略的最终成功都要依靠在两个方面上可以匹敌的成功，即正确地做出决定和确定所要采取行动，以及有效和积极地付诸实施。

只要变化的步伐相对可以预期，在明确界定的行业中的公司就能动用基于质量和生产能力的长期有效的竞争战略，成功地展开竞争，使客户付出的价款获得最大的价值。如果变化是以加速度迅猛发展的，先入为主使用现有的竞争战略可能会吞噬掉公司的市场份额和利润率。成功的做法可能是公司从未使用过的做法。IBM 和 GM 公司就是因为没能依照那些改变竞争环境的潜在趋势去行动，而错过了重要的市场转机，致使它们为此花费了数年的努力去进行调整，争取夺回失去的客户。

据估计，大多数组织的平均寿命为 40 年。年龄是相对的，但是渴望逃脱组织寿命年限的愿望驱使着一个成长中的企业寻求能使组织返老还童的咨询专家。公司如此，领导者也是如此，死亡的结果常常是因为失败者未能理解和把握住浮出水面的对新生市场、新产品以及开辟他们未来竞争“空间”的新手段的需求。

红海难题：全新竞争战略

推测竞争战略过去常常是一种练习，即对一个十分重要的问题找出出色的答案。这个问题是："在已知的市场环境下，我们怎样进行公司定位，来获得优势或是增加优势?"而在今天，更多的相关问题是："我们怎样定位我们的公司，才能保证一个持续演变的环境始终处于我们的视野之中，并且找出什么是我们的优势以及什么不是我们的优势?难道我们就不能让时间停住，直到我们把这些优势和劣势都找出来吗?"对不起，小伙子，这恐怕办不到。

新近的著作建议领导者们，在今天这种非常不确定的环境下，要重新思考对战略进行计划的基础。即不再是把一家公司放在一个既定的行业空间内，把公司的集体能量集中在相对于竞争者的位置上，领导者应该考虑的是他们怎样才能影响他们的竞争环境——创建它或是塑造它。

- 在与欧洲电子产品制造商菲利普斯（Philips）的合作约定中，日本的索尼（SONY）公司重塑了市场环境，并且快速出击，在菲利普斯公司或其他公司之前，率先获取商机，并紧紧抓住了市场的潜力。菲利普斯公司把录音机看做是一种昂贵的办公用品；而索尼公司则预想到录音机将成为一种民用产品，即随身听（Walkman），这种产品将为数以百万的客户所使用。菲利普斯把CD播放机视为一种奢侈品；而索尼则想象出了一种走中间路线的产品，并迅速按比例增加产量率先占领了市场。
- Amazon，eBay，E*Trade，以及Priceline，这些公司已经推波助澜地创建出一种具有新的竞争空间的发展模式，同时它们也对许多传统产业的发展模式产生了影响。

要形成一种环境，领导者首先要通过想象环境来启动计划流程，然后描绘出方向，并且设计出在沿途上的各个要素（主要的里程碑）。反应的速度在竞争战略中是一个重要因素，而且它并非要受时间表或是组织的计划日程的束缚。在领导者重新确定焦点、重新调整竞争的方法以及重新定义环境时，约定的规则要进行实时创建。竞争战略将进行改变。

没有一本有关战略的入门读本，还没有提供一些真实的案例就草草结束的，我们也不例外。我们会提供一些在红海战略变化中成功的或失败的公司案例。这些案例是经过专门设计，用来给我们到现在为止讨论过的干巴巴的理论赋予生命、色彩以及极大的复杂性。设计出这些例子也同样为了把握住收入的流向，因为它们为红海原则的实施提供了具体的要点。有希望的是，这些案例所指出的，那些围绕着一个组织竞争战略，围绕着它们向商业中心迈进的道路上的愚蠢的做法，都是严肃认真的商业行为。

Toys R Us公司：一个在红海改变竞争战略失败的例子

我们的故事将围绕这家公司在1999~2000年的所有重要的节假日中，试图利用互联网的威力而做出的努力。我们将在电子商务的实施一章中对互联网的冲击效应进行更多的讨论。在这个 toysrus.com 的案例中，让我们考察一下一家公司是如何进行竞争战略的改变的。我们将发现一些在红海中进行运作的非常重要的教训。

作为大多数传统零售商之一，打开一个在线渠道使 Toys R Us 玩具公司[①]向一个新的市场空间拓展了它的品牌，获得了新的客户，并且增加了在市场上的客户份额。这个战略同时被假定为能够使 Toys R Us 玩具公司从虚拟世界的暴富者如 eToys，以及从类别杀手[②]（Category Killer）沃尔玛特（Wal-Mart）手中保护住自己的市场份额。在 1999 年 4 月，Toys R Us 公司宣布了三个核心行动，来支持他们的电子商务战略，它的目标是截止到 1999 年 4 月，成为玩具和儿童产品在线零售市场的领导者（一些懂网络的读者可能从这一点上就能看出来，Toys R Us 公司对于这场 e 舞会已是一个迟到者）。这些核心行动是：

（1）围绕 Toys R Us 公司所有的业务，包括玩具 R Us（Toys R Us），婴儿 R Us（Babies R Us）和儿童 R Us（Kids R Us），建立一个 toysrus.com 网站，作为独立的子公司。公司现有的网站将完全进行重建，并在 1999 年第二季度启动，界时，将给众多客户提供超过旧网站的更强大的服务。

（2）与标杆资金（Benchmark Capital），一个硅谷领导性的投资风险公司，进行战略合伙，该公司将向 toysrus.com 网站投资 1000 万美元。基准资金最知名的投资项目包括对 eBay，E-Loan，Ariba 以及对其他启动互联网热潮的公司的投资，其对 toysrus.com 的风险投资代表着他们将网络带入玩具行业的首次进攻。

（3）获得一个 50 万平方英尺、采用最新科技的，完全自动化的配销中心，按其战略意义，该中心将设于孟斐斯（Memphis，美国田纳西西南部城市），并配备一个熟练的执行团队，该团队将从一个直接目录公司（译注：按商品目寻出售货物的公司）进行购买。

罗伯特·纳卡森（Robert Nakasone），当时 Toys R Us 的首席执行官，在其公司 1999 年 4 月的新闻稿中评论说："对于 Toys R Us，这是一个令人兴奋的时刻，我们确信这些要素将会帮助 toysrus.com 给我们的客户和股东贡献出额外的价值。"这是一个充满挑战的时刻的辉煌承诺。达夫 & 费尔普斯（Duff & Phelps）资信评级公司对这家公司降低了它的资信等级，引证了一个逐渐激烈的竞争环境已经产生了在市场份额和收益率上稳定的恶化情况。Toys R Us 充

① Toys R Us 玩具公司的连锁大型商场以低廉的价格向顾客提供各种类别的玩具。
② 类别杀手是指专营一类商品的大型廉价零售店。

满攻击性的新的互联网战略允诺它能为长期的改善和恢复投资者的信心打下基础。紧接着新的在线战略，纳卡森又发起了 C-3 行动，一种改进客户服务、提高性价比、改善供应链，再加上改进店面布置的战略。

在 1999 年 8 月，在 toysrus.com 网站记者招待会召开仅仅 4 个月之后，纳卡森突然辞职。主席迈克尔·戈德斯坦（Michael Goldstein）被任命为代理首席执行官，立即生效。在 1999 年 8 月的 AP 新闻专线故事（AP Newswire story）中谈及该公司的高层变化时，戈德斯坦说："我们犯了许多错误，这是毫无疑问的。但是我们的业务是很好的，并且很快我们就会开始展示一些成果。"能够读到的描述那些近期失误的标题有：①.COM 公司刚刚启动新的冒险计划，首席执行官就辞去职务；②.COM 公司的 VC（副主席）合伙人中止资金提供；③收入低于预期。1999 年 11 月《财富》中的一篇标题为"这些婚姻还能挽救吗？"的文章，详细描述了大标题背后的故事（"Can These Marriages Be Saved?"）。

辞职

7 月，toysrus.com 的新首席执行官，罗伯特·穆格（Pobert Moog）停止了这份工作，并声称在多种运用和控制事项上迅速中止关系。在本质上，穆格的视野对于这家公司来讲是一个主要的战略转换：

- Toysrus.com 应该具有更广阔的定位选择，而不是只做其中的一个子集，即只做零售。
- 商店应该设有联网的展台，这样消费者就可以订购在存货以外的产品。
- 运送货物的成本应该记在 Toys R Us 账目上，而不是记在其相应的.COM 公司上（在其相应的.COM 公司上所进行的是一种用点击来寻找玩具的频繁的实践活动）。
- 需要的时候，穆格有对库存进行削价竞售的自由。
- 如果出现某种产品因热销而出现突然的供应不足，他不希望母公司囤积存货。

简而言之，穆格在 1999 年 8 月 AP 的报告中说："我考虑我们应该利用所有 Toys R Us 能提供给我们的好处，同时又能具有独立做事的灵活性。"他希望能够更像运作一个纯粹的互联网公司一样来运作这家公司。

穆格说，有关"放手"的定义，纳卡森提供给他的与他自己的经验不同。没有立刻拒绝穆格的要求，但也没有停止穆格要求停止的行动——这是一种不决定的决定，一种在光速时代危险的做法。克里斯·弗鲁姆（Chris Vroom），一位托马斯—威塞尔合伙人（Thomas Weisel Partner）的电子商务分析家评论说，"他们（Toys R Us）只是放不下过去的做法；他们是被'新瓶换旧酒'的惯性制约住了。”穆格总结得好，“Toys R Us 错误地判断了什么称得上是他们想要的具有自由精神的企业家”。

不可调和的分歧

而且在纳卡森离开不久，标杆资金（Benchmark Capital）就宣布他们决定放弃对 toysrus.com 的努力。按官方的解释，公司声称他们在公司业务的结构上难以达成共识。对于这种经历不是那么间接的参考来自于比尔·格利（Bill Gurley），标杆资金的合伙人之一及《财富》的专栏作家，他谈到了有关一个 PowerPoint 的企业惯性的例子。“他们说，‘好极了，让我整理一份 PowerPoint 简报，再拿回来交给你。’于是他们又进一步地找了三位经理，然后你就在一个小时内突然收到 15 份 PowerPoint 简报，每份简报对于.COM 公司将要如何与这家公司接口都各自发表了意见。而恰恰是这种官僚作风使大公司不能独自向互联网挺进。我告诉他们，这就是为什么你们没能在内部实现互联网变革的原因。”

收入不足

纳卡森的辞职是在这家公司宣布了令人失望的第二季度收入之后的第 8 天提出的，公司第二季度收入在季度纯收入指标上下降了 11 个百分点，并且提出要用 400 万美元来建立 toysrus.com 网站。检查一下纳卡森的辞职背后的理由，分析家们指出这家商店的改造没能按它需要的那样迅速起飞。杰勒德·克劳尔和马蒂森（Gerard Klauer & Mattison）的玩具分析家说，纳卡森离开的最主要的原因与公司在给 toysrus.com 制定竞争战略上的失败有关。他接着说，“如果我是董事会成员，可能我的担心也会渐渐增加，我担心什么时候我才能开始看到进展呢？”

所有这些都正好发生于该年度最重要的购物旺季到来之前。圣诞节对于 toysrus.com 来说看来不是很乐观；实际上，媒体已经称它的遭遇为在线零售的大屠杀。该公司在互联网上的主要尾随竞争者 eToys 已经实现 1.07 亿美元的销售额，而 toysrus 只有 3900 万。除了订单的问题，在执行上，toysrus 的情况更是一场噩梦。虽然详细的细节还不清楚，但是我们都知道结果：在 11 月的早些时候，这家公司向它的客户中的一些人发电子邮件，声称他们在圣诞节前不能满足这些客户的订单了，并且公司向这些客户提供了价值 100 美元的购物券，以供他们在本公司的商店中使用。但是这些购物券帮不上太大的忙，特别是对于那些附近没有该公司的零售店的顾客来说。实际上，联邦贸易委员会①

① （美国）联邦贸易委员会的职责是调查商业活动中不正当的竞争手段和欺骗性的广告等，并对犯有这类行为的人进行起诉；其缩略语为 FTC。

发现这家公司在交货延迟时并没有做到将延迟的情况通知客户。

在 1999 年 12 月 31 日，《旧金山商业时代》（the San Francisco Business Times）对这场交易撰写了简短的回顾评论，“与标杆资金（Benchmark Capital）的离异（对于基准资金来说，这几乎是凄惨黯淡的一年），再加上 Toys R Us 内部管理层的震荡，使这家公司的形象与一个奄奄一息的互联网公司的形象紧密地联系在一起，特别是当它还要面对来自于像亚马逊（Amazon.com）和 eToys 这样的网络后来居上者的充满进攻性的竞争时，这种情形就变得更糟了。”

红海启示

明晰战略已很难，而要清楚地知道要如何执行这一战略将会更难。确保所有的最高执行官都站在同一立场上至为重要。坚强有力的领导需要能使关键的同仁风雨同舟，既而打破组织惯性的坚冰，使正确的事情发生。

Telus：一家成功改变竞争战略的公司

在 1998 年 7 月，《电话服务》（Telephony）杂志发表了一篇很具启发性的故事，讲述了一家电信公司，通过改变其竞争战略，而终于在一种变化的环境下有效运转，生意兴隆。Telus 是加拿大的艾伯达省（Alberta，加拿大西部的一省）于 1989 年将艾伯达政府电话公司（Alberta Government Telephone，AGT）进行私有化改造进程中，形成的一个控股公司。Telus 这个公司名称得自于对 telecommunication（电信）和 Universality（通用性）这两个单词的组合，用来传达一种观念：这家公司既十分友好的，又传递着思想。

在 1995 年，Telus 并购了埃德蒙顿电话公司（Edmonton Telephone，Edmonton——埃德蒙顿，加拿大西南部城市，艾伯达省省会），而这家公司曾是它以前的竞争对手。最初，两家公司仍在它们各自的名称下运营，分别以 AGT 和 Ed Tel 的名义销售不同品牌的产品和服务。这样，这些次品牌的产品和服务给人留下了老旧、动作迟缓，国有企业的印象，在市场上也表现不佳。在这一点上，甚至只有比艾伯达居民的 10%还要少的人认可 Telus 这个名称。Telus 在远程通信市场上的份额开始被他人所侵蚀，也就是在这个时候，Telus 的管理层意识到他们需要在竞争战略上进行变革。

乔治·佩蒂（George Petty），这家公司见解独特的首席执行官，认为要通过确立一种统一的，以客户为中心的形象来获得竞争优势。佩蒂素以风格莫测、处事大胆著称，传言称这位美国电话电报公司（American Telephone & Telegraph Co.，AT & T）全球商业服务的前资深执行官，将要投入与 BC Tel 公司的并购当中，若合并成功，这个变动会使Telus所属的，由Bell加拿大公司所控制的，由11个省级电话公司组成的联盟摇摇欲坠，行将颠覆。在Telus试图购买一部分加拿大AT&T公司的长途电话业务时，佩蒂甚至还控告了加拿大Bell公司的首要对头AT&T。

在佩蒂的指示下，Telus对他们的品牌标识结构进行了一次主要的评估，并雇请了一个咨询团来帮助公司开发和实现一个主品牌战略。评估结果表明，公司需要的是一个代表大多数业务单元的统一名称，一个能被公认为是开放的、易接近的、易响应的、动感的、可信赖的，并且是亚伯达独一无二的，却又是世界级的目标。Telus的品牌标识包括所有打印材料、促销方案，以及公司的设备、车辆及制服上的动感的、可视化的公司标志。沟通与传达通过对细节的格外关注，以及对这些细节的计划和执行得以实现：

● 用一个详细的计划来建立一套指导方针，用来向公司关键的受众传达一种有关力量、文化、样式和未来方向的统一信息，这些关键受众包括：最终用户、员工、代理商/合作伙伴、潜在的雇员以及金融团体。

● 进行一次引人注目的营销战役，来帮助企业传达出一种信息，使人们感觉到似乎有什么新鲜事物即将出现。进行一些出人意料的宣传活动有助于启动这个新品牌。横跨全省，Telus将举行“引退”仪式，来使现有的商标在高贵而充满敬意的气氛中退出历史舞台。在公共品牌启动之前，一个展示着新的Telus标志的修理工及卡车形象将醒目地出现在正在热播的电视剧集《X档案》(The X-Files) 的插播广告中（《X档案》当时在加拿大拍成了电影）。

● 参加这次活动的员工是使这次活动产生最大影响力的重要因素。通过号召员工自愿参加，实现了一次工程浩大的促销行动。事实上，几乎是一夜之间，一体化的新Telus标志就出现在了超过1.6万门投币式公共电话和2000个交通工具之上。

除了视觉因素之外，商业运作也需要新的品牌描绘出一个崭新的、活力四射的、以客户为中心的企业。为了改进公司的客户服务，并且支持这次变革，全公司都加入了一系列的以服务驱动的活动当中。每个活动的时间安排都是为了支持这个新的Telus主品牌：

● 员工们受到培训，他们将用一种更友好和更快响应的方法来协助客户。

● 引入一种新的24小时修复服务。

● 启用更具竞争力的价格战略。

● 用一种独立的，名为“新承诺”的营销战役来介绍Telus新的品牌特征。

在战略上的变化带来了戏剧性的效果。AGT在52%的亚伯达人中获得了最高的获知度。在Telus主品牌启动的六个星期内，Telus获得了60%的最高获知度（超过了管理层定下的40%的目标）。同样，在这6个星期内，公司形象特性的级别也领先于AGT。长期效果也同样有利。Telus在长途电话市场上保持了70%的市场占有率，而其他的地方运营商则失去了8%~10%的市场份额。有了这些成功的比率，改变竞争战略听起来几乎成了一件有趣的事情——一个有趣的、富有造创力的市场营销战役，良好地执行，支持内部运营的改善，并且反过来得到改善后的内部运营的支持。这件有趣的事是建立在隐藏于后来的大量的困难工作的基础之上的，同时还得益于一位非凡的、充满梦想的首席执行官对于获得胜利的毫不动摇的承诺以及推波助澜。

红海启示

强大的执政管理层领导公司开发出了一个上佳的设计是一个良好的开端。争取员工参与并获得所需的外部专家的意见至关重要。这次成功的竞争战略变革终以激情满怀和神采飞扬结束！

原则

现在是讲讲应用于改变竞争战略的红海原则的时候了。这一章的目标不是对第四章红海原则的简单重复；相反，我们想让有关改变竞争战略的红海策略原则有所区别和变化。

红海原则一：宣布公司进入红海

当我们改变公司的竞争战略时，我们需要得到特别的承诺。我们所需的承诺级别确实是奥林匹克级的，我们需要奥林匹克级的动力和创造精神来获取收益，同时也需要破釜沉舟的决心来避免损失。实际上，即使改变竞争战略是最难的红海策略，说服组织在这个策略上需要特殊的承诺也许也比其他策略更容易些。因为战略与客户和竞争对手直接相关。

我们的经验告诉我们，要使企业掌握这个红海策略的精神和重要性，最有效的方法是清楚而大胆地将公司的目的和表现与其主要竞争对手的目的和表现进行比较。在这个红海，管理者应该能够展示出进入红海可能带来的直接的竞争性的冲击，诸如市场占有率降低，客户订单减少，以及产品和服务的利润从进入红海的公司转向其竞争对手，等等。下面是一些就红海状况与公司的员工进行有效沟通的成功策略：

- 建立一个记分卡，记分卡上分别显示出公司与领先的（最主要的）竞争者的市场份额和/或财务状况。

● 购买竞争者的产品，使公司的员工可以对这些产品进行使用、测量、评估，既而，也会感受到这些产品带来的威胁。

● 进行客户满意度的调查，调查中直接把公司的产品与竞争对手的产品进行比较，并公布调查结果。

● 巧妙运用图形来表现外界的竞争挑战。贝尔（Bell）直升机公司分发一种3×5的卡片，卡片上有Bell的企业标志，标志上洒了两三点红色的小激光点。Bell公司的首席执行官能够用这种卡片具有说服力地说明“竞争者在用他们激光一般的目光注视着贝尔”。

管理层不应想当然地假定每个人都能理解公司已处于红海，红海信息必须清楚而明确地陈述给大家。需要让整个领导团队无论是公开的还是私下里都承认公司已处于红海，如果他们能给他们的队伍发出公司处于红海的清晰的信号，那就更完美了。可以考虑使用代称来象征红海管理，一个明显的例子就是诸如“红海”这样的词，这样，你们就能够互相沟通交流，并且更快地动员公司成员行动起来。告诉公司的员工们为什么说你们正处于红海，是什么导致公司进入了红海。组织的领导者有时不想承认他们处于红海，特别是如果这样会被视为一种失败时，更是如此，但是，事实上，承认处于红海应被视为领导大家“攻占又一阵地”的强大的领导力。

红海原则二：投入最佳人员

改变竞争战略的确是一场顶级的管理游戏。实际上，这是一场首席执行官的游戏。如果首席执行官没有处于事情最危急激烈的时刻，组织也不会改变战略。没有首席执行官的领导，战略变革的决定也不会得到管理层一致的同意。首席执行官必须能够在他的睡梦中看到新的战略，对这个战略的感觉深入骨髓，而且首席执行官必须要在公司上下对这个战略到处宣讲并且身体力行。

战略变革是需要诚实、勇气和决心的时候，是坚强的领导者施展才华的舞台，这些领导者将带领组织奔向组织从未到过的地方。首席执行官必须了解他的团队，包括每个人的优势和劣势，并能使这些优势得到发展，这个时候可不是进行人力资源培训和开发的时间。

改变竞争战略是以设计一个新的战略开始，以新的战略在全公司的贯彻实施结束。这个贯彻实施的步骤必须以一种有组织的、能被广泛接受的方式来进行。战略变革是要进行快速、大胆的变化而不是渐进主义，所以需要有权威的领导者来完成这一转变。

每个顶层的执行官都应该有一个红海角色，也就是，他们每个人都应该在他们每天工作或是他们日常业务中通常的职责之外，加上一项重要的、可见的红海行动。

首席执行官的红海职责

● 首要的客户倡导者。首席执行官必须能够在战略变革的策略实施当中，保持对市场的观察和警觉，确保战略变革始终围绕着增加公司在市场中的价值这一核心进行。

● 面对董事会和投资者的首要战略倡导者。首席执行官应保证董事会能及时获得信息、积极参与，以及抱支持态度。要保证投资人团体能始终知情——他们既可以成为你的盟友也可以把你拉下马；所以争取在处理你们之间的关系时采取主动。

● 面向公司的首要沟通官员。只有首席执行官能够在解释、推动、坚持战略变革，以及证明这个变革和变革的细节是有充分的理由时，才能让人确实感到可靠和值得信赖。

● 总的设计师。首席执行官必须运用其领导风格，包括自上而下的指导，同时自下而上地倾听和总结员工的意见和反馈，以确保在战略变革的设计阶段，新战略的细节能够满足市场目标的要求。

● 总的规划管理者。首席执行官坚持我们要完成规划中的设计，并且他是资源的主要提供者，公司内部障碍的排除者。另外，首席执行官必须要控制好红海策略实施的最终时刻表，坚持在策略的执行阶段方法性的改变须按时完成。

首席运营官的红海职责

● 密切参与战略的设计。

● 新战略的首要执行者。首席运营官以及向他直接报告的人将成为在现场实施战略变革的人。

● 客户记分卡的日常拥有者。首席运营官负责公司内为了创造出预想的客户记分卡而必须要改变的那一部分业务。

● 日常变化的领导者。与首席执行官和项目经理协同工作，以理解在业务流程、工厂/设备和工具上哪些变化将是必要的。

● 日常管理的团队合作中的领导者。领导管理团队，并把重点放在内部事务。而首席执行官的工作既包括内部事务，又涵盖外部事务。

首席营销官的红海职责

● 客户倡导者。首席营销官负责与关键客户的交互活动和新战略对市场造成的冲击，重点在于把握公司在向新战略的转变过程中的客户关系。首席营销官同时也要保证让公司知道战略转变会给客户带来的潜在影响。

● 市场信息的来源。首席营销官要使首席执行官和管理团队能与市场保持同步，并向他们传达在战略转变之前或之后的市场潮流和变化。

● 首要的市场营销官。首席营销官要合理地处理产品和市场营销战略，以支持整个竞争战略的改变。

● 面向客户的首要沟通者。首席营销官负责解释战略变化将怎样创造出价值。公司的广告和公关活动应与新战略保持一致，适应客户的需求，并向市场发出战略改变的信号。

● 首要的定价官。直接与首席执行官、首席运营官和首席财务官协同工作，以选择出能够实现战略变革的价位。

首席财务官的红海职责

● 评估成果时的领导者。首席财务官负责评测战略变化的结果，对公司已权衡过的得分卡再次进行调整。

● 辅导首席执行官。帮助首席执行官应用所需的资源来改变战略。

● 进行质疑的挑战者。在有关战略中的投资的讨论中，扮演魔鬼代言人的角色。

● 薪酬和激励机制的设计者。首席财务官与首席执行官和人力资源官协同合作，确保用于在实现战略改变的过程中的关键组织成员的金钱激励措施已经到位。

首席信息官的红海职责

● 首要的客户信息官员。首席信息官与首席执行官和首席营销官协同工作，以确定为了确保成功，公司所必须要管理的信息。

● 首要的信息技术战略家。首席信息官要确保公司的技术战略要与竞争战略的变化相适应。

● 评测中的领导者。首席信息官与首席执行官和首席财务官协同工作，以使用来衡量战略成果的评估标准和记分卡准备到位。首席信息官与高级管理层协同合作以确保信息技术资源能支持记分卡的变化，并为进展报告提供实时的信息。

● 信息技术资源的提供者。首席信息官与规划管理者直接合作，确保工厂资源/系统能对业务和管理的流程变化都予以支持。

首席人力资源官的红海职责

● 全体职员的领导者。当公司最好的成员在为红海工作时，首席人力资源官协助鉴别和招募业务运营所需的职员。

● 员工的培训和发展的领导者。首席人力资源官领导并负责确定，所招募和雇用中和/或培训中所需的新的技能系统，以满足竞争战略的改变带来的要求。

● 首要的人力倡导者。首席人力资源官监控组织内工作的压力和紧张程度，并在需要时为员工提供建议和支持。

● 执行管理的领导者。首席人力资源官领导对员工的执行管理系统，核心围绕着新的战略，同时也与首席财务官直接合作，设计出与新的战略转变协调一致的，变化了的激励薪金标准。

● 各级管理的支持提供者。首席人力资源官负责提供受过培训的人力资源多面手，以在战略变革的执行过程中，公司战略发生重大变革时，协助进行各级管理。

● 管理团队发展的领导者。首席人力资源官在确保管理团队很好的协同合作的过程中扮演关键角色。

在竞争战略的变革中不仅需要强大的、富有权威的个人领导者，而且需要卓越的管理团队的协同合作。管理团队在这个时刻必须完全地站在一起。直到团队建设的工作已经与战略变革、新战略的方向、执行计划的需要保持同步之前最高管理者可能会要求召开数个团队建设会议。这个团队必须能够不需长时间的沟通就能无缝衔接地进行工作。因为战略变革对组织在进行不同的思考和行动方面将产生最大的冲击，最高管理层的信息必须一致，如同盔甲上不能有一丝裂缝。

这个红海策略需要最佳的技术专家随处可见。没有其他的红海能像这个红海一样需要如此之多的商业专业技术，诸如行业的专业知识，有关客户及客户需求的专业知识，有关竞争对手以及竞争对手将向哪里去的专家意见，虽然大多数公司都有自己行业的专业技术和市场知识，但是此时不是排他性地只信任内部经验的时候。专家意见的来源不是至关重要的，管理者必须要有勇气从咨询顾问、合同商、研究学会、客户座谈，以及/或者落败的竞争者这些可以获取有益经验的各个方面吸取精髓。

红海原则三：聚焦客户

因为每个红海策略都在明确地将客户视为最终的参照对家，所以对客户发生的影响将决定战略变革策略的胜败。战略变革的目标是在客户面前呈现出一副新的面貌，并提供新的或改变之后的产品或服务以及那些产品/服务的新的特征或性能。坚持使用客户记分卡，就像我们在第四章所显示的例子中那样的记分卡，将是战略工作所必需的。理解记分卡并按照客户记分卡来评测战略变革的进程，这在整个战略实践的过程中处于核心位置。使用记分卡周密思考你想在市场上带来的影响，运用实际的评测方法来获知并考虑到你的客户和竞争对手，弄清楚你到底想通过战略变革策略获得什么结果。

记分卡可以用来确定可选的赢得客户和打击竞争者的方法。例如，一家公司可以使用记分卡，依据我们在这一章的入门篇中讲到的迈克尔·E.波特的分析工具来考虑将不同的价值和属性进行合并：

- 公司在产品和服务上的更多的与众不同。
- 趋向于更高的性价比（低价格/高价值），以更接近客户的要求。
- 趋向于一个更合适的市场定位战略。

鉴别、既而评估这些不同的可选因素，将会成为我们之前描述的红海设计引擎，反复应用记分卡、目标、蓝图的核心在公司有可能在市场上发挥作用的设计方向之前。

客户记分卡的使用看起来在有活生生的客户参与时才能发挥出最大的作用。这对于在红海里激发新颖的创意效果如何呢？我们曾有客户成功地运用了客户座谈来帮助他们将记分卡融入自己的战略变革的设计当中。通过那些客户座谈和客户记分卡，该公司实现了依照对客户的影响来保持对战略实施进展状况的有效跟踪。

可以采取多种行动来确保战略变革是处在争取预期的客户影响的正确轨道之上：

- 按照客户对变革的反应来对你的客户进行分类——先用为快的早期采用者，中间派，晚期接受的成熟者。按照这些分门别类的客户来检验你们所提议的战略，选择那些支持早期采用者的策略比选择那些支持晚期成熟者的战略更有真正的价值。
- 让作为早期采用者的客户帮助你，基于他们认为使用你们的产品/服务可以带来的益处和成就感，来在市场上使你的产品/服务区别于他人的产品/服务。
- 帮助早期采用你的产品/服务的客户将战略转变转化为双赢的局面，通过仔细检查这种转化实践，你会找出潜在的益处和发现危险的陷阱。

● 与其他客户验证所提议的产品和/或服务中的变化。

● 按竞争者将来的位置进行你的设计规划，而不要使用他们现在的市场位置。

● 对客户的反馈进行迅速和明显的回应。让客户知道你在倾听并且感谢他们的意见。

红海原则四：树立明确的红海目标

改变竞争战略的首要原因是要增加公司对客户的吸引力，同时，削弱竞争对手对客户的吸引。我们可能想要从竞争对手手中夺取市场份额，或者我们想要推出能创造市场的新的产品和服务——那就是，吸引买家进入我们的市场。在这里，市场份额和利润是关键的因素。

在充分理解了客户记分卡之后，最高管理者的任务是制定出组织能够理解和参照的战略变革的目标。红海策略的最佳目标如下：

● 市场份额（以计量单位和美元计算）。

● 竞争等级（即与竞争者相比，本企业的产品和服务的相对级别的升降）。

● 利润率（分别为各区域市场设定单位利润率和总利润率）。

公司依照在客户记分卡上的变化做出新的计划和行动，这些计划和行动会引起一系列的市场反应，全新竞争战略的目标应该源自我们对于这些市场反应的评估。也就是说，我们正在实行的策略是要通过改变我们的产品和服务的品质来产生市场影响，所以这些产品和服务对于客户将更有价值。那些增加的价值应该转化为市场份额和利润。如果这种价值增值并没有增加市场份额或利润率，则记分卡上的因素必须要进行重新考虑，直到我们能够预见到在市场份额和利润率上有所提升。

在这个步骤中，对市场数据的考察至关重要。虽然在红海中，速度是基本的要求，但在制定目标前，对于所计划的记分卡的变化先获得高质量的市场反应是值得花费时间的。许多红海目标纯粹是些猜想。而我们努力想获取的是经过市场验证过的设想。

有关其他目标领域的情况会怎么样呢？设定数个目标，以保证组织能保持相对平衡的焦点，这种平衡记分卡的想法怎么样呢？在通常情况下，使用平衡的量度标准是个好主意，但是全新竞争战略这一红海所要求的目标需要偏向企业最终期望的结果——市场份额。

为了确证这些所树立的目标，最高管理者可以询问一下员工，究竟这些树立的目标能不能传达出一种事实，那就是公司正处于一场战争之中，一场与对手进行的商业战斗，一场为了赢得顾客之心的战争。如果对于战斗的认识还不明确，那么要使整个公司为了获得红海成功而全体动员起来就会发生困难。

红海原则五：为成功绘制蓝图

在战略变革红海中，绘制蓝图这一阶段的目标是描绘出一幅组织将以新的方式为客户准备产品和服务的图景，这种新的方式将为客户提供更好的综合价值。换句话说，绘制蓝图就是组织将怎样的，以一种它的员工能够理解、估计的方式，向员工们描述公司新的商业设计或商业模式，而这种新的设计或商业模式将被员工们视作在红海执行中的最终目标而去努力和奋斗。

蓝图的核心应该是一幅激发兴趣和灵感的场景，描绘出客户将会怎样按照修订之后的客户记分卡来使用公司的产品和服务。任何战略变革的核心应该集中在拥有关系独特的客户和提供更好的产品和服务上。在蓝图的绘制阶段，管理者必须要描绘出与客户交流时所使用的，看起来是可行的和合理的方式。

在描述出组织怎样与客户接触的方式之外，红海管理者们必须要描绘出公司进行生产和对客户进行服务的流程，因为他们需要用这些流程去按记分卡进行操作和提供产品及服务。战略变革红海蓝图的最后一点是，应该描述出，围绕着变化了的过程，员工将需要怎样以不同以往的方式进行工作。

完成蓝图是红海设计引擎的最后一步，红海设计引擎连接着客户记分卡和红海目标以及在红海策略实施之后，组织需要怎样观察和操作。从某种程度上讲，蓝图步骤更是对一个组织为获得它的期望的战略变革，而改变其运作方式的能力的检验。我们曾经有处于这个步骤的客户发自内心地说：“我们还从没见过我们公司能像战略变化所需要的运作方式那样运作！”有了这样的评价之后，应该迅速地启动另一轮红海设计引擎，可以以对另一个可选的记分卡进行再次的审核作为新的起点，这可能对于客户也好，对于公司自信其可能发挥的潜力也好，都将是一个双赢的局面。

别走开！在商业设计完善的、清晰的图景到位之前，不要急着进入下一步的红海执行原则，这些图景包括：

● 完全理解红海战略变革将会怎样积极地影响客户，以及它将如何给竞争对手带来负面的打击。

● 有为红海策略制定的，在市场份额、市场销售额、利润以及竞争排名上的明确目标。

● 组织在实现自己的目标，满足客户的同时，就是红海策略完成之后的完整蓝图。

执行新战略的红海原则

战略变革的红海执行原则极为重要，因为红海目标和蓝图对于组织来说大都代表着广泛而具有挑战性的变化。在这个执行阶段众多的许多领导力量。

红海原则六：聚焦方法

这个步骤的目标是鉴别出组织中那些为实现蓝图而必须改变的方法性部分。再说一遍，这些方法性的要素是：

● 业务流程。

● 用于支持这些业务流程所需的工厂、设备及工具。

● 有助于把员工的行为集中在这些流程和工具上的执行系统。

对于竞争战略的改变来说，鉴别及更改这些方法性部分将会是重要和困难的操作。所需改变的难度将在很大程度上取决于所期望的战略改变的规模。对于较小的战略改变而言，所需的更改也许很小，但是对于重大的战略变革，所需的改变可能将是深刻而意义深远的。

● 业务流程。组织要采用的设计好了的详细步骤。对于战略变革来说，要改变的关键流程如下：

● 公司生产其产品和提供其服务的制造、生产及操作流程。

● 确立公司市场定位的市场营销流程，以及用来从特定的客户手中得到订单的销售流程。

● 在以上提到的业务流程背后提供技术支持的研发流程。

● 工厂/设备/工具。那些员工用于支持公司的业务流程所需的具体设施。战略变革要求公司在它的工厂、设备和工具上进行改造以支持企业在业务流程上的变化。虽然我们不能确切地说出你们的哪些工具需要变更，但我们可以肯定的是，这样的改造是必需的而且可能会是极为广泛的。

● 执行系统。组织有关角色、目标、培训计划以及激励机制的集合。这些系统需要进行改变以反映出新的战略。这些改变应该直接回溯到上面确定的流程变更，并与之紧密联系。

红海原则七：运用规划和项目管理构筑蓝图

规划管理的工作应该集中在紧紧抓住组织的方法性部分所需的变化，促使新的战略的实现上。战略变革的规划管理需要是正式而纪律严明的，这样才能确保战略变革所需的若干改变都能置于管理者的控制之下。规划管理需要确定和形成多重项目来实现每个蓝图的具体结果。按照我们的经验，建立一个正式的规划管理的构架，由经验丰富的经理管理并直接向首席执行官报告，这会使战略变革更易于控制。

组成战略变革规划的项目若是围绕着业务流程、工厂/设备/工具以及执行系统的变化，就能得到最好的安排与组织。按照我的经验，这些项目或是成系列的项目中的每一个在成员和方向上都应该是多功能的。这样对于广泛的战略变革你才能够具有广阔的视野。把变革项目放置在特定的功能性组织（诸如市场、销售或是制造部门）内的做法是应当不惜任何代价的加以避免的，因为在通常情况下，你都会在这些功能部门发现或多或少的偏好或倾向。这些功能性的组织或部门会发现不是他们已经按蓝图要求的方式做了蓝图要求做的事情，就是按他们的水平蓝图根本就执行不了。

考虑正式的风险管理，包括具有预先触发[①] 的应急计划。战略变革的规划管理应该被看做工程/建筑项目或大型的系统项目。它应具有包括按预定次序、交付能力、责任和预定日期排列的各项活动的工作计划。除了那些特定的战略变化之外，其他影响也应被处于管控当中。计划一些过渡期间的里程碑，用来在获得最终结果的路途中庆祝每一个前进的步伐。

红海原则八：聚焦速度

由于战略变革的目标是对市场产生积极的影响，所以速度也就显得至为重要。带着新的战略进入市场会给公司带来优势，哪怕这只是短期的优势。作为红海中的计时员，首席执行官必须尽其所能尽快地推动战略变革以获得相应的市场优势，因为进展得不够快，组织就不能高效而迅速地获得所需的内部变革。战略变革时间框架的跨度可以从快速循环产生（如个人计算机制造业）的几个月到基础产业（如航空或能源产业）的两年或更长的时间。确定时间表最好的方法也许是将其他已经做了这种变革的类似公司所花的时间，以及首席执行官对自己组织的变革能力的估计作为确定时间的要素。

红海原则九：满足员工的特殊要求

作为战略变革红海的一部分，员工在快速跑马拉松的过程中会有种种特殊需求。新战略的实施会要求员工长时间地付出更大的努力，员工们会因之疲惫不堪。在红海中对于员工情况要做的考虑包括：

---

① 触发价格水平是指美国政府对市场的控制价格，尤指对钢等进口商品所定的最低价格水平，如低于该价格时即征收附加税。

● 确信在红海项目组中的员工的常规工作已经有人去做。

● 保证项目成员有工作保障（即不能因战略转变而使他们丢了工作）。

● 保证过渡期间的红海进展能得到公开认可，当达到重要的里程碑时，既能得到对个人的承认，又能得到全团队的庆贺。

● 确保这种认可将包含所有对红海战略的成功做出了贡献的人，而不是有选择的仅仅包括少数的几个人。

● 使认可和承认可见化，并使之与红海进展的节奏紧密相连。最后，但同样重要的是，以首席执行官到其他执行官都应该用他们清晰可辨的领导来表明自己对战略变革持久的承诺和热情。领导者失去兴趣，将失去战略本身。

红海原则十：对红海成绩进行奖赏

我们看到过的效果最好的激励是基于战略变革的目标而制定的，这些目标包括：

● 市场份额（分别按计量单位和美元计算）。

● 竞争级别（即与竞争对手相比，在产品和服务的相对级别上的相关变化）。

● 利润率（分别为各区域市场设定单位利润率和总利润率）。

在完成每年通常的业务目标的同时，必须对战略变革目标给予明确的承认。激励报酬额应与战略变革策略的成功程度相一致，并且应该超过通常的激励报酬。用一个消极的注解来结束这一部分，我还从来没参加过哪个战略变革，其中没有几个经理和雇员，不管是出于何种原因，就是不支持这场变革。那些不支持变革的员工应该失去所有的激励报酬，并且可能会遭到降级甚至解雇。

应用红海战略

在这里，对于变革竞争战略这个策略我们了解了许多。但是，如果你要为实施这个最难的策略做好准备，这一战略章节仅仅是个开始。

第六章　红海战略：并购

合并（Merging）两家公司或进行一场收购（Acquisition）是一个棘手的难题，因为，在使两家公司所有的真实可触的部分恰当地整合在一起的过程中，方法性的问题将极为复杂，要知道，需要从合并得到的结果是一个统一可行的企业文化或是商业运作方式。这一章将以一个有关并购主题的高阶入门开始，并以在这种困难的情况下如何使用红海原则的讨论作为结束。

并购入门

合并/收购的定义

撰写（或是阅读）金融新闻可不是经常都能成为一次幽默的体验，但是，有关合并和收购的主题似乎能在采访这一主题的记者中激起某种灵感。从《经济学家》（The Economist）上就能看到一些相关的标题：

- “在我又要合并之前拦住我。”讨论了美国国会做出的几乎没有什么保护性的禁止在美国国内的铁路公司进行合并的规定的灾难性后果。
- “道路风暴”特别报道了在世界领先的汽车制造商间的结合和联姻。
- “石油合并者：形成垄断”描述最近发生的英国石油（British Petroleum）的首席执行官在接管 Amoco 和（在当时即将接管的）ARCO 时进行的突然行动。

全球的并购活动几乎在每个行业都掀起了前所未有的狂潮，听起来像是投资银行家、律师和 CPAS（(美国)注册（执业）会计师）们的天堂，但是，并购对于股东和公司其他的利益相关者又怎么样呢？我们接着援引《经济学家》2000 年 7 月号中的文章，《合并者是如何走向歧途的》（How Mergers Go Wrong），文章指出这些合并者中许多人“如同面对第二次婚姻，对成功的希望超过了对自己经验的信任”，并且“他们的失败率甚至比好莱坞明星间随便关系的失败率还要高”。

KPMG（毕马威国际会计公司）的研究机构发现有80%的交易重复了过去10年的工作，根本没有创造出管理者和股东所期望的价值。麦肯锡[①]（Mckinsey & Co.）公司的研究发现，在所有的合并者中，有将近80%的合并者没能收回发生在交易过程中的成本。然而，就统计数字而言，首席执行官们和董事们看起来就像银幕上的爱人一样无所畏惧。根据汤姆森金融证券数据（Thomson Financial Securities Data），全球进行合并和收购的公司价值从1999年的3.3万亿美元升至2000年创纪录的3.5万亿美元。

但是在我们投入热烈的红海讨论之前，让我们先来确定一下在我们的实际使用中发挥作用的并购的定义。合并是一个一般术语，指两个原先各自独立的公司或利益集团完全地最终地走到一起。收购是指在一个已成立的实体或集团的基础上新增加的部分。对于参与者，特别是当一个实体比另一个实体大得多的情况下，许多合并感觉上就像是收购。不管这个联合体是由大小相当的组织还是由不同规模的组织组成，留下来的合法的合股公司只有一个。我们在这一章的讨论中使用公认的术语M&A来指代并购的红海环境。

合并背后的动因

并购不是目的而只是手段，理解到这一点是非常重要的。并购只是获取公司目标的一种战略。让我们简单看一下驱使公司的领导者们发起合并的一些原因。

- 有些并购是防御性的，起因部分来自于涉及的这种并购的公司处于威胁当中，这些威胁也许来自市场萎缩，商品价格下降，生产能力过剩，迅速的科技变革，或是飙升的研发成本。麦道（McDonnell Douglas）公司与波音（Boeing）公司的合并部分原因就是由于它的最大客户——五角大楼——的经费开始削减了一半。

- 有些董事会是按照“有效的进攻就是最好的防御”的座右铭来进行运营的，他们下决心要先买别人而不是被别人收购。看看紧跟在一度广受赞誉的戴姆勒—克莱斯勒（Daimler Chrysler）合并案之后，在汽车制造商间令人晕眩的舞蹈：大众公司（VW）将收购宝马公司（BMW）吗？大众公司将收购罗弗公司（Rover）吗？通用汽车公司（GM）将收购部分宝马公司吗？通用汽车公司将收购大宇汽车（Dae Woo）吗？或者戴姆勒—克莱斯勒会与标致雪铁龙（Peugeot Citroen）联姻吗？首席执行官们始终面临着压力，他们所做成的买卖必须既能驱动增长又能提高他们公司的竞争地位。而等待根本性的增长，特别

① 麦肯锡公司是创立于1923年的，世界上最成功的战略咨询公司之一。

是在成熟的市场上，将是缓慢而缺乏动力的过程。而另一方面，并购活动却是更能令人兴奋，而且并购可以使首席执行官们得到银行家们、经纪人们，以及金融媒体的极大关注。前纽约州化学银行（Chemical Bank）和纽约汉华银行（Manufacturers Hanover）与大通（曼哈顿）银行（Chase Manhattan）合并，其结果是出现了一个非凡的、超强跨国机构，其在零售银行业务、批发贷款、包销和联合贷款、贸易、咨询以及风险资本服务方面都具有业界领先的产品线。

在美国快速发展的公司当中，通过并购增长已经从一种潮流变成了一种普遍的实践。库珀斯—莱布兰德（Cooper & Lybrand）公司 1997 年的研究发现，收购已经成为发展最快的公司扩张计划中的基石。典型的通过收购战略来增长的公司会在其公司生涯中的第一个 10~12 年平均收购 5 个更小的企业。进行并购的公司比那些单纯依靠其内部增长的公司成长得更迅速，影响也更深远。

通常的疑虑：动机、手段及机会

近十年，美国强劲的经济环境使公司在追求新的目标——激励首席执行官们和董事们长期地将并购作为他们的核心商业战略上，既有了手段（资金流动性），又有了机会（过剩的生产能力[①]）。2000 年的市场萎缩以及在许多乐于合并的行业（如石油、电信）内的综合管理的障碍，可能会使诸如美国在线（AOL）/时代华纳（Time Warner）这样价值 1820 亿美元规模的超级合并案中吸引人们眼球的标题更少出现，然而，并购不管在这里还是在全世界都还照样风行。

足够多的较小规模的交易，价值 160 亿美元左右，以及更少种类的合并取代了原先的超大规模的并购，创造了美国 2000 年并购浩劫的另一新的纪录。根据汤姆森金融证券数据在《机构投资》（Institutional Investor）2001 年 3 月号的文章中援引的数据，美国公司在 2000 年进行了 1.8 万亿美元的并购，远远超过了 1999 年的 1.56 万亿美元和 1998 年的 1.61 万亿美元的纪录。

走近并购强于其他

不同的信息来源、统计数据可能会有一些出入，但是你并不需要成为统计家，也能从获取的数据当中得出以下结论："大多数的并购案在一个或多个层面上都没能达到目标。"

● 在《新海峡时报》（The New Straits Times）1999 年 3 月号的文章《最佳

① 生产能力过剩是指实际产量低于最大设计生产能力所能提供的产量，尚有未被利用的剩余生产能力。

收购实践》(Best Practices in Acquisitions) 中，安达信 (Andersen) 咨询公司援引了其 1999 年的调查结果，在参与并购的美国公司中，有将近 50%的公司表示，它们未能进入新市场、增加市场份额或是在交易结束 3 年之后增加产品。另外，同样是这些公司，有超过一半的公司比起它们的同类公司来表现不佳。

● 在《新海峡时报》1998 年 1 月号的文章《为什么大量的合并者最终走向失败》中，一位普华永道公司 (Price Water House Coopers) 的执行总裁谈到，在最近的合并交易中，有超过 77%的交易没有收回成本；50%的交易损害了股东利益，同时有 50%的交易显示交易后的公司有着与原先相同或是更低的生产率和利润水平。

● J.P.摩根公司 (J.P.Morgan) 考察了 116 个在最近的 15 年内进行的主要的收购交易（每个交易涉及的金额都超过了 10 亿美元），结果发现，在交易完成 3 年后，这些交易都没能产生出附加价值。在《堪萨斯城市之星》(The Kansas City Star) 1999 年 1 月号的一份重点研究报告《摆在合并公司面前的警示信号》(Signs of Caution Lie Ahead for Merging Companies) 显示只有 56%的合并案为收购者创造了价值。

库珀斯 & 莱布兰德研究机构在他们 1997 年的报告《速度创造不同：并购调查》(Speed Makes a Difference: A Survey of Mergers & Aequisitions) 中得出结论，快速的转变能够降低关键的商业业绩，包括利润、员工、士气以及生产力上的不利影响。库珀斯并购咨询业务的合伙人和总裁马克·费尔德曼 (Mark Feldman) 评论说："辨别快速转变公司的标志是他们能够坚决地把驱动 80%价值的 20%的交易后 (Postdeal) 活动放在优先的位置，并聚焦于此以取得最大可能的成功"，"最重要的是，这种方法增加了收入"。

费尔德曼又说按快速转变模式运转的公司，比按通常模式运转的公司更易以较快的步伐实现合并或收购，相反，同样的道理也适用于慢速转变的公司。费尔德曼评论说："不幸的是，转变慢的公司混淆了他们的优先事项与交易之后将发生的事情，他们太强调成本对立。结果就是，这些公司被竞争对手夺去了市场份额。生产力和员工士气下降，同时劳动力成本和员工流失率上升。"一个值得记住的例子是：康柏公司 (Compaq) 想要消化数字设备公司 (Digital Equipment Corporation) 的努力。当康柏和数字设备公司卷入合并后的混乱中的时候，戴尔计算机公司 (Dell Computer) 迅速推出了一个引人入胜的广告活动以获取市场优势。在合并之后，康柏 1998 年第二季度的国内业务增长率为 11%，而与之相对的戴尔的这一数字是 72%。

衡量并购是否成功

如果要用一个等式来表示的话，合并背后总的理念就是1+1=3或是更多。这样，涉及此类交易的公司的内外利益相关者将能够清楚地看到这场并购的得分，并能从基础层面领会到为什么这场交易是有意义的。在一项1999年全球并购活动的研究中，KPMG（毕马威公司）的研究人员发现，并购普遍承担着提高公司的市场认知度的任务：41%调查问卷的选择增加式是保护市场份额作为隐藏在他们的并购活动后面的目的；28%的人希望进入其他市场或是获得更多的曝光率，而有11%的人寻求的是规模上的经济效应。

然而，当评分开始的时候，结果并非总是那么清楚明晰。当这些公司倾向于认为他们的并购交易是成功的并开始展开调查时，有半数以上的公司还没有一个正式的交易后的检验方针。有些公司可能没有适当的可用措施来预算重组的成本和评估是否实现了预算。有的公司也许是缺少能够运用的较准确客观的衡量成功的基准，或者是不知道要用什么方法。

总之，回答问卷者认为他们对于并购交易的各个方面（诸如人力资源、信息技术或是企业文化）都没有在一开始就计划好，要不就是计划得太迟。他们认识到他们在合并后的工作十分薄弱，不清楚如何着手去改善自己的表现。

为什么并购是红海环境

在合并当中，无论是发生在公司之间，还是发生在公司内部都明显与以往不同。领导者们必须继续经营他们的现有业务来使多重利益相关者满意，而与此同时，他们还要在既定的范围和严密的监察之下设计出，在未来的某一时刻能够运用的，与现在不同但是更好的运作模式，以使更多的，与现在尚在建设当中的组织有利害关系的人感到满意。

并购的价值和结果对不同的人所意味的东西也不一样。公司的每类“选民”——董事、股东、监管者、分析家、贷款人、管理者、雇员、工会、联盟合作伙伴、供应商和客户——对这种价值的定义都有所不同还常常发生冲突。首席执行官和管理团队的工作就是要审查和确定哪些机会是最适合公司的，并且调整这些竞争态势，使其趋于一致。这意味着，关于所制定的战略，要在规定的信息披露的条件下，与每一类“选民”团体进行特定的沟通，然后，极其重要的是，为满足各种需要而进行大量不同种类事务的工程，发布战略，完成任务，并且得到预想的结果。只是一场交易，数十亿美元就悬在了空中，这些巨额资金，还有无情的市场都时刻准备着抓住弱点惩罚那些失败者，对于那些卷土重来的人，机会少之又少。公司的领导者们只有一次机会去把事情做对。

并购为什么失败

许多原因促使合并的收获少于预期，《新海峡时报》1998年2月号的一篇文章指出了三个重要的原因："合并的不确定情况，缺乏经验以及整合问题。"

合并的不确定情况

再造大师和权威专家詹姆斯·尚普培（James Champy）在《福布斯》（Forbes）1997年11月号上的一篇文章中写道："一个投资银行家告诉我，联合增效作用① 只有在成为合并的理由时才是合理的。"在合并之前和合并的全程当中，战略的确应该被小心谨慎地努力执行，因为在这些阶段，战略是无可替代的。在事情进展的表面状况之下，并非每笔交易看起来都像开始时的那样成功。放弃已经是错误了的交易的首席执行官理应被称誉为英雄。当一笔交易越来越糟，那么最好马上说"不"而不是继续向前推进，只有这样，才能结束将要面临的数年的派别纷争，声誉受损、客户远离以及股票价值下降。

缺乏经验

在现有的许多并购活动正在进行的同时，大量新的利益相关者仍被牵扯在谈判和合并后的整合过程中，这些利益相关者几乎从未参加过任何一场并购交易，而且在他们的职业生涯中，他们可能也不会再经历另一场并购。公司通常的做法是雇用会计师和律师以及并购专家，让他们处于交易一线；并且雇用自始至终进行指导的合并管理专家，他们将在执行并购期间和整合逐渐形成的全过程中支持领导者，就像一些领导者发现很难说"不"一样，另一些人发现说"帮帮忙！"很困难。

整合问题

并购天生就不代表着低程度的风险，至少对于参与并购的两家公司是这样。典型的在并购生命周期中。在实现目标收益之前的稳定和整合阶段要花费15到30个月的时间。进展过快将有损害员工、客户、业务流程以及技术表现的风险，而进度过慢，接下来另两三个大公司并购方案的启动将很容易分散核心管理者的注意力，使他们在自己的并购转变过程中出轨。不是说协议上的墨水干了领导者的任务就完成了，领导者更重要的任务是让公司在并购后运转良好，步上正轨，获得在交易初始就预想得到的成果。

没有哪个有关并购的入门书，在没有附带一些在这个红海中成功和失败的案例的情况下就草草结束的。我们当然也不例外。我们选择以下这些简洁案例

① 联合增效作用是指分立的工商企业等机构在联合时所起的相互作用的总效果大于独立作用效果的总和。

就是想向您展示并购的真实世界中的风险和复杂性。

理解错误：波音和麦道

在开始于1994年的示好之后，波音公司——当时世界上最大的喷气式飞机生产厂商——于1997年夏天收购了它长期的对头以及直言不讳的领导者——麦道公司。波音公司的首席执行官菲力普·康迪特（Philip Condit）仍是首席执行官，同时保留了麦道公司的哈里·斯通西弗（Harry Stone Cipher）作为新波音的董事长和首席运营官。在对外宣布这一并购案的时候，这场变动被称誉为一笔无论是在战略上还是在金融上都不错的生意，麦道公司与军方的生意将推动波音的收入从相对防御的姿态提高到占新实体联合总收入的40%，并且这将有助于减轻商业航空班机周期性需求的财务影响。投资人期望公司能在利润率上有快速增长，同时去除冗余的设备和岗位。五角大楼期望成为新公司由于联合双方力量而得来的成本节约的主要受益者，并且期望能把自己的成本也降下来。

本次收购一年后的第一次新闻发布表明，波音公司仍旧遭受着一系列挫折的困扰，光是融合有着大约235000名雇员的曾经是与之激烈竞争的对手的企业文化，这件事本身就够困难的了。而在这些挑战之外，还要加上麦道的商业产品的产品线经历的比预想情况更大的损失和失败。它的涉及防御和太空方面的业务随着亚洲经济的动荡，以及亚洲国家取消或是推迟购买喷气式战斗机的合同，出现了利润下滑。波音花费了比预计的14亿美元更多的税前费用，逐步淘汰了一部滞销的麦道喷气式客机的样机，最终在1997年第四个季度损失了4.98亿美元，这实际上意味着波音为了麦道的85%的收入所付出的超过了155亿美元。

而不可思议的是，或是确实不堪提及的事情发生了。按《Interavia商业与技术》（Interavia Business & Technology）1998年4月号的一篇文章所说就是"泰坦尼克（Titanic）效应"。1998年3月在西雅图[①]扶轮国际分社（Seattle Rotary Club）的演讲中，斯通西弗告诉商业领袖们，波音的财务结果是令人沮丧的。他说，来自空中客车（Airbus Industrie）（波音主要的欧洲竞争对手）或是洛克希德马丁航空航天行业的巨型公司的威胁也比不上来自波音"对内执行失败"的威胁大。他补充说，波音是"自大的"，并且尚未赢得它所自我宣称的全球地位。一篇在《Interavia商业与技术》1998年9月号上的跟踪报道《斯通西弗的

① 扶轮国际（Rotary International），是一种城市专业和工商界人士以服务社会为目的组成的群众性服务社团；其次会议要轮流在各个成员的事务机构举行，原名"扶轮社"，1905年创建于美国芝加哥。

波音震荡》指出："可以说，斯通西弗的批评比赫鲁晓夫对斯大林的公开指责的影响要小，但也小不到哪里。"这个评论是在波音冻结了其管理层1998年的工资和奖金的一个星期之后做出的，而一天以前，《西雅图时报》(Seattle Times) 报道了波音与北欧的航空公司的领导们会面的情况。在这次会见中，这些领导者表达了他们对波音的延迟交货日益增加的失望，波音可不想听到这些坏消息，明显地，波音既不想向公众也不想向客户暴露这些隐情。

与此同时，波音正在努力摆脱形势严峻的妨碍生产流程的环带、零件短缺，还有无经验的工人带来的影响。公司的高级职员说，要使公司的工厂和当时迅速增多的商业飞机订单保持同步，光是诉讼费用和不能预期事项的费用就将达到26亿美元。公司人员裁减的重大问题一直拖了下来，也没有任何有关关闭或是整修麦道过期的商业喷气飞机设备的计划的信息，而以上的每一项措施本来都是可以减轻公司继续流血的现状的。

在道琼斯工业指数一路飙升的情况下，波音却亏损了40亿美元，波音1998年第一个财政年度的财务报告表明，它在合并后第一年的损失相当于它在合并前50年的损失。波音的股票暴跌。波音的领导者们因为未能确认问题的范围，而且没能设计出一个管理这些问题的综合计划并付诸实施而受到指责。批评家们说聚焦于改变产品的混乱状态，使最高管理层的注意力从涉及收购麦道的紧迫问题上转移开来，就像他们在1996年收购Rock Well International的航空航天资产时所犯的错误一样。

这里有一群灵敏而富有天赋的人，他们设计出了一些在国防系统与航空工业内最精密的产品，拥有一个跨世纪的值得联合的合并案的规划和项目管理的经历，但是他们还是没有一个有效的计划可以开始投入运行。这个曾经看起来是模范"婚姻"的公司联姻，却有着一些极为阴沉的表情、沮丧的心境和忧郁的伙伴。

外界的压力也增加了。五角大楼威胁说，除非波音的表现能有所改善，否则，它要收回给麦道的"超级大黄蜂"机型的数十亿美元的特别拨款。而在公司内部，前麦道公司员工的士气因他们在等待关闭工厂和遭到辞退的消息而持续低落。许多前麦道公司的员工仍旧称自己为麦克唐奈（McDonnell）国防系统的员工或是道格拉斯（Douglas）的员工。行业分析家指出，波音—麦道的合并实际上包括了三种各自独立的企业文化：波音员工的企业文化，麦克唐奈员工的企业文化，以及道格拉斯员工的企业文化，而且他们认为，道格拉斯的员工从未真正完全地融入麦克唐奈公司。

即使是做较小的决定，也是耗时而费力气的工作。对于波音来说，光是决定要使机构内部的邮件信封标准化，就花费了超过一年的时间。要贯彻这项决定所需的工作包括召集一个有 20 个地区代表参加的邮件委员会，以及对在本公司的各个下属公司中使用的 13 种不同的信封进行评估。

企业高层的整合同样困难重重。高级管理人员根本就没心思去了解其他管理者，在宣布收购 1 年后一个有 200 名最高层管理者参加的会议中，斯通西弗问大家："有多少人认识 50%的与会者?" 只有少数人举手。问到 60%，只有几只手举起来。当问到 70%时，几乎没人举手。难怪要在公司的行动和结果上取得各个级别的一致意见是如此的困难。

一点儿有趣的幸运给这个故事带来了稍许愉快的结局。波音的幻影工场（Phantom Works）——一个在这些混乱纷闹的时刻偶然创立的公司——的内部智囊团，通过开发新产品和把公司的注意力全部集中在它的不同客户上，而最终成了公司在加速整合过程中的关键力量。

红海启示

在这场并购中，失败的责任首先在于两家公司的最高管理层。资深管理人员整合上的困难折射出了各级人员整合上的困难。在进行红海运作时领导者必须是统一一致，并做出破釜沉舟的承诺，否则就会有在时间、利润、市场份额、市场价值，以及信用度上遭受必然损失的风险。

理解正确时代华纳公司（Time Warner）和特纳广播公司（Turner Broadcasting）

时代华纳的首席执行官杰拉尔德·利文（Geralol Levin）和他的媒体同行一样，洞察到了现代媒体联合企业的前景。随着取消管制时代的到来，可分送的产品（内容）将允许一家公司，通过多重频道浑然一体地创造和传送出数字时代的新的信息和娱乐产品。时代华纳对特纳广播公司的收购就是基于这个清晰而激动人心的认识，在大型合并的进行中采取了一种相对直接的管理风格，而极有可能正是这种风格挽救了利文的职业生涯。

时代华纳公司的形成本身就是 20 世纪 80 年代最大的交易之一，即通过时代公司（Time，Inc.）和华纳传播公司（Warner Communications）的合并而诞生。到了 90 年代中期，利文的位子不再令人羡慕。那时候，时代华纳陷入了债务困扰之中，数年股价低于一般的市场价格，并且参与了多起构想糟糕的交易，这牵制了公司最好的资产和管理者的精力。同时竞争对手们在做一种使他们能离那种巨大的浑然一体的远景更近的交易：迪斯尼（Disney）购买了首府美国广播公司（Capital Cties/ABC），维亚康姆公司（Viacom）购买了派拉蒙公司（Paramout），并发布了 UPN 联合至尊电视网（UPN-United Paramount

Network)。利文请求股东和董事会在他把业务理顺之前给予支持，不要放弃。

对于时代华纳和利文两者来说，形势并没有迅速好转。公司众多的交易之一——与美国西部公司（O.S. West）（其他公司之一）和 TW 的娱乐分公司（TW's Entertainment Division）形成的战略伙伴关系，使利文陷于诉讼当中，诉状指控利文在合作伙伴中造成了潜在竞争，以及利文将特纳广播公司合并进母公司的新交易是对合作伙伴协议的一种侵犯。

在合并过程中，似乎光是多变的特德·特纳（Ted Turner）还嫌对利文惩罚得不够，使利文更加痛苦的是，他还要赢得特纳公司的大股东 TCI 的约翰·马隆（John Malon）的同意，利文做了一个附带交易，给了马隆在 TBS（基于有线电视网的数字电视综合业务平台）服务上的如同 CNN 和 TNT 一样的 20 年，15%的折扣，以及卡通频道（Cartoon Channel）。这种安排引起了联邦贸易委员会的调查。分析家们预言，时代华纳很快就会分崩离析并出现管理层的人事动荡。

长话短说，从受人嘲笑到受到赞美，利文最终努力实现了他的梦想交易。在 1996 年 7 月，联邦贸易委员会最终保佑时代华纳对特纳广播公司的收购有了一个略微改变的版本，恢复了时代华纳作为世界上最大的传媒公司的市场地位。

在这段路途当中，利文排除掉了与他有不同政见的经理和董事，并且证明自己能够放弃一个原先不能放弃的东西——电缆业务，一次显著的战略偏离使他于 1995 年在电缆系统上进行了将近 50 亿美元的收购。利文告诉分析家们，他正在进行一场重新构造与美国西部公司的合作伙伴关系的交易，他准备把公司电缆系统的多数所有权和管理控制权退让给他们。利文现在终于开始履行他的计划，即通过卖掉公司的电缆系统而投下一个重要的赌注，以消除掉价值 80 亿美元的债务，积极地削减运营成本，并从对 TBS 的收购中创造出新的收入，以此来使公司恢复健康的财务状况。

数月过去，问题仍旧存在：难道利文的梦想最终要以梦魇结束吗？谣言作坊炮制了一系列有关的幕后管理权力争斗的传闻，其中许多传闻是基于纯粹的交易规模和随后的对大型企业在管理上的难以控制。另外，批评者预计，这些都只是收购特纳公司之前的问题，他们把董事会副主席也算在内，并且公开批评时代华纳运营中的高成本和无效率已经在其公司内完全占了上风。

相反，利文倾听特纳的看法（虽然所传的趣闻轶事说这点很难办到），进行了成本削减，并在录制速度上达到了协同增效的效果。他雇用了 10 个执行官来作为不同分公司间促进协同市场部署的桥梁，并且建立了运作协议。这两个领导者，特纳是表演者，利文是稳重的执行者，彼此互相补充，互相赞美。

“我喜欢和特德一起工作”，利文向《财富》杂志 1998 年 3 月号中的一篇文章的记者说，“杰瑞·利文（Jerry Levin）的股票突然热起来了。”而另一方特纳则说：“他是这个星球上最有趣的人之一，我们在一起非常愉快，但我尽量不浪费他的时间。”

在收购一年之后，公司的股票东山再起，上升了 34%，而其市场价值几乎轻捷起舞，华尔街和股东们对利文和特纳一致齐声喝彩。这个工作只得到分析家们关注的人，坚持他的远见并最终成了一个英雄。

只要看看几年之后所发生的变化就可以了。作为成功整合特纳公司的回报，利文获得了理解如何让合并发挥作用的美誉。一天，他接到美国在线（AOL）的主席史蒂夫·凯斯（Steve Case）的电话，请他用美国历史上最大的合并案来开启 2000 年，并且担任合并之后的美国在线—时代华纳的首席执行官。就在这段时间，一个美国在线—时代华纳的最高四人执行委员会成立了，这个委员会开始集中精力于如何将美国在线的资源与时代华纳合并，以及在合并后的公司内如何划分职责。

红海启示

杰拉尔德·利文对于这次合并做出了破釜沉舟的承诺。通过引进经验丰富的成员来管理 TBS 的转换和整合，他在红海管理最激烈的时候将最强的管理者和员工投入了战斗。为美国在线—时代华纳的整合运用于高级执行官的四人委员会，这表明利文和史蒂夫·凯斯都认识到了他们身处的区域是红海，这要求每个人都能做出特定的行为和承诺，特别是那些关键的管理者。

红海原则

现在是讨论应用于并购策略的红海原则的时候了。这一章的目标不是对第四章中原则的简单重复；相反，我们想展示出并购红海策略的变化和深度。

红海原则一：宣布公司进入红海

合并或收购另一家相同规模的公司，会有惊人数量的细节必须得到管理，而且必须要管理好。要管理好细节需要花费大量的时间和精力，并购要使两个有着不同企业文化的公司，两个在业务模式、沟通方式、看商业世界的角度都有所不同的公司走到一起。随之而来的公司里大量的细节和差异要求企业要有高度的热情、动力和承诺才能实现并购的成功。它确实需要奥林匹克级的承诺、动力和创新来获取收益，同时它又需要破釜沉舟的决心来避免损失。

任何一个公司要想吸引员工的注意力都不是什么难事，人们会意识到并购会带来改变，而他们的工作立刻就变得随时都可能丢掉。人们已经经历了太多或是听到了太多有关并购的事情，他们知道并购一来，形势就会空前紧张。管理者所面对的难题就是如何使员工的注意力从他们很容易就陷入的“我好苦哇!”的牺牲者的想法转移到并购中困难的工作上来。

并购中的两个领导必须迅速地调整他们的职位，对于他们将在新公司中担任的角色达成共识，并在并购的过程中给予员工强大的领导。两个领导者都必须能够令人信服地告诉员工，他们打算为合并后的企业所开创的是更加美好的未来。他们也必须为这次联合提出清晰的商业理由，并给员工一定时间去理解并购策略的意义。最后但同样重要的是，这些领导者必须要确信员工们理解，在整合的最后一步圆满完成之前，他们就都还处于红海之中，不容丝毫懈怠。

红海原则二：投入最佳人员

并购是两个管理团队的共同行动，两个管理团队都必须积极地投入，要像引人注目的胜利者一样投入比赛，高高站起，腰板挺直，要避免那种看起来一会儿输一会儿赢的综合征。像胜者那样比赛首先是双方的团队要互相尊重，并且尊重使两家公司走到一起的这场商业交易。另外，当合并的细节一步步明朗化的时候，两个管理团队都必须对他们的队伍持续地担负起精神领袖的职责。

在这场并购战斗中，很少有两个团队是具有平等的权力的。权限更大的团队应该在合并早期就让大家知晓，而且这个团队有着为整个合并确立基调的非常特殊的责任，在更有权力的团队与其他团队协同合作，将新公司的正式管理人选安置到位时，将自我放到一边是一种领导力上的要求。那些与新的团队仍然保持领导快车道管理团队成员必须要为两个准备合并的企业，持久地树立起领导楷模。那些把领导职位的调整看做他个人的损失，并久久不能释怀的人，必须要么隐藏住他们心中的失望，并且好好干，要么趁早离开。

新的管理团队或成员必须尽快互相了解，并且作为一个团队开始出色地工作。因为他们在确定和做出使两个公司合二为一所需的数百个变化的过程中有大量的工作要做。团队合作是新公司的首席执行官的职责，团队的素质将会逐渐形成，但是它常决定于别人——前任首席执行官以及他的直接报告者所树立的榜样作用。

新的首席执行官应从前任首席执行官那里要求和得到完全的协作或是立即安排前任首席执行官离开。几乎有一半的首席执行官在其企业合并入更强大的企业之后以离开告终，但是希望他们达到的目标仍是扮演好一个坚强、高效率的商业领导者的角色，给予新的企业以全面的支持直到他们离开的时刻最终来临。

每个最高管理者应该把红海角色附加在他们每日运营公司所通常履行的职责之上。

首席执行官的红海职责

● 面对组织的首要合并倡导者，首席执行官首要的职责是要确保已经做出合适的对全局有重要意义的关键努力，并为合并确立了明确的目标。首席执行官在所有人之上必须理解彼此公司的特别市场特权，以及合并所能带来的特殊优势。

● 面对董事会和投资者的首要合并倡导者。首席执行官的目标应是保证董事会始终获悉、参与和支持合并，特别是在不可避免的质疑出现的时候。

● 首要的客户倡导者。首席执行官要保证合并确实能满足市场的目标，并给客户带来额外的价值。

● 首要的沟通官员。就合并的商业理由，特定的合并目标，以及合并对于公司持久的重要性与公司内外进行沟通。前任首席执行官需要作为协同合作的沟通者来传达首席执行官的信息。

● 总设计师。在前的合并阶段，首席执行官要确保新企业的蓝图能够满足合并目标。

● 高效的领导者。首席执行官必须运用亲切的、富有同情心的，但同时又是有力的领导风格，既理解员工的感受，同时又能确保工作能得到高效的处理。前任首席执行官若是还留在联合后的公司中，他还必须在现任首席执行官的身侧表现出高素质的领导力。

● 总的规划管理者。首席执行官是资源的主要提供者，内部障碍的排除者，以及最终时间表的掌控者。

首席运营官的红海职责

● 设计师。紧密参与红海蓝图的设计，负责许多运营细节。

● 合并蓝图的首要执行者。首席运营官及其直接报告者们将身临蓝图的实施现场，包括在必要的情况下，裁撤冗余的组织单元和人员。

● 客户记分卡的日常拥有者，因为首席运营官拥有新公司的那些接触客户的部分，所以他所对付的是在任何合并中最大的潜在难题之一，即从合并进来的组织中出现的客户流失。

● 日常变革的领导者。首席运营官与首席执行官以及规划经理协同合作，以合并目标能被确定的方式，使新公司联合起来，并对所有的整合活动进行理解、确定和设定日程。

● 日常管理团队合作的领导者。在新的管理团队集中于内部问题时提供领导（而首席执行官的工作既有内部问题，又有外部事务。）

首席销售官的红海职责

● 客户倡导者。首席营销官负责与关键客户就合并会对现在增大了的市场产生怎样的冲击进行交流，并负责防止客户的流失。

● 首要的营销战略家。首席运营官负责梳理两个公司的品牌、产品以及市场战略，使其合二为一。

● 面对客户的首要沟通者。首席营销官负责解释合并将如何更好地为客户服务。合并之后公司的广告和公共关系战略应该保持一致，持续不断地向市场传达出积极和动人的信息。

● 首要的定价官员。与首席执行官、首席运营官、首席财务官直接合作，以确定对合并后的公司有意义的价位。

首席财务官的红海职责

● 金融努力上的领导者。成功与否取决于首席财务官对于合并两家公司及它们的资产的过程中的全面金融应用的了解程度。

● 评测中的领导者。首席财务官要对合并的结果进行评估，包括进行能使红海策略的进展状况清晰可见的评测，以免以后要在两个公司各自不容置疑的评估标准间进行调解。

● 财务系统的领导者。确保金融和会计系统的持续运营。

● 进行质疑的挑战者。对于合并中的投资，以及新合并的公司的整个资本运用，充当魔鬼代言人的角色，提出质疑。

● 薪酬和激励机制的设计者。与首席执行官和人力资源官协同合作，确保用于鼓励那些对于合并的成功至为关键的组织成员的金钱激励机制已经到位。

首席信息官的红海职责

● 首要的信息技术战略家。首席信息官要确保合并后的公司的技术战略从合并初始就开始启动，并能迅速与公司的长期目标保持一致，与规划经理和首席执行官直接合作，调整信息技术的资源/系统，确保其在新公司中能够持续运转。

● 评测中的领导者。首席信息官与首席执行官、首席财务官直接合作，使衡量合并结果的评测标准和记分卡到位。

首席人力资源官的红海职责

- 全体职员的领导者。CHRO与首席执行官、首席运营官直接合作，确保员工能够尽快地被指定到所有关键的管理和运营岗位上。
- 合法冲击的管理者。首席人力资源官和首席运营官直接合作，确保合并对于人们的所有冲击是以公平而合法的方式执行的，这样才能保护政府给予公司的长期特权。
- 薪酬及福利领导。首席人力资源官负责尽快调整人力资源系统的薪酬及福利，以促进人力资源的持续性、自信心以及安全感。
- 执行管理的领导者。调整员工的执行管理系统，以使新组织的焦点集中在合并的短期和长期目标上。
- 各级管理支持的提供者。提供受过培训的人力资源多面手，以在实现蓝图所要求的运营时协助各级管理。
- 首要的人力倡导者。监控合并后组织内工作的压力和紧张度，并在需要时向员工提供建议和支持。
- 促进管理团队发展的领导者。首席人力资源官在确保新的管理团队的敲定和其成员能够精诚合作的过程中扮演关键角色。

为了合并的成功，新的管理团队必须要安全地团结起来，如果新的管理团队是合并后由合并双方管理者共同组成的，那么他们必须要能够像一个浑然一体的团队那样展开工作，而不能出现两个领导核心。像那种具有破坏作用的鬼鬼祟祟的小道消息在两个公司的员工中四处传播的现象绝对不允许出现。管理团队必须做出道德表率并为业务的继续发展确立标准。他们必须向前看而不是沉浸于回忆过往；他们必须克服两个公司间相互的反感情绪，并且卸掉可能阻止合并后的组织走向成功的任何包袱。

红海原则三：聚焦客户

虽然绝大多数的合并者都把他们合并的理由归结为增长了的市场影响力，而在这场洗牌当中最有可能失去的却往往是客户。在一场合并当中所遭遇的困难看起来是如此的让人丧失信心，徒耗时日，以至客户在最后才会接受到服务。具有讽刺意味的是，在对合并的成功与否进行最终衡量时，客户的投票可能是唯一的决定因素。

红海原则三建议在所合并的两个公司的产品和服务项目上都使用客户记分卡。如同我们在第四章已经提出的案例一样，这些客户记分卡将成为任何合并的计划和执行的明确驾驭者。在一个合并中，指导精神不是立刻改变客户看待新公司的产品及服务的方式，而恰恰是要保护客户看待其产品及服务的方式，当管理者和员工都从他们合并了的组织的角度来面对客户时，他们必须要使那些客户曾经珍视的特性保持原貌。

红海原则四：树立明确的红海目标

干脆明确的目标对任何红海策略都是重要的，并购也不例外。在并购策略的目标中，有三类目标尤其重要，它们是：基础性目标、联合增效目标和运营目标。合并的主要基础性目标各有不同：例如包括占据新的市场或分销渠道，获得互补产品以扩充产品线，获得数量或规模以得到大规模的经济效应，实现多种经营，不一而足。不论这个特定的基础性目标是什么它都应转化为清晰明确，并且如果可能的话，量化的目标。

无论是为了何种增效作用，都应该为之设立明确的目标，而想要获取这种增效作用也是企业力主合并的原因之一。这些增效作用从典型的方面来讲，包括节约的成本/增加的销售（这是可以做到的，例如，通过合并后的公司的销售渠道，可以使更多的产品线得以利用）。

最后一类目标与联合的组织在合并之后紧接着的商业运营有关。用于这种红海策略的最好的目标如下：市场占有率、竞争排名、营利性以及投资回报。

明确的合并目标是必不可少的，它能使员工搞清楚他们需要往哪里去，同时也使他们能够用以衡量工作的进展状况。明确的目标也成了为推动合并成功所制定的激励酬金的评估指标。

红海原则五：为成功绘制蓝图

在并购红海中，制定蓝图这个阶段的目标就是要为组织绘制出一幅清晰而具体的图景，这个图景描绘了组织在经历了两三年的过渡期后将会呈现出来的面貌，到了那时候，企业所设立的目标应该已经达到，所追求的由合并带来的协同增效作用也应该业已实现。判定蓝图优劣的关键标准如下：

远见、战略以及评估标准

蓝图在一开始应该描述出组织在未来应呈现出的面貌，包括市场位置，它所追求的竞争排名，以及它的目标。

蓝图还应描述出单一而统一的竞争战略，合并组织将运用这样的战略来赢得顾客并与对手竞争。对于合并中的组织来说，业务单元要保持独立，在合并进程中保持独立的竞争战略的目的必须要阐释清楚。蓝图还应包括评估标准和经营原则，这些标准和原则将为合并后的公司运营提供指导方针和界限。

组织结构和领导职位

最高管理层的人员情况必须在合并蓝图中进行陈述，并且要尽可能精确而肯定地阐明他们打算如何构造和管理这个组织。没把组织结构表述清楚而只提供了领导职位的头衔，这些都只会鼓励人们在合并展开时不断地谋求领导职位和找人拉关系以期得到更多机会。

市场和覆盖地区

描绘出合并后公司业务范围的图景应成为绘制蓝图的一个关键目标，它同时包括公司将要服务的市场（客户）以及公司所追求的地理区域。

产品和服务线

合并蓝图应该显示出公司的产品和服务将如何共存；即哪些产品将成为主要产品，哪些产品将成为补充产品。有关产品和服务的图景必须要与早先完成了的客户计分卡保持一致。

业务流程

蓝图中应包括，当企业在跨区域市场和跨客户市场上提供产品和服务时，合并后的组织的业务流程将如何共同发挥作用的有关描述。尽管有关业务流程的所有细节可能一时还无法尽悉，然而组织在合并后将如何运营的流程恰恰应被尽可能详细地勾画出来。

别走开！先别停止红海的设计引擎，在合并后的组织还没有清晰的图景之前不要进入下一个实施原则的环节，合并后的组织的清晰图景应该包括：

- 在短期内客户价值将被如何保护，而从长远看，客户价值将被如何加强。
- 组织将被如何构造以及它们将会在何处运营。
- 公司将在市场上代表着什么。

实施合并的红海原则

在合并中，红海实施原则极为关键。因为组织要在短时间内成功地达到它的目标，就要面对大量需要变动的部分和细节，而这些部分和细节必须要协调一致。这时需要有强有力的领导引领大家专注于那些合并中的关键环节，而从那些虽然看起来重要但从长远来看并不会对合并的成功产生影响的部分，将直接的精力转移开来。

红海原则六：聚焦方法

合并红海策略的成功实施，严格说来，应以辨别哪些是为了成功必须要做的事情开始。首先遇到的挑战就是弥合两个公司的差异，从而使组织能够如同一个统一的实体一样进行运营。这种协调一致包括从变换标志以反映合并后公司名称的变化到改变客户编号，以使所有的客户编号都能编进一个单一的核算系统。其他的结构变化将包括员工编号、文档、记录等罗列起来简直没完没了。

第二个挑战是要确认，对于这个新合并的公司来说，哪些是为达到它的目的所需要进行的方法变革。举例来说，如果合并的一个首要目的是共享分销渠道，那么所要进行的方法改变就必须要能够允许新产品流入现有的营销渠道，并在现有的渠道上得以促销。有些方法改变将会相对简单，同时，另一些可能并不简单。例如，如果公司合并的主要原因是融合两家公司的技术来进行新产品的开发，而市场上的产品对于两家公司来讲都还是新鲜事物，那么，在这种情况下，所需的方法改变就既不简单也不明显。

而使方法变革的任务更为繁重的是，每一个改变都要求有相应的次一级的方法改变作为支撑。换句话说，合并所需的任何一种改变，诸如将一个公司的产品线分发进另一个公司的分销系统，都要求在业务流程、设备以及员工职责和执行上发生变化。虽然这些改变都是简单而符合逻辑的，但因为它们的绝对数字太大而使事情变得错综复杂。这种复杂性能够在下一个红海原则所建议的纪律严明的规划和项目管理环境下得到管理。

如果经理和员工们知道他们的角色与职责，并且他们能够看到和了解红海蓝图，那么许多所需的改变，在他们理解并习惯了他们在合并后的组织中的新角色的同时，就能被设计出来。对于许多组织来说，这是一个重要的条件。我发现，在合并的极早阶段就阐明合并组织的结构和执行管理系统是至关重要的。

最高管理层必须要在组织结构上迅速达成共识，并且任命这个结构中的核心管理者。一旦任命下达，就应该鼓励这些核心人员来指定哪些人将成为他们自己的团队的成员，等等。我发现，迅速任命组织级成员，然后在他们接掌帅印时召开一系列的团队建设专题研讨会将是极有价值的。这些团队建设讨论会应从最高领导层开始向下级领导层大量扩展，直到每个组织单元都被覆盖。在这些团队建设会议中，关键环节在于，合并蓝图，依照蓝图的组织级版本制定出团队自己的蓝图，为每个团队的每个成员确定角色和职责，然后负责尽力确定出每个管理者职责范围下的具体细节。

红海原则七：运用规划和项目管理来构筑蓝图

在合并过程中，首席执行官是没有一点儿空闲的。他首要关心的就是怎样才能保证组织向前发展，服务于客户，并且获得收入。同时，他也要为确保所有所需的合并行动能够以快速和系统的方式进行而最终负责。我发现，若经理向首席执行官直接汇报工作，那么，经理就能成为首席执行官的亲密战友并能为他提供方法转变的步骤。

管理的任务应该集中于通过系统化地解决所需的方法变更来使合并能够在尽可能短的时间内得以完成。经理的作用在于，他将代表首席执行官来确保在恰当的时间实施正确的合并行动，同时，他要保证首席执行官能够不断地获取这些合并行动的信息，并且对那些只有首席执行官能够彻底和亲自完成的关键合并行动进行排序和提交。

管理必须采取一种彻底实施的态度，对于红海来讲，低于100%的成功解决不了问题。虽然经理总的目标就是要确保组织能够完成所有的，在任何早些时候确定的方法变更，但是总有一些方法改变的行动比其他行动更为重要。经理必须运用80/20黄金规律来找出那些能够带来80%的结果的20%的行动。一旦这些属于这种20%的行动得到确认，管理者就必须直接协同首席执行官和管理团队以确保这20%的行动得以彻底实施。

除了彻底实施这些关键的20%的行动，管理者还必须处理数量惊人的细节。合并红海的规划管理人员需无数被正式任命并受过良好训练，这样才能保证合并所需的无数变化能够处于掌控之中。管理者需要确定并建立起多重项目来获取具体的成果并把公司引向蓝图所描绘的成功。

构成合并规划的项目最好能够围绕着合并目标组织起来。经验表明，这些项目中的每一个都应在人员和方向上做到多功能和两个公司的共同参与。这样才能获取广阔的视野。同时从参与合并的两个公司中选取项目组成员能够使项目组最大限度地利用两个公司的智慧和实践。例如，如果一个合并目标是节约成本以获取5000万美元，那么就可以设立一个项目组来帮助指定的管理者找出这笔钱来。

红海原则八：聚焦速度

速度对于并购红海的重要性超过其他任何红海。在并购中没有什么比进展太慢风险更高了。当合并未能迅速排除掉有关组织将如何运营的不确定性时，客户和雇员都会遭受损失。如果合并的目标正是增长市场曝光率和市场机会，那么快速推进就能带来优势，而行动迟缓会给竞争对手喘息时间来从你的迟迟不稳定的动荡期坐收渔利。组织向前推进得越快，对于其商业表现的关键指标的负面影响就越小，这些商业指标包括：利润、员工士气以及生产率。

一个有效的合并所用的时间因其合并类型的不同而有所不同。以资产组合方式进行合并的公司的资产和业务只是在财务报表上进行合并，这样的合并不到六个月就能完成方法性部分的合并。那些包括整合业务单元的合并可能要再花掉数月的时间。而首席执行官，作为合并红海的时间掌控者，必须尽其所能使合并尽快进行以达到预想的合并目标，如果合并的速度不够快，那么组织中尚未合并的部分就仍旧不能高效和高速地进行必要的合并和删减。

红海原则九：满足员工的特殊需求

在合并红海，对于经理和员工来说，最重要的需要无疑是有份工作，包括其职位的性质、它的地点、汇报关系以及补偿金。经历着合并的员工只有和不确定的状态说再见的时候才会高效地工作。最高管理者必须对为组织内的所有雇员提供清晰明确的职位予以关注。

那些可能会离开公司的员工公平对待。虽然合并策略并不意味着两家公司的雇员数量必然会遭到削减，但是这种裁员还是普遍存在。所有雇员都会受到最高管理层处理这种削减的方式的影响。虽然，那些职位已被取消的雇员，将因针对他们的重新安置和进行协助的“一揽子”方案的质量而受到冲击。那些仍留在合并后的公司中的员工将会敏锐地意识到在他们原先的同事身上正在发生的事情。这些正在发生的事情要么令人鼓舞，即新的管理团队公正而富有人情味；要么令人沮丧，从长远看，他们可能真的不想为这个新集体工作了。

让强有力的领导人来解决合并冲突。合并团队有时会试图在每项事务上都取得一致而陷入困境。有力的领导者会使员工们尽快解决那些对企业的长期成功不甚重要的事项，以把注意力集中在至关重要的问题上。

红海原则十：奖励红海表现

在合并的第一个三年间，只要达到了预定的作为底线的成果就要给予最高管理者以真实、可观的奖励。合并的宗旨在于组建一个比原先的两个组织价值更高的新组织。如果合并成功，增加的价值应该在两三年就开始显现，而这应该成为对主要的最高管理者进行奖励的出发点。把大笔的奖金置于未来的数年之后才发放，会使最高管理者将注意力集中在他们应该投入的地方，即把注意力集中在增加企业的未来价值上。

额外的奖励应与管理者所完成的合并目标的程度相匹配。适当奖励的核心在于将它与复合目标的完成情况相联系，而非只是联系某一个关键的目标。例如，将给首席执行官的主要奖金只与一个增效目标如一个节约项目的目标挂钩，可能导致首席执行官只对完成这个目标产生极大兴趣而把合并的其他目的，如构建长期特许经营权的价值排除在外。

和完成正常的年度目标一样，对所完成的合并目标必须给予明确的承认。奖金的数额应与合并的成功度保持一致，并且应高于通常的奖金。我将用一个消极的注解来结束这一部分，我还从没参加过哪个合并，其中没有几个经理和员工，不管是出于何种理由，就是不支持这场合并。那些不合作的员工应该失去所有的奖励并且可能会遭到降级甚至解雇。

应用红海战略

现在还不能启动合并战略。直接翻到第十章，再读一下针对文化变革的红海战略。成功的合并的一个最大的障碍就是两个公司间的文化差异。要更好地理解如何解决合并的文化融合问题，读读第十章，看看是否适合你。

关于并购的红海策略要知道的事情还很多。幸运的是，现在有许多并购专家专门做这方面的研究，能够提供技术上和细节上的帮助。但是实施红海原则一贯要由最高管理层来决定。只有他们才能给予这个策略应有的重视和优先考虑。

第七章　红海战略：业务流程再造

在这个红海战略章节中，我们将讨论一个在红海策略中最重要也是受到最严厉批评的策略。从十多年前，“再造”这个词在商界突然冒出来的时候起，商界人士和商业书籍作家们都对它给予了高度的评价，同时也对它的主张提出了质疑。作为这场再造运动的参与者，我们公司成为直接的见证人，来证明再造作为一种商业工具，它既有自己的价值又有其被误用滥用的一面。

再造入门

再造的定义

在过去的15年，再造已经成了管理神话的素材之一，走过了同许多好莱坞影星一样的路程——从年轻的、充满热情的小演员到遭到太多太快的梦想幻灭，直到最后备受打击却终于得到成熟正确的评价。在看了上百本书籍，经历了成千个项目，花费了数十亿美元之后，我们在谈到“再造”时，终于几乎可以不定义，不咒骂，也不为它辩护了。但是除去所有对再造的鼓吹和宣传不谈，再造究竟是什么呢?

米歇尔·哈默（Michael Hammer）和詹姆斯·查姆培（James Champy）在他们最畅销的著作《公司再造：商业革命宣言》（Reengineering the Corporation：A Manifesto of Bussiness Revolution）中对再造进行了如下的定义：

再造就是，对于能在当代衡量工作成绩的关键指标上，如在成本、质量、服务和速度上，获取显著改进的业务流程，进行本质上的重新思考和根本上的再设计。这个定义在用于描述不同的再造时有些笼统，没有加以区别，在联系到削减成本和裁员的情况时更是如此。尽管是剧烈的，再造仍是一种趋于平衡的执行改进措施，这种执行改进追求的是在同一时间取得多重的改进目标——质量、成本、灵活性、速度、准确性以及客户满意度——以在生产效率、生产能力和利润率上实现惊人的回报。其他的规划则集中于较少的目标或是在这些目标中进行权衡和协调。

计算机科学公司（Computer Sciences Corporation，CSC）的合伙人之一，克莱兰德·约翰逊（Clelland Johnson），很好地综合了以上的含义："再造是对能在工作执行状况上获得显著改进的业务流程所进行的本质分析和根本的再设计。它要开发出具有创造性和革新性的商业运作模式，在这些变化的过程中管理组织的人力资源，并运用适当的信息技术来支持这种新的环境。"

再造的动机

再造的概念出现赶上了好时候，得到大量宣传，结果被作为正确的万用良丹而广为流行。发表在《商业策略杂志》（Journal of Business Strategy）的文章《根本上的变革》中，管理之门咨询公司（Gateway Management Consulting）的董事长和首席执行官解释了在 80 年代末 90 年代初，"企业管理者不得不适应世界经济新秩序，消费需求骤然降低，竞争加剧，通过股东稀释来增加资本的能力明显下降。"

虽然再造看起来显得困难和危险，但假以时日，领导者们还是愿意尝试一下这个潜在会带来全新开始的具有革新性的概念，许多大公司为向再造迈进做出了集中的努力，以期望它能引导公司在激烈竞争的市场上获取未来的成功，因为在未来的市场中，产品成本的差异意味着企业是成功还是失败。

研究表明，在北美，有 88%的大型公司已于 1993 年实施了业务流程再造（Business Process Reengineering，BPR），平均每个公司有相关的四个项目。在美国最有竞争力的公司中有些公司已经开始启动再造项目，同时许多其他公司，不管是正确的还是错误的，也加入了这股风潮。把众多有关公司战略、技术专家、人力专家这些综合天才们汇集在一起，把他们的硬技术和软智慧结合起来集中精力解决复杂的难题，这种想法意义深远。但是也有许多照猫画虎的跟风项目应运而生，而其领导人并未为此做好适当的准备。

按照近十年的资料和评论，大约有 50%到 85%的在 90 年代中期启动的再造行动被认为未获成功。但是仍有相当于 70%声称进行了再造的公司计划对他们再造的努力进行更多的投资。一份由德勒公司（Deloitte & Touche）组织的调查，援引 1998 年 3 月号的《国家房地产投资商》（National Real Estate Investor）表明在 1995 年和 1996 年，北美 400 家大型公司中有将近 75%的公司正在计划增加他们的业务流程再造项目的数量。根据《计算机世界》（Computer World）1997 年 4 月号的文章，再造需要变得更快、更精干，但是在今天这样的商业世界，这一切比以往任何时候更显得生死攸关，加特纳集团（the Gartner Group）所启动的再造项目从 1999 年起使其市场份额每年有 20%的增长，在1999年，该集团又对专业的再造服务投入了将近87亿美元的资金。

成功是很难界定的，而且事后再看总是一闪即逝。在Data Mation 1993年8月号的访谈《再造真的有效吗?》中，米歇尔·哈默（Michael Hammer）谈到，尽管有70%的公司未能达到他们所有的业务流程再造目标，但大多数企业得到了大部分他们想要的东西，当时的其他一些研究证实了他的估计。然而，几年过去后，文献和那些一度赞誉再造所带来的回报的代言人们都明确地运用不甚欢迎的措辞来描述再造了。当《再造革命》（The Reengineering Revolution）在1995年出版时，其作者哈默（Hammer）和斯蒂文·斯坦顿（Steven Stanton）承认："再造已经不再是一个绝对的、全面的成功了。许多公司都对再造做出了努力，结果却因为成果很小或几乎不成功而放弃。"

再造的持久效果

作为一种基于实践之上现已具有广博知识的行为准则，再造已经成为在致力于以极大努力获取执行本质的改进时一个可以接受的工具。再造的努力能够使企业的执行状况达到一个新的高度或是能帮助企业走出停滞不前的困境。贯穿上个世纪，我们已经从每个风靡一时的浪潮中吸收了最好的技术，并把它们整合进了管理知识和实践的总体系。实际运用再造思想对于我们如何向任何一种业务改进项目迈进，都将持续地产生意义深远的影响。另外，对于工作如何组织，如何执行这样的问题，进行坚持不懈的复审、重新思考和做出计划，这种训练对于具有竞争能力的公司是必不可少的。

基本的现实是，如果明智地运用，再造就能产生强大的效果，使组织为它的客户、股东、供应商及其雇员都能够更好地服务。作为管理的全套家什中的一部分。公司可以根据形势随时随地地运用再造技能。

当企业开始复杂的技术应用，协同服务实施，分销渠道的重要变更，或是并购时，他们就能运用再造的工具和技巧来改进结果。随着电子商务的蓬勃发展，以及遍及供应链的企业对企业（Business-to-Business，B to B）数据共享的增加，再造的训练和技能比以往任何时候都显得重要。

红海难题：再造正确的业务流程

流程的成本缩减了，质量提高了，然而利润却下降了，这种情形太常见了。在《财富》（Fortune）1993年8月23日的一篇优秀的综述文章《再造：新的热门管理工具》中，汤姆·斯图尔特（Tom Stewart）概括了这种自相矛盾的现象的结果："一家计算机公司再造了它们的财务部门，流程成本下降了34%，但是营业收入却停滞了。一家保险公司将所需的流程时间缩短了44%，但是利润却下降了。经理们宣称成本削减了 20%，质量上升了 25%，然而在同一时期，业务单元的成本上升、利润下降了。”再造几乎全是有关运营的。只有战略能够表明哪些业务是重要的，而战略方面的事务是首席执行官和管理团队的职责。

没有战略的再造就会导致盲目的不顾市场效应的成本削减。《对公司重新思考》（Rethinking the Corporation）的作者罗伯特·托马斯科（Robert Tomasko）建议领导者们先要彻底弄清楚自己公司的战略是什么：“不要一开始就把你自己束缚在不该做的事情上。”

在我们刊登在 1995 年 7 月号的《商界视野》（Busiess Horizons）上的文章《越过障碍，获取再造成功》中，桑奇威·库马（Sanjiv Kumar）和我主张对流程的选择要以增加客户价值和能获得切实的竞争优势为基础。有些流程是公司在市场中区别于其他公司所需要的，或是构成公司特性的基础。另一些流程决定着公司相对于它的竞争对手将如何很好地表现，在这些流程上有 10%的改进就会带来成功，但同时若有 5%的损失就会将企业推向失败的泥潭。这些关键流程对于实现企业的战略意图至为重要。

所以，选择要设计的流程必须依照两个标准。以我的经验来看，那些所选流程的目标既不是给客户创造价值，又不是获取竞争优势的公司，它们花在再造中的时间和精力只会使情况更糟。

一些公司的目标是正确的。Agway 是一家大型的农业合作供应商，其主营业务是向养殖场主销售家畜饲料和向老奶奶们提供园艺工具，它所服务的对象是有着不同需求的两个完全不同的客户群体。这家公司的订单和开票系统相当繁琐，因为顾客是直接从商店订购的，但他们将从 Agway 的工厂或是仓库拿到他们所订的商品。在对身边的企业战略重新审视之后，Agway 的管理团队决定将公司的畜牧饲料业务与其零售业务分离，并且继续再造了新业务上的销售流程。作为回报，公司对养殖场主和老奶奶们的服务都得到了改进，而且也削减原先复杂的中间成本。

共同利益人寿保险公司（Mutual Benefit Life，MBL），它是一家美国最古老也是最大的承保公司，从再造的第一个企业典范迅速滑落为代人受过的替罪羊。在五年的时间内，MBL 花费数百万资金来对自己的每个主要的信息系统进行改造，包括使它的保险单发布流程自动化。而当时，对于工作准则的效率和隐藏在保险单如何发布背后的先决条件并没有过多的考虑和质疑。在 80 年代后期，MBL 的总裁启动了一个再造人寿保险保险单发布流程的项目。在流程再造之后，30 项工作被压缩成了 1 项，整个流程只需一个单独的个案经理就能掌控，周转时间从原来的 22 天缩减至再造后的 3 天，真是太棒了！

同时，公司也做了一笔灾难性的房地产和抵押权的投资，这笔价值近 10 亿美元的交易最终迫使公司不得不在 1991 年寻求新泽西州保险部（the New Jersey State Department of Insurance）的保护。这一切对于该公司的股东和雇员来说简直糟透了，对流程的分析和再造实在是不合时机。

那些把注意力集中于改造管理流程（因为它们更易于攻克）而忽略了更困难的，有可能会牵扯个人的权位利益和责任的以客户为中心流程的公司，它们是在把宝贵的精力和资源浪费在错误的方向上。那些为了错误的原因而专注于修订正确流程的公司同样会得到昂贵的教训。在《财富》的一篇文章中，斯图尔特用一个故事来说明这个观点。一家计算机公司，假定客户们需要从他们的销售队伍那里获得更多的专家意见，花费了数千万美元来再造他们的销售业务，给销售人员培训咨询和销售技巧，并且为销售人员提供了昂贵的电子销售工具。而唯一的难题却是他们的客户并不关心销售人员如何能在漂亮的笔记本上示范或是谈及客户自己的商业问题，对这些客户来讲，最重要的是价格。

“如何”确实重要

与它自己的公关业务流程保持一致，再造已经引起了一场商业革命。这场革命不是没有成本和后果，而是业务流程再造的概念确实使太多的观念被弃而不用。实际上，经验确实变成了怎样去做以及怎样不去做的智慧，而且“做”本身也不是一件简单的事情。

再造在概念上极少变化，它适用于包括制造业、服务业、非营利的、私人的或是公共的所有类型的组织。发表在 1999 年 3 月号的《全面质量管理》上的研究报告《企业流程再造：从组织的经验中学习》表明，各个企业的再造并未因其项目实施时间、使用的方法或是所得结果的不同而表现出重大的倾斜或差异。除了在亚洲的不同区域使用之外，这个基本的概念也在全世界所有不同的文化内广为应用。再造的例子可以在所有的层面找到：部门流程、多功能的流程、整个组织的流程以及供应链的流程。成功的要素和难题是同样的；但是战术变化和实施细节却千差万别。没有两个组织的再造走的是完全一样的道路，但它们都是再造。

几乎所有流行的管理著述都认为努力组织和实施变革能够带来不同。再造运动的一个持久的贡献就是对组织如何变革进行了观念上的发展和整理。由米歇尔·哈默（Michael Hammer）、詹姆斯·查姆培（James Champy）、汤姆·达文波特（Tom Davenport）、詹姆斯·柯林斯（James Collins）、雷·芒格耐利（Ray Maganelli）以及约翰·考特（John Kotter）撰写的深具影响的书籍中提供了能够决定成败的关键因素：领导者的承诺、项目经理的可靠性、利益相关者对公司股票的购买、沟通、聚焦于客户的记分卡、新的奖赏和识别系统、多功能团队，以及为该项目分派最佳的人选。

本书和我的上一本书《变革就是规划》(Change is the Rule)，都是为了在那些组织的生命周期中关键性的时间地点所需的领导武器装备库中，添加一个实用的、高度组织化的、能够引导怎样去做的管理工具。实际上，《变革就是规则》是最早论述变革管理的书籍之一，它从细节的层面展示了变革管理更多的是在领导者、洞察力、业务流程以及执行系统上进行创建性的挑战。

一个故事对红海有着多种教益

读者们将会注意到，在其他的战略章节的故事中，有时在一个组织中会同时出现数种红海策略，有些策略运转良好有些策略实施得却不那么顺利。处于红海的公司常常要面对一个令人胆怯的任务，即作为较大的整个组织努力的一部分，公司要同时管理数种策略。例如，在合并期间，两家公司不得不应付要整合两家企业的信息系统，而与此同时还要融合两家公司的企业文化。竞争战略的改变也许要通过再造数个业务流程来获取。我们的第一个故事是关于一次战略上的失败，这次失败有着鲜明的再造特色同时也包含着一次因为笨拙而把事情弄糟了的系统实施。

Greyhound 公司的坎坷历程

1991 年，在经历了六个月的罢工和随后发生的第 11 分部破产的重创之后，灰狗公司的车辆路线出现了萎缩并准备重新回到运输业的竞争中来。公司所面临的一个挑战就是赢回因飞机票已不再昂贵而流失掉的乘客。管理层宣布了他们将要再造在飞机航线沿线的公共汽车线路的计划，其中包括使用一个毂辐式交通系统（注：一种源自空运系统的交通线路管理系统，将某些车站设立为中心车站，来自外围车站的车辆均由此往返）、一个新的由计算机控制的车票预订系统以及对一直等到最后一分钟才来买票的乘客收取更高的费用。

11 分部的破产所带来的大幅成本削减已开始濒临底线，公司在 1992 年获得了微小的营余，这是自 1989 年来的首次营利。

华尔街也对灰狗公司的努力和承诺产生了回应，该公司的股票价格从每股 12 美元左右上涨至每股超过 21 美元。

而这个承诺唯一的问题在于作为这个项目基础的许多假定是错误的。运营一家公共汽车公司与运营一家航空公司并不相同。

● 灰狗公司运营着 2400 辆公共汽车和超过 2600 个的公共汽车总站，这比大多数航空公司飞机及机场的数量还多 10 倍。

- 单程公共汽车票的平均费用是机票平均费用的 1/10。
- 公共汽车乘客的年均收入比飞机乘客少 17000 美元，他们习惯于在临近旅行时才开始购票，并且使用现金，因为他们中的许多人还没有信用卡。

使问题更加复杂的是，对相应的称作 TRIPS 的新的计算机控制的预订系统的开发比原先预计的更为困难。对系统的初步测试显示系统在技术上有一些严重的缺陷，而且系统还需准备一些用户来进行先期试用。使用新的系统，售票员的开票时间将是过去的两倍。别忘了，公司的管理层已经向投资者、贷款人以及担保公司保证，TRIPS 系统将于 1993 年夏天的度假季节马上投入运营。而任何有关灰狗的再造成计划出离正轨的坏消息都会使公司至关重要的 9000 万上市股票难逃厄运。急于实现自己的承诺，灰狗的最高管理者不顾负责开发 TRIPS 系统的主管的反对，径直宣布 TRIPS 系统将会如期上马，至于软件里是有虫（指错误）还是没虫，是否经过了足够的准备，那就在此不论了。

于是，TRIPS 系统于 1993 年 7 月投入了使用。这个系统不断地出现故障，汽车总站动不动就因阻塞而陷入瘫痪，办事处和乘客都对它大失所望。那时候，数据库还没有包括灰狗所有的车站站点。对于目的地是那些尚未进入数据库的车站的旅客，订票处只能通过查看车站手册和人工售票，有些代办处使用手写的车票来避免用 TRIPS 系统打印出票还要多等的 5 分钟。而顾客在通过电话预订系统时遇到的是另一种难题。所设计的新的电话预订系统，由 400 名操作员负责接听（由接听方付费）电话来完成车票预订。但是其复杂的接入项对于这个漏洞百出的系统实在是太庞大了，系统经常处于崩溃状态。顾客平均要打 12 个电话才能通过所有选项订上一个座位。

在这些挑战下，已经缺少资源的公司甚至不能像再造项目实施之前那样为顾客服务满足他们的需要。而使事情更糟的是，有超过 80%的订了座位的乘客并未来乘车，于是许多公共汽车的座位都是空的，而公共汽车到汽车总站的时候几乎成了空车。因为灰狗的大多数乘客都是没有信用卡，公司也没有什么实效的办法来强制那些订了票的顾客付费。而同样糟糕的是，售票处不能把票卖给那些实际上已经来到车站，拿着现金，面对着几乎是空着的车要买个座位的旅客，因为系统不允许他这么做（注：订票系统显示无票，而这些票中的许多票是只订不买也不坐的废票，而系统的订票数额已被这些废票用尽）。

结果是无疑的：乘客锐减，顾客都跑到同一区域的竞争者那里去了。灰狗的收入下降了 12.6%，在 1994 年的前九个月中损失达 7200 万美元。它的股票价格降到了每股 1.75 美元。最高管理者辞职。在 1994 年，公司亏损超过 1 亿美元之后，股东提起了诉讼。

根据 1998 年《组织动力》（Organizational Dynamics）上的文章《正确的战

略——错误的难题》，在这段痛苦的时期，业界的资深人士克雷格·伦茨克（Crarg Lentzsch）接手担任了灰狗的首席执行官，并带来了一套新的管理人马。他们通过财务系统的重构，将灰狗从破产的边缘挽救了回来，截至 1995 年年底，公司重又出现营余。更为重要的是，伦茨克不再使用再造的方法，他打破了仿航空公司的经营模式并废弃了 TRIPS 系统，而以基本的服务和销售理念取而代之："如果您想乘坐公共汽车旅行，你只要到我们的总站来，在合理的时间，可以接受的价格内您就可以得到一个座位。如果预订在上午 10 点钟发车的公共汽车已经坐满，我们将持续地发车直到每位乘客都能坐上座位。"

援引发表于 1996 年 5 月号的《首席执行官》（Chief Executive）上的文章《再造致命七宗罪》，灰狗的灾难具有用再造来逃避做出困难决定的典型项目的特征。用《首席执行官》中的话来说就是："几年前，困难重重的灰狗公司就决定，未来成功的关键在于再造它的票务预订系统，使之达到能够对乘客数量、票价、电话订票数以及保证乘客的有座率进行分析的水平。但是分析家们声称实际上它确实需要做的事情是放弃长途运输业务，而把精力集中在短程旅途上（正如伦茨克所做的那样）。在不断地承诺新的票务订购流程能够极大地改善它的经营状况的同时，管理者耽误了最终证明是不可避免的行动的执行。

红海启示

先弄清楚战略的重要性，选取那些以使客户和生意获取最大改善为指导思想的流程是再造策略实施的关键。在组织的其他部分还没做好充分准备的情况下，硬要把再造的流程与附加的计算机系统绑在一起投入使用，只会使企业冒极大的风险并以惨败的结局告终。

想得对路

在本书及以付梓的时候，布鲁克林联合天然气公司（Brooklyn Union Gas，BUG）是美国全国第六大天然气公用事业公司。作为公司再造努力的结果，布鲁克林联合天然气公司创造出了一种对客户友好并取得技术成就的企业文化，这使它远远领先于其竞争对手。在再造刚刚兴起的早些年，许多公司还只是在依赖外界的咨询专家时，布鲁克林联合天然气公司已经开始从其内部发掘再造天才了。据比尔·费奥德（Bill Feraudo），公司自己培养的专家同时也是资深的市场副总裁自己估计，他的 80%的时间都是用于有关再造的教育和使人们对再造产生信服。这是费奥德在出版于 1997 年 8 月 25 日《福布斯 ASAP 增刊》（Forbes ASAP Supplement）上的文章《天然气攻势：布鲁克林联合天然气公司自从能源解除管制后摆出了营利架势》中时对公司再造项目的评论。

回到20世纪90年代初，费奥德其时还是公司的信息系统副总裁，并被誉为将是掀起某种新浪潮的带头人。费奥德和他的再造小组有着4600万美元的预算和两年半的时间，或是4800万美元的预算和两年三个季度的时间，之后再造后的系统就应投入实施。于是费奥德被提升为客户服务的领导人，用他的话来说就是“对我构筑系统的奖赏就是让和它一起生活”。

“生活在一起”，费奥德很快就发现了公司流程中的漏洞。市场和销售人员并未与客户服务代表足够紧密地配合以尽快创造销售机会。碰到难题的客户被一个销售式服务代表推给另一个代表，每一次都要求他把自己的问题再解释一遍，于是任何一个安装和维修工作都要提前很多时间才能安排，而需提供的服务总要等到很久以后才能实施。

预见到在政府解除了对能源的管制之后，市场上将会出现对客户的激烈争夺，费奥德经过缜密思考，认为要在发展新业务的同时留住现有客户的唯一出路就是“从客户的角度重新组织公司”。他通过参加再造成研讨会来开始自己长期的与再造相关的教育，然后他把自己的发现告诉了他的老板首席执行官罗伯特·凯特尔（Robert Catell）。凯特尔对正在到来的能源管制解除所带来的影响有着深刻的理解。因为天然气和电力将成为承受竞争价格压力的商品，所以大部分利润将会来自新的服务。

资深管理层对费奥德的见解表示欢迎，他被授权从根本上再造布鲁克林联合天然气公司的客户服务组织。他的第一个举措是建立一个业务改革小组，由整个公司各个功能区的十个总经理组成。反过来，小组选定了计算机科学公司的指标（CSC Index）来帮助他们学习如何重建每个客户的交接流程。

小组锁定的第一个目标是布鲁克林联合天然气公司最大市场——住宅区。以客户反馈为基础，他们确立了三个广阔的目标：取得客户满意、提高增长机会、增加网络利润率。

在这种远景规划的背景下，已经具备一套天然气加热系统的家庭应该还有可能购买天然气灯或是池式天然气加热器。这意味着公司的每个雇员都会与客户接触，从客户服务代表到天然气表的抄表员到天然气设备的安装人员都需要了解并向客户宣传天然气的好处。

现在，排在首位的任务是对公司的销售流程进行再造。销售流程的再造首先从一个业绩不佳的销售单位——“可选新能源”小组展开。这个小组由36名成员组成，负责管理向住宅区顾客介绍公司业务的引导人员。业务改革小组对“可选新能源”小组现有的流程进行了再造，给他们安排了新的业务流程。这些引导人员现在将进入一个销售前的资格认定中心，在这里这些公司的业务代表将接受培训，学习许多以前都是由销售人员所做的工作；在对这些引导人员进行资格认定和分类的同时，公司还会让他们学习如何预定与客户的约会，邮寄产品宣传单以及回答顾客常见的问题。

改革小组将技术和销售岗位绑在了一起。这些引导人员变成了管道工（或是安装者，总之公司怎么称呼他们这里就怎么称呼他们）来替代一个销售队伍。在一个由计算机管理的周转系统的帮助下，公司将派一名与BUG签约并经过培训合格的熟练管道工奔赴一个由售前资格认定中心定下的与顾客的约会。这名安装者将负责向顾客解释他所问到的特定产品的用途，完成销售，并将产品安装完毕。安装者的疏漏将由一个名为"贸易代表联盟"的七人小组负责。这个小组将在销售技巧、安全措施以及新的安装要求上培训安装者，并且负责对安装者的执行标准做出解释。

要把管道工转变为高效的销售人员绝非易事，所以公司在培训上做出了很大的投资。BUG的中层经理过去惯于以命令和控制的方式进行领导，他们费了很大的力气才将领导方式转变为高效的教练式和协助促进式，这些中层管理者同样也受到了量身定制的培训，BUG将这种培训称为"未来管理者"。更为重要的是，BUG改革了员工的薪酬模式，从对团组没有现金奖励的系统发展到与团组利润率相联系的系统。最终，与所有客户有关的员工工资将与客户的满意度挂钩。

通过再造新获得的成就包括：

- 现在通过电话按键来传递客户记录。
- 在业务代表们为客户安排安装设施的时间时，有关配件维修合同和其他可能出现的交叉销售机会的信息就会自动显示出来。
- 在打销售电话之前，销售人员能够先从电话上获得有关行业客户截止于几分钟前所发生事件的详细资料。

截至1996年，布鲁克林联合天然气公司已经再造了三项流程，包括客户服务、市场营销以及销售。费奥德已经亲自参加了至少15个相关的项目。他还以一个名为"关键跨越"行动的名义，主持开发BUG尚未管理的业务。用费奥德自己的话来形容就是："我在这家公司担当了太多不同的角色，我都不能确定该叫我什么。我想你可以称为创建事件的人。"

有些事件的确有助于"创建"收入。公司1996年的收入达到了14.3亿美元，比1995年多了2.16亿美元，在过去的5年中，公司的利润平均上升了15个百分点，在1996年攀升到了9700万美元，这还不算与一次最初上市相关的价格上涨的股票和随之而来的进账。作为"关键跨越"者，BUG现在是美国东北区域最大的天然气分销商，拥有240万客户。在全年52周的营业行将结束时，公司2000年的业绩达到了高峰，首席执行官凯特尔宣称公司在2000年的每股收益将达到每股 2.4 美元，明显超出了人们的预期。

红海启示

这些专家可做对了。他们为大型团体的再造准备了详尽的专家意见，将强大的资源投入这项工作，并且使之一直受到最高管理者的领导。他们为再造的红海原则的出台搭建了一个多么好的平台啊！

原则

现在到了我们讲讲应该用于管理再造策略的红海原则的时候了。这一章的目标不是对第四章中原则的重复；相反，我们想指出这个特定的红海策略的变化和特征。

红海原则一：宣布公司进入红海

在今天的商界，当雇员一听说公司正在酝酿着进行再造，就像听到了拉响的警报。在过去的十年中，许多组织中的变革不管其核心是否为对流程的再设计，却都标上了再造的标签。遗憾的是，许多经理和商业媒体都把重组结构、拆散组织、削减成本和大规模裁员贴上了再造的标签。简言之，再造得到了它不应得的坏名声。

再造策略所有要做的，就是对那些能够提升商业成果，在执行上有根本改进的业务流程，做本质的变革。这样的商业变革将是难以设计的，而更难的是测试和实施。处于再造红海中的最高管理者面临的挑战是，确保公司的全体成员能够充分理解企业选择再造的原因，不进行再造将会带来的后果以及进行再造实践最有可能获得的成果。

作为宣布再造红海到来的一部分，我建议最高管理者为了在这个不同寻常的策略中所需的特定行为和承诺，可以使用以下的“祷文”：让我们用奥林匹克级的干劲和创造力，伴以破釜沉舟的决心来避免可能的损失。但是与其用“再造”这样的字眼来引起大家对这份宣言的关注，我们建议不如用那些能够描述再造的商业原因的字句来标示这个红海策略，比如“一流服务”或“为客户增加价值”。

红海原则二：投入最佳人员

再造是用最好的可利用的资源，在一张白纸上开创一条新路的绝好机会。

不是组织中的每个人都有远见和技能来做这种事情，组织必须找出那些对于再造的设计阶段称得上是最好的经理和员工来，不管他们现在在组织中担任的角色为何，是否重要。另外，那些对于流程再造实施阶段至关重要的经理也应被吸收进这支队伍中来。对 90 年代中期的再造努力失败案例的调查表明，其中的许多公司都未能为再造项目的人力部分提供足够的预算。选择最棒的人选来领导这个项目是非常重要的。公司利用这些人员的专业素质、能力和可靠性来领导这个过程并且得到来自于组织其他成员的支持和帮助。

和其他红海策略一样，再造需要从组织的管理层得到强有力的直接领导。每个管理者为了组织享受到成功的喜悦都必须扮演好他们每个人不同的角色。

首席执行官的红海职责

● 对组织进行再造的首要倡导者。首席执行官心里清楚再造是必需的，而且他愿意领导组织经受磨难并将之付诸实施。

● 首要的战略官员。首席执行官要确保组织的竞争战略在一开始就是清晰的。再造必须能够促进组织长期利益的发展，并且要求预先就要有对战略的清晰描述。

● 首要的流程选择者。首席执行官和首席运营官一起来为再造确定流程。对于选中哪些流程首席执行官享有最终决定权。

● 目标设立的领导者。首席执行官与首席运营官共同协作来为项目设定业务目标。

● 客户利益的首要倡导者。首席执行官要确保再造能够确实地站在客户的角度为他们增加价值。

● 首要的沟通官员。首席执行官要负责与董事会和投资者沟通，向他们解释再造成的商业原因，要达到的特定的业务目标，以及这种改变对公司的持久发展的重要作用。

● 总的规划经理。首席执行官是资源的主要提供者，内部障碍的排除者，策略执行时间表和相关的商业目标的最终掌控者。

首席运营官的红海职责

● 负责指定目标的首要官员。首席运营官要确保最好的正确的流程被指定为再造的目标。

● 目标的拥有者。由首席运席官控制项目特定的商业目标。

● 设计者。首席运营官密切参与设计，并批准那些再造成产生出的新流程。

● 再造流程的首要执行者。由首席运营官要求，那些再造所必须进行的方法性改变要按目标、按时、按预算地完成。

● 客户记分卡的日常拥有者。由首席运营官控制新组织与客户接触工作。

● 日常变革的领导者。首席运营官与规划经理协同合作，理解、确定和安排出满足再造项目的商业目标所需的所有方法变更。

首席销售官的红海职责

● 流程选择者。首席营销官直接与首席运营官协同合作来为再造指定流程。

● 客户倡导者。首席营销官要确保客户记分卡在指定的流程中填写完毕以使对客户价值的改善得到明确的重视。首席营销官还要负责在再造期间与关键客户的交互，再造的市场影响，预防客户的流失，以及将工作的重点集中在客户关系上。

● 市场信息的来源。首席营销官要能在再造期间和之后，保证首席执行官和管理团队能与市场保持同步。

● 首要的客户交流者。由首席营销官负责解释再造如何能更好地为客户服务。

首席财务官的红海职责

● 评测中的领导者。首席财务官对初步再造的结果进行评测，使再造的流程向特定的可见的商业目标推进。同时，和首席执行官协同合作弄懂再造的经济需求/收益，并形成文件。

● 资源经理。首席财务官协助首席执行官对完成初步再造所需的工作进行资源配置。

● 报酬和激励性奖金的设计者。首席财务官与首席执行官和人力资源官协同合作，以确保为鼓励再造成功中的关键组织成员而设立的货币性激励奖金按时到位。

首席信息官的红海职责

● 首要的系统搭建者。首席信息官直接与首席运营官协同合作来确保支持业务流程再造所需的信息系统的确定和实施。

● 信息技术资源的提供者。首席信息官直接与规划经理和再造项目经理协同合作，确保他们已经得到对新业务流程的确认以及再设计所需的信息技术。

● 评测中的领导者。首席信息官直接与首席执行官和首席财务官协同工作，以确保用来检测再造成结果的衡量标准和记分卡已经到位。

首席人力资源官的红海职则

● 负责执行管理的领导者。首席人力资源官与首席运营官协同工作，调整雇员的执行管理系统，将注意力集中在新的、再造后的业务流程以及薪酬激励标准的变化上。

● 组织发展的领导者。首席人力资源官与首席运营官直接协同工作来确定所有的需要再造带给大家的冲击，并解决这些问题。

● 负责员工培训和发展的领导者。首席人力资源官要确定业务流程再造需要员工具有的能力并提供培训来培养员工的这些能力。

● 重新安置工作的主要负责人。首席人力资源官要协助首席运营官处理那些不愿和/或不能与再造的流程保持一致的员工的工作执行问题，不幸的是，我们总能发现个别人，不管出于何种原因，完全地拒绝改变自己的行为。首席人力资源官要负责调离或辞退这样的员工。

虽然再造应该具有很大的影响，但是核心应该集中在特定的业务流程上，而不是整个组织上。不管所选中的要实施再造的流程是什么，整个管理层都要与之保持同步并对这种努力予以支持。

红海原则三：聚焦客户

再造可能会也可能不会直接指向增加客户价值。例如，再造可能有着直接的客户关系管理（Customer Relationship Management，CRM）目标：一部分市场是要增加客户订货流程的速度，另一部分市场则是要使开票流程畅通无阻。

而在另一些例子里，再造的目的可能只是那些与客户没有直接关系的事情，例如，降低属于生产性日常开支的成本。如果顺利的话，更低的成本最终会转化为极低的价格，所以也就有了更好的客户价值。有时也有破坏公司与客户之间关系的危险。

不管再造的目的是什么，如同我们在第四章说明的那样，客户记分卡都应该完全地作为红海设计结果的一部分。客户记分卡将成为一个单独的最重要的工具，来保持再造项目始终保持在正确的方向和解决那些不可避免的冲突。对新流程的设计有很多选择，一家公司需要找到某些方法来对这些选择进行评估。我建议使用基于对客户有价值的问题，作为在再造中做出明确选择的最好工具。询问以下的问题有助于弄清楚对设计的选择："所建议的这个再设计方案能比其他建议的再设计方案给客户带来更大的价值，还是更少的价值?"

客户记分卡的竞争对于部分应该完全地包括在再造红海当中，如果你的公司对流程的再造可能会有价值的话，那么可能你的竞争对手也有同样的想法。

设想你的竞争对手将用什么方式开展业务对你来说是至关重要的，而了解他们预期方向的最好办法就是把这些信息整理进完备的客户记分卡中。

红海原则四：树立明确的红海目标

明确的目标对于有效管理再造红海是极为重要的。所需的目标分为两类：流程目标和公司成果目标。流程目标描述的是从业务流程的再设计中要获取的预期结果。例如，一个业务流程目标可能是将新产品的开发时间从 18 个月缩短为 12 个月或是将解决客户问题的时间从 4 个工作日缩短为 1 个工作日。至少有一个流程目标应该反映公司想在客户记分卡上加分的项目。确定特定的针对公司与客户关系的目标对于保证公司的初步再造行动能沿着正确方向前进至关重要。

成果目标描述的是从业务流程再造中要获得的预期商业成果。通常的成果目标可以表述为削减成本，获取收入、增加市场份额以及收回投资等。例如，成果目标可以是增加 5%的市场份额或者是通过更快地将新产品投入市场而降低 15%的开发成本。

虽然这两种目标都非常重要，但它们在红海策略管理中的使用是不同的。流程目标对于流程再设计的质量和创造性有着很大的影响。确立一个在流程上改善 5%的目标可能会激发设计团队跳跃性的思考，而若是在流程上改善 50%的目标则要求具有革命性的思想。改善 50%的激进目标将会激发创造性的思维，但可能这并不是完全现实的期望。但是顺便说一句，我还没看过哪个最高管理团队只是因为要在业务流程上达到 45%的改善就坐立不安的。

另外，成果目标应该被确立成另一些商业目标：应是可行的但又具有挑战性的目标。在一个由现有的公司组成的成熟行业中，要在商业成果上有极大的改善几乎是不可能的。我们建议不要启动一个再造项目要求其商业目标是将所有的产品成本削减 50 万或是增加 50%的市场份额。这样的目标会被经理和员工们视为不可能达到的目标，而且对于那些努力工作的人这样的目标也算不上好的动力和方向。

但是所有的流程目标最终应该与商业目标联系起来。例如，对于再造中，指定哪些流程作为再造的对象时，这些指定是否合适。一个好的检验方法就是勾画出所指定流程的目标，预测一下这些目标可能给公司带来的商业结果。如果预测表明在流程执行上的显著改善似乎不能改进整个商业成果，那么这个为再造所指定的流程就是错误的流程。

红海原则五：为成功绘制蓝图

蓝图设计阶段的目标就是建立起一幅组织运用已到位的再造后的流程，在未来投入运营的场景。在再造的术语中，“绘制蓝图”与称作“流程再设计”的意思极为接近。但是绘制蓝图更多描绘的是整个组织的图景，而不仅仅是有关重新设计过的流程的图景。

在绘制蓝图中第一个也是最重要的阶段是流程的再设计。再造和再设计的方法在商业文献和关于实施再造的咨询公司里都是一样的。虽然在方法论中大家的用词有极大的区别，但思想是基本一致的，而且包括类似的以下一些步骤，这些步骤摘自我们公司的《为再造准备的变革管理工具箱》：

- 指定能够增加组织表现潜力的、关键的、全组织范围内的流程。
- 在客户需求，设计弱点或技术弱点方面，深入地了解这些流程。
- 确定执行目标，并对能实现这些目标的革新措施进行调查、研究。
- 设想出得到根本改进的流程的图景或远景，并让那些与这些流程利益攸关的人予以确认，付诸实施。

一旦对再设计的流程有了一个稳定的远景，就可以构建一个组织性的蓝图来给员工绘制出一幅在再造完成之后组织将面临怎样的风险的图景。因为蓝图对于再造的执行和沟通都有很大价值，所以它应该包括在第四章——红海原则中罗列的信息。

我看过太多因不能给组织提供广泛综合的蓝图而使再造项目陷入混乱的情况。许多组织所提供的信息只集中在再造的业务流程上，而没有给出员工了解整个红海策略所需的细节。对于预想的未来组织的信息，提供过多总比提供不足要好得多。

不要停止红海的设计引擎，继续你的设计步伐，对再造后组织将如何运营尚未有清晰的图景之前，不要接着去研究执行原则。在开始实施之前，最高管理者必须清楚：

- 改进了的，经过再造了的流程将如何增加客户价值和商业成果。
- 为了实现这些增长目标，组织的主要流程将如何工作。

再造实施的红海原则

再造的红海执行原则尤为关键，因为变化的流程对那些在指定的流程式围绕着这些流程上的个人工作具有非常大的裂变性影响。在《财富》的一篇综述中，汤姆·斯图尔特（Tom Stewart）写道，“所有的变化都是斗争。激烈的、横跨全公司的战争。”一旦新的设计出现，“对领导者的真正考验开始了”。

红海原则六：聚集方法

红海策略的成功执行应以确定成功所需的方法变更开始。在再造当中，从开始实施策略，焦点就聚集在指定的流程上，所以这些要改变的方法应该在流程设计步骤开始之前就确定下来。但是，我们公司还从未参与过哪个再造，除了指定要再造的流程之外，还没发现需要进行什么样的流程改变就开始再造实践的。原则六要求我们检查全组织范围内的业务流程，确保整个再造实施工作所需的所有方法性流程变更已经确定。

在许多情况下，下一步是要确定支持再造流程和/或支持使这些再造流程成为可能的工具。基本的思想是建立或购买工具，包括与再造的业务流程的细节相匹配的信息技术的应用。说起来容易做起来难，应用计算机尤其如此。但有时，公司采取另一条路线，他们只是从总体上描述了他们要再造的流程，然后以市场上选择他们的工具或计算机应用系统，只有在这时候，他们才细化自己的流程设计，使这些流程与他们所买的工具丝丝相扣。不管公司如何向前推进，其底线始终是一致的：业务流程和工具必须严格地与执行效果最大化和产生混淆最小化的原则保持一致。

再造要求人们停止按过去的方式工作而开始用一种崭新的方法展开工作。向新的方法转变要求新的岗位要求，对新的业务流程和相应工具的使用方法进行培训，以及在员工薪酬上做出可能的改变。可以把这一点讲得更清楚些，如果作为再造的结果有 1200 人要以新的方式来工作，那么这就意味着要有 1200 份改变了的工作要求，1200 个员工要通过培训，以及要有 1200 次握手，从标志员工和他们的经理在以新的方式工作上达成了承诺。

红海原则七：用规划和项目管理去构筑蓝图

一个大型的再造项目要求系统的规划和项目管理以确保所有的方法性部分都能小心谨慎地实施，我们发现，作为首席执行官和首席运营官的代表，规划经理在努力管理再造上始终都是极为重要的。在再造的早期阶段，规划经理的工作可是很难的，那时候他的主要职责是要确保进行再造努力的诸项工作已经准备就绪，在再造的设计和实施阶段，规划经理的工作变得更加困难起来，那时需要组成多个项目团队，焦点首先集中在指定流程的再设计上，然后是实施计划。

在再造的设计阶段，规划经理与资源管理者围绕着再设计创建出数个项目团队，通常是围绕每个主要的流程或是需要重新设计的子流程建立团队。规划经理的工作就是要确保这些再设计项目的团队能够得到完成他们的再设计任务所需的资源、培训和工具。

规划经理的任务常常因为所谓的“快速赢利”事件而变得复杂，“快速赢利”是指在再设计的过程中所发现的那些相对较小的变化的机会。“快速赢利”的事件可能对公司非常有价值，并且能够不等整个再设计完成就能在相对较短的时间内促进工作的进行。规划经理的任务就是尽量多地围绕“快速赢利”建立起项目团队并推动这些团队创利。速赢听起来不错，常常看起来也很简单，但是在再造中，根本没有任何事情是简单的。在再设计阶段的最后数周或数月，规划经理常常是督促着两到三个主要的再设计项目并且处理着一打速赢的项目。

要保证所有这些项目都朝正确的方向发展，平衡地分配资源并且使所有的项目团队保持合作，这是红海工作中最难的工作之一。另外，在趋向速赢的过程中，规划经理必须保证不能有任何闪失。在一个快速赢利上的失败失去的不只是一次选择；在这里的失败会把整个再造策略推进险境。

但是，对规划经理来说最关键的挑战还是来自于再造的实施阶段，这时候对再设计和方法性改变都要给予它们生命，尽快实施。它的挑战在于这时候要尽量实施蓝图，改变不能过大以免蓝图的价值受到损失。按已经精雕细琢的方式实施蓝图可能会耗费大量的精力，这时需要充足的勇气，还要克服许多困难。即使在组织中会出现障碍，规划经理也必须与首席执行官和首席运营官直接协作，确保完整地实施这些设计，这些设计不能交给现有的组织中的经理去负责他们自己那部分的流程再造的实施。这样做的话多半会带来灾难，随着接到人员合理化的流程，他们会说：“我们没必要按新的方式去做，因为实际上我们已经差不多这样做了，不是吗?”实施再造流程需要自上而下的领导，而且要进行控制以确保这些流程能创造出预定的收益。

要把扣在规划管理任务头上的大帽子去掉，考虑一下以下因素。在世界历史上可能从没有哪个大型的再造项目没有忍受着因组织其他因素变化而带来的较大的阻碍，这些阻碍可能是关键的人员变动、竞争对手的攻击或是市场的震荡。无论如何，规划经理的任务就是在平衡他的项目与当前公司的商业运营时，解决所遇到的不可避免的难题，取得再造项目的成功。

红海原则八：聚焦速度

速度是重要的。这里的目标是轻快敏捷地通过再造的设计和实施阶段。如果大型的再造有最高管理层的深度参与（他们也应该这样），那么一个完全有效的战略焦点将得不到关键执行性的关注。解决它的核心思想就是尽快完成再造策略，以把战略上的困扰最小化。

速度在实施阶段尤其关键，这时候以新的方式开始工作的裂变性阶段刚刚起步。虽然各个组织进行再造所占用的时间各有不同，但对大多数的大型再造项目来说，从对这个策略有了认真的考虑开始到策略实施完成，大致要花上 12 到 18 个月。各个项目的时间跨度可能会有极大的差异，通常是取决于信息系统要处理的数据量。另外，有的组织的再造没有完成可能是因为在下一次主要的再设计项目开始之前，若干的持续处于再优化状态的事项一直停留在管理层的议事日程中。是的，保持技术的持续领先和培养知识技能将会成为另一个主要的再设计对象。如果你的公司还未正式进行再造，你的竞争对手可能会将你打垮，远远地抛在身后。

红海原则九：满足员工的特殊需求

在再造策略的实施过程中，员工们最重要的需求是要了解在再造中公司是怎么看待他们的。考虑到再造已经有了会让员工流离失所的坏名声，在整个红海策略中坚持实施一个强大有效的沟通计划就显得尤其重要，这个计划的任务是要确保大家知道项目的下一步将要做什么，再造的必要性，以及组织的未来也即是他们的未来将会如何展开新的篇章。

除了理解组织的变化以外，人们还需要在遇到困难时能得到直接的响应和帮助。由于再造是关于如何将新知识和新工具用于工作当中，所以这时员工对提高他的知识和技能有着直接的需求。高效、迅速、及时的培训能够确保员工在重新设计的流程中更好地工作。

通常需要对那些再造项目小组的成员给予特殊的关注。在他们帮助企业设计未来的流程时让他们离开现有的工作和部门几个星期，这种情形在企业中并不少见。设计小组的普通成员将不会忽略工作保障问题，常常是在最了解再设计流程的这些人中产生对这些问题的担忧。

最高管理者，我们指的是最高管理者，必须直接参与进来，再次向这些再造小组的富有价值的成员保证，他们在未来的组织中有着大好的前途。

对于某些员工尤其是那些他们的工作从未发生过变化的员工来说，他们的一个重要需求就是要有人直接鼓励他们在变化中大显身手。虽然有些人能够很轻松地应对所需的工作上的变化，但另一些人的抵制情绪仍然十分高。对于那些拒绝变化的员工，除了给他保有一份好工作外，还要对他们予以特殊的鼓励。这些特殊的鼓励可能既包括激励他们努力克服困难又包括在言语上对他们的拒绝变革给以责备。最后，对于那些在再造的文件记录中标明是掉了队的人，特殊的鼓励可能将是直接告诉他，谁跟不上变化谁就可能立刻失去工作。

在对多位再造项目领导人的访谈中，一个反复提到的话题就是，如果他们必须从头再来的话，他们可不会再等那么久才毙掉那些落伍者，这样他们和组织都可以早点结束痛苦。

红海原则十：根据红海取得的成绩奖励管理者

你也想从红海策略中取得丰硕成果吗？那么就要激励你的关键队员去获取这些成果吧。说给钱就要给线，把你那些较大的胡萝卜挂在那些直接领导再造策略走向成功的经理面前。对流程目标和商业成果目标都要给予直接的和超出正常水平的奖励。对主要的流程进行再造，这在今天的组织中是一个艰巨的任务。如果你想把它做好，你就需要付出代价。把再造安排成最高管理者常规工作的一部分，把眼看到手的一大笔钱弄得跟当前短期的收入和利润目标无关，那么你就别想得到一个再造成功的公司。

正如我们以前建议过的那样，激励奖金应与多重目标挂钩，既包括流程目标，也包括商业目标，而且在策略完成后的一两年就要予以支付。要避免只是完成了流程目标而没有得到相应的商业成果就发放奖金的情况。也要避免把激励金发给了任何一个只是为达到再造目标而侵犯组织中其他部分的利益，却又取得了某些成果的人，在这一点上，我的意见是“就按常识来发放奖金吧”。但是，出于某种未知的原因，总有些公司不愿意在红海中对员工的表现做出恰当的激励。那么正是在这些公司里红海表现总是欠佳也就不足为奇了。

应用红海战略

再造很容易成为一个最令人困惑也是最具裂变分化性的红海策略。派有力的领导包括公司里在设计流程方面最拿手的人来争取成果，而且安排敢作敢为的规划经理，这些都能使这个策略带来赢利。

第八章 红海战略：实施企业解决方案（企业资源计划）

在这一个红海行动方案的章节中，我们将要讨论一个最难理解也最杂乱的红海策略。公司使用大规模的信息技术也已数十年了，但它们所得到的经验几乎都不足以应付实施一个企业级的解决方案。虽然在过去，公司能够投资那些可以为它们的业务量身定制的信息技术，由于现在企业系统的实施不能依客户情况单独定制，它要求组织必须针对所实施的企业系统进行重新的设计，而许多公司都未为此做好准备。这一章将以一个主题为实施企业解决方案的高阶入门开始，以对应用到这个杂乱而困难的情况中红海原则的讨论作为结束。

（企业资源计划）入门实施 ERPs

这是一片丛林

在美国的企业界，类似的讨论可能就发生在你的身边。

首席财务官对首席信息官：好吧，伯特，用 R/3（注：R/3 系统是 SAP 公司的一种高端的 ERP 软件系统）作为我们的 ERP，那么我们未来五年的拥有总成本（Total Cost of Ownership，TCO）会怎么样？

首席信息官对首席财务官：这要看情况。你要跳出这种首先按财务系统的指标想问题的模式。我们需要对我们的整个供应链进行检查。

一些 APS 公司的附件比 SAP 公司的附件对用户更友好。并且，欧尼，我们肯定想要的是完全成熟的 EC（电子商务）能力，既能进行（企业对企业的电子商务）B2B，又能进行（企业对个人的电子商务）B2C，但我不能肯定在我们现有的网络服务提供商（Internet Service Provider，ISP）平台上运行电子商务行不行。你知道，管理我们网站的那家伙……如果我们要把它们全部买进来，我们可以按照我们本来就迟早要买的新客户服务器平台的方式来搭建，而不用再买新的客户服务器平台了，只需要再提高点处理器的处理能力和再添点冗余阵列的磁盘驱动器。让我们看一看，我们需要一个好的数据库管理系统(Dtabase Mana Gement Ststem，DBMS，一种控制电脑中数据的程序，使存取信息更为方便)，一个供数据挖掘的（联机事务处理/联机分析处理）OLTP①/OLAP②架构，也需要一些使用（可扩展标记语言）XML语言的程序员。

另外，一些ASPs非对称多重处理系统（Asymmetric Mvltipro Cessing System，ASP）确实是热门的应用方案，比如CRM（客户关系管理系统），如果我们能够使正确的服务的质量（QOS）和服务水平协议（SLAs）全都到位的话，这也是个不错的选择。他们将完全改变我们的支持结构和学习曲线。这些回答你的问题了吗，欧尼？

对于公司的领导者来说，一个最头疼的问题就是要力争理解信息技术部门说话时所用的语言。迅速而完全复杂的信息技术革新已经创造了一类。技术性的缩写词，这些词刚一产生不几天就成了专用术语。受到节约时间、节约金钱，增加竞争优势，具有联动性、整体性和实用性这些极具诱惑力的承诺的吸引，公司投资了数百万美元来实施被称为企业资源计划（Enterprise Resource Planning，ERP）的商业自动化工具，或是实施更精确但是应用少些的系统，企业资源管理（Enterprise Resource Management，ERM）或是企业商业管理(Enterprise Business Management，EBS)。

对实施企业资源计划的定义

隐藏在企业资源计划系统背后的观念是：将整个公司的诸个部门和诸项功能整合成一个单一的，为每个部门的特殊需求服务的计算机系统，同时在部门(连接处）之间提供直接的联系。例如，典型的，财务部门会有一套它自己的软件系统，人力资源部门、销售部门、生产部门以及其他的一些功能部门的情况也一样，每个系统都是为了优化本部门内的工作方式。他们可能还在他们的计算机网络上运行自己的软件，而这些网络可能也还没有与其他网络相连。做出每月的商业报告可能要花数天的会计结算时间来使数据进入系统在各系统间进行翻译解释，以及使每个数据库中存储的数据保持一致。就是这样，它们的准确性还是值得怀疑。

企业资源计划将这些分散的系统合并成一个基于一个单独的数据库上单一

① 联机事务处理（On-Line Transaction Processing，OLTP）是传统的关系型数据库的主要应用，主要是基本的、日常的事务处理，如银行交易等。

② 联机分析处理（On-Line Analytical Processing，OLAP）是数据仓库系统的主要应用，支持复杂的分析操作，侧重决策支持，并提供直观易懂的查询结果。

的、统一的软件程序，它可以使不同的部门更容易地共享信息，也使公司的领导者们能够更快地看到那些公司关键的商业指标并及时做出反应。正如原料需求计划系统（Materials Requirement Planning，MRP）给生产操作带来了革命性的影响一样，如果公司正确地安装了软件，不论是技术上还是战略上都正确的话，企业资源计划系统也能给公司带来巨额的回报。

承诺

让我们以客户订单做个例子。在最简单的情况下，完成一份订单包括从客户处获取购买信息、调配好产品、运输、开票、收到货款、在公司的会计账目上进行登录，以及确认在此笔销售中应提取的佣金。在整合前的日子里，一份订单是从一份写在一张纸上的详细对话开始的。这份销售订单从一个办公筐传到另一个办公筐，用键盘敲进计算机，而且很有可能要反复输入，以进入流程沿线的每个计算机系统。这个过程的最终结果往往不是订单放错了地方就是找不到了，要不就是订单的流程耽搁了或是订单上的数量或价格有出入。得视询问订单的情况的那个可怜的客户好运，可别又接到电话，让他把那套纸质订单的流程再走一遍。

而在企业资源计划系统中处理一份订单时，销售人员和客户服务代表拥有所有完成订单必需的信息——客户的信誉等级和赊账/支付历史，仓库中的存货量以及货物运送的时间安排等，当一个部门完成了订单要求应办的程序，订单的信息会自动地依次传到下一个环节。有关订单状态的信息只要一登录企业资源计划系统，发出询问指令，在何时何地都可以轻松获取。

现实

所有这些自动化的功能都能帮助客户更快也更准确地得到他们的订单。但是所有这些自动化的功能同样也会影响到公司内部的人员。以前，每个部门的人只要做他们自己的工作就行了。如果订单是在他们部门的墙外面出了什么差错，那只是别人的问题。而现在使用企业资源计划系统，客户服务代表就更像一个输入订单的人。显示在他们的 PC 屏幕上的信息——来自财务部门的客户信用等级，来自仓库的存货状况，从客户的应收款项中提取的最后一次的支付信息——所有这些信息都使客户服务代表变成了一个商人，使他有责任做出与客户和订单有关的他以前无须做出的决定。而其他部门的员工也要面临新的责任。库存的数量可能不再显示在挂在钉子上的登记簿或是带夹子的写字板上了，库存水平的信息必须输入系统，处于联机状态，并保证随时更新，这样客户服务代表才能就存货项目引用正确的信息。

义务、责任感和沟通能力，所有这些都受到了前所未有的挑战和考验。除了技术安装方面的要求以外，企业资源计划系统的实施迫使关键的业务流程要进行变革以与系统实现匹配，同时它也要求所有与之相关的培训和岗位职责的转换。这些员工必须执行新的任务，或是同样的任务必须用不同的方式来完成，并要达到不同的执行水准。

重要的“但是”

对于企业资源计划系统最重要的警示和说明就是它代表的是一个典型的公司的业务模式，其基础据说是最好的、广泛的实践研究。虽然大多数的企业资源计划软件包都是极其综合的，但是它们中的绝大多数是为了生产单位产品的制造公司而设计开发的。企业资源计划的出品商花了很大的力气为加工厂商（例如，石油、化工、公用事业公司，这些公司在计算产量时多用流量而非单位产品的个数）修订这些软件包。由于系统的深度和复杂性，为这些加工厂商或是其他行业厂商在 ERP 软件包上所做的代码的修改将面临极大的困难，必须付出极大的努力。

这里的核心思想是使用企业资源计划系统的公司要使其公司内部的业务流程适合包含在企业资源计划软件包中的那些最佳的实践流程。正如我们在完成订单的例子中说明的那样，安装一套软件意味着要改变长久以来已建立的业务流程来适应新装好的企业资源计划软件，这也就意味着许多角色和职责要发生改变，包括那些位置已经非常高、资历已经非常深的人。对于那些未做出承诺的人可没有什么好前景。

所以用平易的英语讲出来，这个底线是简单的，但是它对许多人来说完全是革命性的。你不可能买到一个是为了适应你的业务流程而定制的企业资源计划软件包。实际上，你是在定制你的业务流程去适应你所买的企业资源计划软件。就像是要让大山向穆罕默德走过来一样（注：源自穆罕默德向阿拉伯人传教的故事：当大山肯向穆罕默德走过来的时候，穆罕默德就向大山走去。这里的用意是指，如果企业资源计划不能迁就你，你就只能迁就企业资源计划）。我们还是看到有许多公司被这种现实震惊了，尤其在他们购买了一个企业资源计划系统之后。

实施企业资源计划的理由

当然，一个实施企业资源计划的决定包括了一个让人没有喘息机会的项目，对人们和流程都是百转回肠的转变，以及甚至让最老练的首席执行官也数夜难眠的高得惊人的价格。什么样的好处才值得付出这么大的痛苦呢？在 1999

年12月22日《首席信息官》杂志的文章《企业资源计划入门》（The ABCs of ERP）中，列举了企业实施企业资源计划的三大理由：

（1）统一财务数据。不同的系统在提交财务报告时用的是一系列不同的数字，首席执行官们和各部门的主管得到的是同一事实的不同版本。一个企业资源计划系统能够得出一个事实的单一版本，这样每个人在衡量工作执行状况时，都有了一个一致的基点。

（2）使生产流程标准化。有国际业务单元的公司可能在用不同的方法和计算机系统来生产许多同样的产品。通过使生产流程标准化和使用一个单一的、综合的计算机系统，企业能够提高生产率和产品质量。新合并和收购的公司通常是企业资源计划实施的对象（或者如果它们的母公司已经实施了一套企业资源计划软件包，则它们也要安装这些软件包）。

（3）使人力资源（HR）信息标准化。在有着多重业务单元的公司，跟踪记录员工的时间和福利是一项工作量极大的工作。企业资源计划为企业追踪和交流这部分信息以及其他公司的规划和消息提供了一个简单的方法。

在《首席信息官》的文章中，作者援引了一份1999年迈塔集团（Meta Group）着眼于企业资源计划系统的收益和拥有总成本（Total Cost of Ownership，TCO）的研究报告。拥有总成本包括用在硬件、软件、产业服务以及设置用于安装和提供后续两年服务的内部职员的成本，最后这部分成本支出的必要性是在企业进行系统维护、升级和优化付出实际成本时，才会感觉到的。

● 在被调查的63家公司中，拥有总成本平均为1500万美元，成本跨度从40万美元到3亿美元不等。这么大的成本差异，使我们很难做出绝对的结论；但是只有一个用户的数字是在这个区间外没有任何价值的，它的拥有总成本为53320美元。

● 研究发现从新系统到位8个月后，从企业资源计划项目初步启动总共31个月后，企业才开始看到收益。从这个新的企业资源计划系统中获取的年节约额平均为每年160万美元。

公司的牙根管：为什么企业资源计划的实施是红海环境

在预算和计划阶段稍有疏漏就可能会使企业资源计划的实施成本失去控制不断地急剧上升，企业资源计划项目几乎比任何其他的信息技术项目可能带来这种情况的速度都要快。只要一提又要进行另一个企业资源计划项目就会使许多组织的经理望风而逃，匆匆寻找避难的。躲避预算破产的坏名声，以及危及其事业的系统实施，就像《华尔街日报》、《商业周刊》、《财富》以及其他一些出版物所描绘的那样，企业资源计划实施的特征“如同企业的牙根管”。

这样说不是没有道理。根据哈佛商业学院的罗伯特·奥斯汀（Robert Austin）和理查德·诺兰（Richard Nolan）对企业资源计划实施的研究，值得注意的是，有65%的管理者相信由于实施中的难题企业资源计划系统至少有一般的破坏他们业务的可能性。在1998年名为《混乱》的报告中，斯坦迪斯集团（the Standish Group）发布了一些有关8000个软件项目（不全是企业资源计划项目）的令人瞠目结舌的结果，它表明相当数量的项目所用的时间和成本超出了预算，而结果并不尽如人意。根据他们的调查：

● 这些项目所用费用平均超过预算的90%，所花时间平均超过原定进度的120%。

● 有31.1%的项目在完成前就早早被取消。

● 所有项目中有33%的项目超出了预算并延时。

● 有52.7%的项目的花费是预计的189%。

● 只有16.2%的项目会按时、按预算地完成。

● 平均的进度超时为预计的222%。

实施一个企业资源计划系统是一次运用战略的思考、准确的计划以及在多重的部门、功能之间和之内进行法制协商的实践。在开始实施之前，执行官和经理们一定要留心有关的成功因素。正如由学者们研究实施中关键的有争议的问题而做出的报告《信息系统管理》(Information Systems Management) 中所说的那样："一旦企业资源计划系统已经实施，再想回头就会极其困难；要想消除企业资源计划给公司带来的改变实在是太昂贵了。"企业资源计划项目包括改变公司工作的方式，而公司（这里应该说是领导者）正应该对此负责。要埋怨是技术的复杂性造成这些昂贵的错误当然很容易，但是（这里又有一个重要的"但是"）技术本身并不是要解决的最大难题。糟糕的计划和/或差劲的项目管理在实施中的明显的错误中名列榜首。名列前十位破坏预算和戳穿泡沫的因素包括：在测试和整合上的困难、数据转换上的困难、培训上的困难、扩大项目范围上的行动迟缓、咨询服务上的行动迟缓以及员工的幻想破灭和失落。德里克·斯莱特（Derek Slater）对以上问题进行较全面讨论的文章《隐藏在企业软件成本背后的东西》(The Costs of Eneteprise Sofware) 可以通过登录〈www.cio.com〉得到。

在本书付梓的时候，一个新的名为拓展了的企业资源计划（extended ERP）的浪潮正在兴起，这种企业资源计划运用一个单一的系统将公司和它的供应者和客户全部联系起来。如果说实施一个企业资源计划是一个红海，那么实施一个扩展了的企业资源计划就是更深的红海，它需要更多的小心和注意。总而言之，工作表现下降的最常见原因是每件事情做起来都与以往不同，要在新的系统中用新的方法来工作，人们还需要些许时间去适应和调整，这一点无论是在一个企业资源计划还是一个扩展了的企业资源计划中都是相同的。如果只用扭动开关工作就能做得更好就好了，可这种情况只是例外。随着错误和挫折级别的上升，在一切步入新的轨道之前管理层会出现恐慌情绪，并且业务也会有所停顿。

没有哪本有关企业系统的入门书，没有一些在这个红海中成功和失败的真实案例就草草结束的。选择这些简短的例子是为了向您表明实施企业系统的真实情况是多么的混乱不堪。这些例子有望证明需要大量的领导才能使这个策略处于掌控之中，而使技术实施与对业务流程和执行系统的修改在时间上保持一致也极为必要。

一曲忧伤的布鲁斯：W.L.戈尔（W.L.Gore）

失败的企业资源计划尝试太多了，这些失败的公司失去的不只是投资在系统上的资金和支付给咨询公司的数百万美元，还包括他们的大部分业务。在1999年11月，W.L.戈尔联合公司，[一家私有的电子元件、外科医疗器械、胶布和密封材料以及户外饰品（如Gore-Tex® 牌纺织品）制造商] 向人民软件公司（People Soft）和德勤会计公司（Deloitte及Touche）提起诉讼，提出这两家公司给戈尔不恰当地安装了人民软件的人力资源管理系统，致使戈尔的业务受到了损害。

诉状声称德勤公司并不如他们声称的那样是人民软件的专家。一位戈尔的代理律师，杰伊·艾森霍费尔（Jay Eisenhofer）说德勤的团队总是拨打人民软件的客户服务电话热线以寻求指导和帮助。

非常奇特的是，唐老鸭这个人物加入了这场争论。为了测试系统，德勤的团队用像唐老鸭这样的迪士尼动画角色伪造了数份虚构的员工档案。艾森霍费尔告诉《华尔街日报》的记者，德勤的团队在输入了这些档案后却调不出这些虚构的人名，而当1997年7月系统投入运行时，系统打印出了唐老鸭和他的伙伴们的工资、福利和税务清单，并使正常业务遭到中断和破坏。

在1999年11月号的《信息世界》（Info World）的文章《咨询公司、企业资源计划公司面临着关于人力资源应用软件的诉讼》中，艾森霍费尔说："在系统投入运行的非常短的时间内，戈尔公司的企业资源计划系统中的人力资源、福利以及薪水册管理功能就陷入了一片混乱。戈尔联合公司没有获得收益，我们用该系统无法跟踪假期时间或是福利信息。"据说戈尔又从人民软件购买了另一个咨询团队的服务，目的是删除这些卡通人物的名称，并重新安装软件。

按照诉状，戈尔为软件的运行付给了德勤将近 280 万美元，这还不包括购买软件本身的花费，但是由德勤估计的数字比这一半还要少。戈尔指出德勤的欺骗、忽略以及派驻能力不够的咨询师入主该项目，使公司造成损失，公司要求德勤赔付未详细统计的损失加上赔偿计 2.8 美元的执行费以及另外的 65 万美元，在类似这样的案件中，法庭常常判定三倍的赔偿金。

在文件归档的时候，德勤和人民软件都没对诉讼发表评论。但是后来，德勤的发言人在 2000 年 7 月 17 日的《商业周刊》（Business Weekly）的一篇文章《首先，起诉所有的咨询公司》中说，所分派的任务是本着让“客户满意”的宗旨来完成的，德勤怀疑在戈尔试图在自己身上引发变革时问题已经发生。

在这个故事中，文化也扮演了重要角色。戈尔曾经被《财富》杂志评选为美国的 100 家最适合工作的公司之一。它并没有传统的管理结构。它是以达成共识为驱动、松散型结构著称的家族企业。联合者，而不是雇员，直接互相沟通并为他的多学科团队的伙伴成员负责。发起者，而不是老板，按照这些联合者的技能和兴趣来指引他们完成项目目标，帮助他们设计他们的职业发展道路，以使他们为企业做出最大的贡献。领导者是自然产生的，决定因素是所谓的“追随者的意愿”。明显地，一些戈尔的员工也承认他们公司独特的文化和结构可能是造成实施困难的因素之一。

红海启示

启示很简单。不要在“以共识为驱动、松散型结构”的公司中尝试这个红海策略，红海需要清晰的方向、步伐紧密的协作配合以及立竿见影的结果。与其说这个策略适用于不同寻常的业务，不如说它更适用于普通的业务。

也有唱赞歌的：雪弗龙（Chevron）

正如我们已经看到的，对一个巨型企业资源计划系统的实施成本失去控制将可能终结管理者的职业生涯以及毁掉大型咨询公司的声誉。对 SAP 公司的 R/3 系统的实施，是雪弗龙的信息技术经理所实施的一个充满危险的项目，但是他们避开了许多大的陷阱。

实施 3 年了，该项目的工作还停留在日程表上，但预期的用户数量已是原来的 4 倍，达到 1 万，而对成本的估计也上升了 1/3，达到将近 1.3 亿美元。雪弗龙的首席执行官肯·德尔（Ken Derr）镇定地给这个可能是世界上最大的 R/3 实施之一的项目开启了绿灯。据 1997 年 3 月《电脑周刊》（PC Weeky）的一篇文章《平滑前进》，雪弗龙高级财务信息系统的项目经理诺曼·奥斯本（Nornan Osborn），引用德尔的话说：“看起来我们走上了正确的轨道，看起来我们已有足够的理由随我们收益上升而付出成本。”这不是你预计的反应？当然，这个故事还有更多的东西。

对这个 R/3 项目最初的支持来自雪弗龙的首席财务官，他想更换公司的将近 200 个使用了 25 年的财务系统和流程。在对企业资源计划软件包进行了一次评估之后，公司选中了 R/3 系统，并决定在雪弗龙（Chevron's Warren Petroleum Subsidiary）沃伦石油子公司（一个类似其母公司的一体化综合石油业务公司）进行试运行。据各方评价，在这个附属公司的这次企业资源计划实施及实施的结果都非常成功。正如在一篇发表在《PC 周刊》上的文章中，这个实施小组的一位成员骄傲地说：“我们使这个项目成为由最高管理层推动的，从一开始就极为强调管理变革的项目。这不仅仅是实施 SAP 软件，更是使一个古老的、缺乏弹性的组织做好准备来迎接不可避免的变革。而且我们的工作简直顺利极了！”

高层管理者已经开了绿灯。但是，雪弗龙蒂姆·泽尔（Tim Zell）的首席信息官，在 1998 年 8 月 17 日的《行业周刊》（Industy Weeky）的一篇文章《验证积极性》中说，“在制定初次行动战略时，我们不能让个别企业来为该项目的收益负责。”所以实施小组并不急于在所有的 15 个营运中的公司中全面展开实施，而是由信息技术项目的领导者让每个公司先找出他们自己的业务项来，看看实施成本和最低要求的收益到底是多少。有了这些工作的推进，实施小组对他们上交给首席执行官的决定就有了关键的商业数据作为支持。另外，在实施团队为大举实施赢得支持的同时各运营公司的最高管理者也花费了必要的时间和努力来理解这个系统的好处和局限性。

在用九个月在系统上装配好业务项后，公司发布了一个从 7500 万到 1 亿美元的总的实施成本计划。财务流程的现行成本是每年 1.24 亿美元。初步的应用于系统的业务项表明每年成本至少会减少 2500 万美元，随着系统的用户扩展至 2500 个，3~4 年就可以看到收益。

那么在这个“游戏”中危险的时刻是怎么到来的呢？结果证明，大多数的业务项都低估了日常费用、实施成本和投资的回收期。在 1994 年实施完全展开时，这项活动的影响范围开始迅速变化。许多运营的公司想扩大实施以覆盖更多的功能和用户。当 SAP 开始介绍 R/3 的新版本所具有的新的订购和项目管理模块时，这些营运公司也想得到这些功能。

实施小组通过持续地要求投资收益率（ROI）和要求每个项目扩展的新内容都须有证明此内容必要性的业务项，使各公司对使用更多技术欲望有所控制。为了避免令人不愉快的质疑，他们坚持把向前推进的努力和结果与高层的领导人沟通。最大的成本上升和最错综复杂的情况出在新系统与原先遗留下来的系统间建立连接的时候，以及在进行“压力测试”以确信 R/3 系统能够处理好新的繁重的工作负荷的时候。简单明了地说，对额外的计算机硬件的磁盘存储的需求会迫使任何项目的成本上升。

但是实施小组确实做了一些革新来保持成本处于控制范围之内。用户的数量扩大到 1 万。培训这些新增用户的成本能把预算和潜在的投资收益率（ROI）吹破成不可收拾的碎片。在首次试运行时，雪弗龙用的是标准教室来培训覆盖 R/3 系统的内容、与系统相关的新业务流程以及单人机的使用。培训价格是每个用户 4000 美元。因为 4 千万美元的培训成本将改变原有的预算，实施小组决定要开发他们自己的以计算机为基础的培训（Computer-Based Training，CBT）软件。他们以计算机为基础的培训软件具有动画、帮助专栏视窗以及在线的快速参考，并取代了原有的课堂培训，减少了一年的教学系统。用户必须进行一个 40 小时以计算机为基础的培训并要通过考试才能获取合格证书。

这个实施团队变得如此精干，以至他们同时将 R/3 系统在五个营运公司中首次运行。奥斯本（雪弗龙高级财务信息系统的项目经理）说，实际上，这是能使项目保持进度的唯一办法，虽然在项目的实施范围上已经有了相当大的扩展。在项目进展的后期，雪弗龙把那些原始的业务项重新拿出来对它们的回报进行了评估。实施小组计划用同样的模式像冲压单位模件一样来使用更多的 R/3 功能模块，如销售和分销模块，沿着这条路把 ERP 的实施向纵深推进。他们坚持对业务项和投资收益率进行仔细的文档记录，并对执行预期进行了非常小心的管理。

红海启示

将最棒的队员投入比赛，保持最高管理者的领导权威，在企业系统开始运行之前就按它所要求的努力程度进行彻底的行动，并且坚持不断地学习。

红海原则

红海原则对于企业系统实施的成功至关重要。这一章建立在第四章的基础之上，并将包括许多重要的变化和区别。

红海原则一：宣布公司进入红海

虽然组织中几乎每个人在公司合并时都会认出这是一个红海策略，但很少有人能够认识到实施一个企业系统同样是一个红海策略。毕竟公司所实施计算机系统已经许多年了。实施企业系统又有什么大不了的区别呢？始料不及的答案恰恰关系到每件事情在给组织提供管理工具时企业系统带来了两个关键因素：组织中以前从未打通过的各部分间的连通性以及“拷”入系统中的标准的业务流程。大多数的公司都运行过一次只影响一个功能领域的软件，像一个新的财务软件包就只影响财务和会计部门。而实施一个企业系统可能会同时波及数十个部门，它要求这些部门中的人员承诺按照从前使用过的方法一起协同工作。

这些部门通常已经在使用一个他们相信是第一流的或是属于他们自己的计算机系统了，他们相信这个计算机系统给他们带来了竞争优势，从使用自己的一套计算机系统变为使用一个企业系统，象征着组织战略上的变革。也就是说，各部门现在将要使用的恰恰是和他们的许多竞争对手使用的解决方案类同的标准化解决方案。这些部门的成员必须将他们原有的“我们的系统是特殊的，我们需要不断地改进它”的心态改变为“我们的系统并不特殊；它是标准的、现成的产品，其软件开发商会通过周期性地发布新版本来提升软件的性能”。在标准解决方案上大大增加的联系和调整代表着组织上的重大变化，包括信息技术和用户部门的双重变化。

使问题更为复杂的是，来自企业系统的价值通常在初步实施的时候并不能获得，而是要通过随后的系统应用以及流程改进才可获得。也就是说，一旦系统已经进入实施，并且用户开始在各个部门间用更相通的方式一起工作，执行效果提高的机会常会显现出来。但是，为了得到提高，用户协同工作的方式往往需要更进一步的变革，也就是达到某些人称为“实施第二波”的阶段。对于许多公司来说，第二波是一个很成问题的阶段，因为员工们在初始的实施阶段已经焦头烂额、筋疲力尽了。对于这些用户来说，在他们还在舔舐第一波留下来的伤口时，甚至只要一听到第二波，都会觉得头疼。

最初很快就会遇到的最大难题就是要把实施一个企业系统是一个真正的红海策略的观点推销给最高管理者。显然，如果一个业务项还没有创造出潜在的巨大收益，管理层根本就不会考虑实施。但往往，这些业务项潜在的巨大损失还未出现。不知道为什么，在与企业系统软件的经销商的会谈中这个问题根本就未论及——真是太奇怪了！在考虑是否上马一个企业系统时最高管理层要做的第一步就是对数个已经完成了类似的企业系统实施的公司，进行应有的极为仔细的调查研究。如果这份应做的努力做得足够彻底，考虑实施企业系统的公司就会发现许多公司都会告诉他，这样的一个实施可能会是多么困难，多么让人心烦意乱，局面可能会是多么混乱不堪。

如果最高管理者把这份应该做的努力做好了，他们将会理解其他公司已经发现企业资源计划的实施会是一个多么艰巨的工程，这时他们将会想到企业系统的实施是一个红海。信息技术专家因为企业系统中的技术知识含量也会认为这是一个红海。他们将会理解他们将要承担的是一个大型的困难的项目。组织要准备的最后一个挑战就是要说服这个系统的用户，他们将要做的是比几乎任何人所做的都更难的工作和改变。

我们相信当最高管理者决定要实施企业系统时，他们必须要宣布这是一个红海。这份宣言应该既包括实施可能会带来的巨大的胜利或是超额的盈利，也应包括如果实施失败，自然可能带来的巨额的损失。最高管理者也必须为至少在第二波的实施中可能出现的数月极为困难的工作进行辩护。坦白讲，我想不到比《华尔街日报》所用的词能更好地形容这种困难了，那就是“企业的牙根管”。

红海原则二：投入最佳人员

对一个企业系统的实施是一个自上而下的管理实践。光在软件上就花去1500万美元到2.5亿美元，另外还有系统整合、文档处理、培训以及管理变革的花费，投入这些资金的公司希望组织能利用这个系统将为公司赚钱。在公司环境中，用户要适应是使用还是放弃一个新的计算机应用决定于他们对一个企业系统软件的偏爱和引进。一个企业系统是一个惊人的改变。只有组织中在行业和人员方面都是最资深的管理者才有权威和能力来做出上马企业系统的决定，并使之付诸实施。虽然许多首席执行官都试图逃避这份责任，但是事实表明，那些拥有成功系统的组织都有敢作敢为的首席执行官来积极地领导系统的实施。

与通常大家的认识相反，在系统实施中第二个最重要的管理者是首席运营官，他代表着将用系统来工作并使之为公司赚钱的广大系统用户群。首席运营官对用户为使用新的企业系统做好充分准备直接负责。充分的准备包括许多东西，不只是培训那些技术上的点缀。准备包括改变所有与系统连接的业务流程，以保证业务流程与企业系统的一致性，并且相应地要改革用户的角色和职责。在那些只选择一个企业系统中的部分模块，如财务模块和人力资源模块，实施的情况下，那些负责目标功能领域的组织最高执行官们（例如首席财务官或是首席人力资源官）要主动地承担他们刚与首席运营官讨论过了的、属于他们的那部分职责。

第三个最关键的管理角色是首席信息官，他通常负责为公司提供信息技术资源，而在这里，他必须要确保企业系统在技术上的成功实施，在实施过程中，首席信息官会被多次要求成功实施管理团队的日常领导者。精明老练的首席信息官在领导实施小组时会提醒首席执行官什么时候、什么地点，是他能用自己的权威来支持系统的，他会与首席运营官协同工作来确保用户的准备工作按照所需要的程度向前推进。

每个最高管理者都将扮演一个红海角色。也就是说，他们每个人都应于他们在公司的日常运转中每日的工作和通常的职责之外，在红海行动中担当起一份重要而可见的责任。

首席执行官的红海职责

- 面对公司的首要倡导者。首席执行官要确保公司员工能够充分理解要转而使用新的企业系统的原因，这个转换将是组织性的实施，需要员工对这个系统能够很好地接受并使用。
- 首要的客户倡导者。首席执行官要确保客户目标在实施的目标列表中上升为首位。
- 面对董事会和投资者的首要倡导者。首席执行官的目标是要保证董事会能够获悉、参与和支持对企业系统的实施，特别是当不可避免的障碍出现时。
- 首要的沟通官员。首席执行官要负责解释在公司中实施新的企业系统所代表的新的组织战略。对许多公司而言，转而运用企业系统是公司在运营方面的一次大的飞跃。
- 规划管理办公室的拥有者。这间办公室每天都为支持首席运营官在用户准备和首席信息官在技术实施中的工作而开放。首席执行官通过规划经理的工作，要必须确保在实施过程中企业系统的实施要围绕着、从属于，并且通过每日的业务改变来向前推进。
- 总的规划经理。首席执行官是资源的主要提供者，内部障碍的排除者，以及预算和时间的最终掌控者。

首席运营官的红海职责

- 首要负责用户准备的官员。首席运营官要负责使用户对新系统的使用做好准备，就好像技术实施已经完成了一样。
- 每日变化的领导者。首席运营官和首席执行官规划经理一起工作以了解在业务流程、工厂/设备以及使用工具上，哪些变化对于转化为新的系统是必要的，并且领导所需的流程变更和工厂改造。
- 首要的执行官员。首席运营官及其直接报告者将是在实施过程中和新系统启动后，在现场负责组织执行的人。
- 客户记分卡的日常拥有者。首席运营官负责为了产生出所期望的客户记分卡组织所必须改变的那些部分。

● 首要的执行改进官员。首席运营官的工作是要确保从企业系统新的联系中得到长期的执行改进。

● 每日管理合作的领导。首席运营官在管理团队集中于与实施相关的内部事务时提供领导(首席执行官既负责内部事务又负责对外事务)。

首席信息官的红海职责

● 首要的技术官员。首席信息官要确保企业系统的技术实施能够恰当地完成，并确保与系统实施相关的风险能够得到管理和降低。

● 首要的信息技术战略家。首席信息官要确保公司的技术战略要与新的企业系统协调一致，并且在系统实施之后，与首席运营官直接协作，以确保在全组织范围内使用新系统所带来的执行效果，被认识、巩固并得到技术性的支持。

● 信息技术资源的提供者。与规划管理者和首席运营官直接协作，确保用户准备过程中可以用到信息技术资源（如在企业系统上提供用户培训)。

● 评测中的领导者。首席信息官直接与首席执行官和首席财务官一起工作，使评估系统实施结果的评估标准和记分卡准备就绪。

首席销售官的红海职责

● 客户倡导者。首席销售官负责关键的客户关系和市场影响，并在实施期间将精力集中在客户关系上。首席销售官也要负责客户记分卡，以展示系统实施将如何增加客户价值。

● 市场信息来源。在系统实施期间和之后，首席营销官负责使首席执行官和管理团队与市场保持同步。

● 面对客户首要的沟通者。首席营销官负责向客户解释系统将如何为他们创造价值。

● 面对公司的首要沟通者。首席营销官负责组织成员始终了解系统的实施会给客户带来的潜在影响。

首席财务官的红海职责

● 评测中的领导者。首席财务官负责评测系统实施的结果，在必要时候可以做一些调整以使记分卡保持平衡。

● 资源管理者。首席财务官负责协助首席执行官，提供实施系统的资金来源。

● 在对系统的投资上，为谨慎起见而故意持不同意见的人。

● 工资和奖励机制的设计者。首席财务官与首席执行官和人力资源人员协同工作，以确保激励关键组织成员在短期内实施系统和在长期内提高执行水准的货币性奖励已经准备就绪。

首席人力资源官的红海职责

● 员工的领导者。在公司最优秀的人员忙于系统实施和用户准备时，首席人力资源官负责确定并找出经营日常业务的人选。

● 首要的人力倡导者。首席人力资源官负责监控组织中工作的压力和紧张程度，并在需要的时候提供支持。

● 执行管理的领导者。首席人力资源官负责使员工的执行管理系统与企业系统的业务流程和工资奖励标准的变化保持一致。

● 负责报酬的领导人。首席人力资源官与首席执行官、首席财务官协同合作以使激励组织成员在短期内实施系统和在长期内提升全组织上的执行水准的货币性奖励已经准备就绪。

● 各级管理支持的提供者。首席人力资源官负责提供受过培训的人力资源多面手，以协助各级管理者能够充分应用新的企业系统。

实施一个企业系统不只需要强大的、具有权威的个人领导者，它还需要第一流的管理团队的协同合作。虽然在许多组织中都有把企业系统的实施看做只是首席信息官的事情的倾向。我们还是要强调，管理团队一定要完全地走在一起来完成这项工作。有最高管理者参加的团队建设会议可能是需要的，这样的会议可以始于分享有关别的公司在进行类似的实施所得到的结果这一类必要的争取收集的信息，进一步扩展到对红海角色的清晰分配。

这个红海策略典型的是经销商所热望的。实施系统的公司可能将会与系统经销商、系统整合者以及各种各样的培训、文档、变革管理公司进行广泛的接触。所以对经销商的选择以及在系统实施进展过程中对他们的管理也就成了实施中至关重要的一环。我的经验是，最好的经销商管理来自于给规划经理赋权，规划经理反过来直接为首席执行官工作，这也就确保了在每个需要管理职权的单个点上的指令都能下达给经销商们，并能解决他们之间难以避免的冲突。

红海原则三：聚焦客户

再没有比在实施一个企业系统的时候更可能忘记客户了。虽然取得更好的处理客户事项的能力通常是组织转而使用一个企业系统最有力的原因之一，但是在战壕中的战斗有时过于困难和激烈，以致人们稍不注意就会忘记客户。

我们相信，实施企业系统的公司必须要完成一份客户记分卡（类似我们在

第四章中展示的客户记分卡）来作为设计结果的一部分。客户记分卡应该显示出那些使用了新的企业系统将会产生积极影响的公司的产品和服务的属性。这些属性，诸如提交一份订单的时间。订单信息的可获取性，以及要获取订单状态信息所需的联系编号等，如果实施成功，都有可能受到直接的影响。

使用客户记分卡将确保客户可以发出自己的声音。另外，客户记分卡也成为“要把保持客户价值作为系统实施的核心”的正式特征。毕竟，如果新的系统不能帮助公司更好地为客户服务，那么，所有这些实施中遇到的麻烦还真的值得吗？

红海原则四：树立清晰的红海目标

需要三类目标来有效指引企业系统的实施：技术实施目标、用户准备目标以及商业成果目标。为技术实施树立的目标应该能够既为信息技术部门也为系统集成者很好地理解，因为往往雇用系统集成者就是为了协助公司的信息技术部门更好地展开工作。这些目标通常要围绕着实施的时间表和预算进行设定，根据所实施的企业系统的模块的不同而有所不同。预算目标对于企业系统的实施至为关键，因为其价格常常会达到数千万甚至数亿美元。这些技术目标对于详细的规划和项目管理的有效性至为关键，我们将在原则七中做进一步的讨论。

为系统用户的准备情况树立目标同样极为重要。常常受到忽略的是，用户群在技术准备好的时候必须也为使用新系统做好准备。在这里，最简单也是最有效的目标就是为每个用户群或部门制定时间表。显然，上级管理者必须协调技术目标和用户准备目标使它们在实施时间上保持一致：技术系统应该恰在已有证明表明用户为使用该系统已经做好准备时交付用户使用。另外，上级管理者应该为用户准备设定预算目标。指导方针是预算范围可以从少的占到企业系统技术成本的10%到多的占到企业系统技术成本的30%，预算额轻易就会达到数百万美元。

传统的企业实施目标是按时、按预算地完成那些描述着企业系统将会为公司所做贡献的目标，而管理层必须要跳出这种思维定势。我看到过两种为企业系统实施设定的不同种类的结果目标。第一种目标集中在节约的资金数额上。我已经发现这种目标的结果很难评测却很容易捏造。我更倾向于推荐第二种成果目标，这种目标集中于一些对于整个美元花费所影响的公司表现进行精确评估的方法。例如，我们刚才提到的第四章的原则三，我们给出了一个客户记分卡的例子，包含了三个可以作为实施目标的属性：提交一份订单的时间、订单信息的可获得性，以及要获得订单及其状态信息所需的联系编号。一个企业系统的实施若能满足以上的三类目标，那么就肯定能为公司提供长期的收益。

这三种目标，即技术目标、用户准备目标以及成果目标，必须要协调一致，以确保为实施管理提供良好的引导。显然，我们不想因为要完成某一类目标而占用了另一类目标的预算，并且我们肯定不想忘记，实施企业系统的真正目标是至少要为公司带来积极的影响。

红海原则五：为成功绘制蓝图

企业系统实施中红海蓝图设立阶段的目标是给组织建立起一个深具说服力的图景，即公司在使用了新的企业系统后，将用不同以往的充满希望的工作方式来工作，而且能把工作做得比现在更好。

描绘组织在红海策略完成之后将如何工作的图景越美好、越完整，公司进行一次成功的实施，完全地实现目标的机会就越大。

蓝图应该清晰而准确地表明组织在那些对于红海战略极为重要的方面将如何行动：

- 使用一个行业标准的企业系统而不是组织可能在以前已经用过的定制的或是自己的系统。组织必须明白新的软件系统将不会为了满足公司的每个需求而量身定制。必须要强调清楚的是，企业系统可能会也可能不会在每个特殊的情形下都比公司现有的系统更好。转而使用企业系统是为了在组织的不同部分之间获得连接，并且转向一个标准的解决方案并不要求它是为内部定制的或是为了发展内部应用才采用的。
- 利用企业系统来为客户服务。蓝图要按照客户记分卡绘制，并以此来指引成果目标的设定。
- 将使用新系统作为构成每日例行的工作执行必不可少的一部分。
- 员工运用该系统处理人力资源管理要求其完成的相关事项。这种功能用于包含人力资源模块的企业解决方案。
- 员工横跨组织（连结点）协同工作。为了公司整个执行水平的提高，员工将彼此协作来处理事务和解决难题。
- 把握企业系统的变化。系统将通过系统新版本的发布而升级，而不是应内部改制的需求而更改。

设置完蓝图是红海设计的最后一步，通过描绘组织在实施了企业系统之后必须呈现的面貌和运作的方式，而与客户记分卡和红海目标紧密相连。

别走开！在一幅关于改进了的业务设计的清晰的图景出现之前，不要急着进入下面的红海执行原则的章节。

- 清楚地了解红海系统实施将会给客户带来怎样的积极影响。
- 在该策略的实施目标和最终成果上有清晰的目标。

● 组织拥有在实施完该策略后完备的蓝图，指出组织将怎样利用已经实施了的系统来更好地开展业务。

执行一个企业系统的红海原则

红海执行原则对企业系统的实施尤其重要，因为红海目标和蓝图对于组织来说很可能代表着广泛的、具有挑战性的变革。在这个实施阶段需要强大的领导力量。

红海原则六：聚焦方法

这个阶段的目标就是确定出组织要实现蓝图所必须改变的那些方法性部分。同样，这些方法是：

● 业务流程。

● 支持这些流程所需的工厂、设备以及工具。

● 帮助将员工的行为集中在这些流程和工具上的执行系统。

对于一个企业系统的实施来说，确定和改变方法将会是一个主要而困难的举动。困难大小取决于组织现有的业务流程与合并进企业资源计划系统中的业务流程的相似程度。但是，在我看到过的所有例子中，任何企业系统的实施，在业务流程上进行相当数量的方法性变动都是必需的。

● 业务流程。组织将要做的事项的详细步骤。对于一个企业系统的实施来说，主要的流程任务是改变现有的业务流程来与固化在企业系统内的那些流程保持一致。举例来说，一个实施企业系统的公司可能有一个购买流程，它要求参谋人员在启动它们现有系统内的自动购买订单的功能前要有一个进行信息收集的步骤。而实施一个新的企业系统在启动购买订单的功能前可能要求的是与以前不同的信息收集步骤。这些由新系统产生的，因下述购买订单的步骤和方式的不同而构成的在业务流程上的改变，需要进行彻底、全面的考虑，测试，写入作业程序，并加入采购人员将要使用的培训计划中。

● 工厂/设备/工具。公司员工用以支持业务流程的具体项目。在本策略的情况中，主要的项目就是企业系统本身。对一个企业系统的实施来说，其他的信息系统常常会与之并行实施，这样就使整个实施环境变得更为复杂。例如，客户关系管理系统就常常是与企业系统一起实施的。

● 执行系统。组织关于角色、目标、培训计划以及激励机制的集成也需要反映出业务流程的改变。对企业系统完全的实施将要求所有接触新系统的员工在他们角色的某些方面进行改变，并要接受培训学习使用变更后的程序和新的企业系统。

红海原则七：运用规划和项目管理来构筑蓝图

作为首席执行官的得力助手，规划经理要做的工作应该立刻集中在同时做好两件事上。其一，确保企业系统和任何其他的附带的技术系统能够按目标、按时、按预算地在技术上得以实施。其二，规划管理也必须确保用户为系统实施做好彻底的准备，当用户一准备好，新系统就能投入运转。要并行地完成这两个任务，不只包括大量的计划和每日的监督，还包括与有着不同任务和优先事项的技术小组和用户群一起横跨组织的许多生产线、流水线协同工作。

组成企业系统实施规划的项目最好能围绕技术系统和受影响的用户群来组成（见图示 8.1）。在项目组织中，包含一些多功能的成员是很有帮助的。例如，集中于配置和实施企业系统的技术项目团队应包括一些用户以确保用户能发表他们对系统的看法和意见。对用户准备项目的设计要求通过用户准备项目使业务流程与技术系统保持一致，改变用户的角色和职责并提供相应的业务流程培训。不与技术项目人员加强沟通和合作，用户准备工作就不可能成功地向前推进。

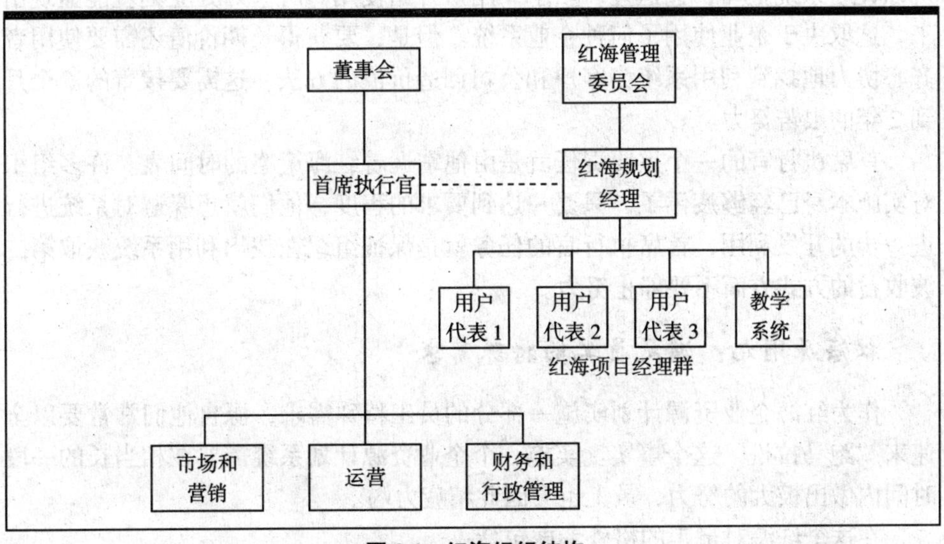

图 8.1　红海组织结构

一旦企业系统已投入使用，规划管理者就必须把重点转移到开发利用新的系统来为公司创造优势上来。组成企业开发利用规划的项目最好能围绕着那些既能为内部客户服务，又能为外部客户服务的全组织范围的业务流程展开。项目团队也需要由跨功能的人员组成，以找到组织通过使用新的系统更好地协同合作的工作方式。

规划经理应该始终保持活跃，直到最高管理者对于系统实施所实现的成果目标已经表示满意。从这时开始，规划管理的工作可能会有所中断，直到企业系统又遇到了下一个障碍，即由公司管理层决定对公司有益的对下一个版本的企业系统软件的实施，规划管理才开始继续发展作用。而在实际情况中，有些规划管理几乎还没完整地完成一个系统的实施和深度开发周期，就开始着手处理另一个最高管理者决定要实施而新购买的系统版本了。实施新版本的企业系统可能会也可能不会成为下一个红海，这取决于相关的流程变更的数量。买家可要小心了。

红海原则八：聚集速度

因为企业系统实施的目标就是使公司能够以联系更为紧密的方式运营，所以越早进行系统的实施和开发利用，效果就越好。系统选择和技术实施的时间跨度通常为 12~24 个月。这意味着，在那段时间结束后，公司应该拥有一个在技术上可以运行的系统。如果用户群已经同时做好了充分的准备，那么公司就可以让新系统上马，让这些“新手”用户开始使用。有些好处立刻就能显现出来，这取决于企业使用了何种企业系统。但是，要获得长期价值还需要使用者齐心协力地找到利用系统为客户和公司创造价值的方法，这需要接着的 6 个月到 2 年的艰苦努力。

首席执行官的一个重要责任就是由他掌握着红海策略的时间表。许多组织对实施本身已经够疲倦了，只要一达到要求的程度，他们就想躲避对系统进行进一步的开发利用，首席执行官的任务就是保证组织在找出利用系统获取第二波收益的方式方面不要停止努力。

红海原则九：满足员工的特殊需求

作为红海企业资源计划实施一部分的员工特殊需求，源自他们常常要以全速来“跑马拉松”这个事实。实施一个企业资源计划系统需要在相当长的一段时间内做出极大的努力，员工也会因此精疲力竭。

在这个红海对员工的格外考虑包括：

- 保证员工进入红海项目小组后，有人代替他们来做原来的日常工作。
- 确保项目成员具有工作保障（即员工对他们所做的工作的种类有一定的可接受的选择权。在许多情况下，实施项目小组的成员对新的企业系统变得是那样熟悉，以至于他们就一直执行着企业系统中的职责，而不再给他们机会让他们重新回到原来的岗位上去）。

● 满足员工的特殊需要应和满足组织在红海的特殊需要结合起来。如果员工已经不再继续开发新企业系统的成套技能和市场价值，红海策略就会面临形势逆转的危险和困难。

红海原则十：为红海表现给予奖赏

为红海策略提供的奖励必须基于为该策略设定的目标。应该注意的是，不只是要为短期的技术目标和用户准备目标的完成给予激励，而且要在长期的成果目标之后设立重要的奖赏。

最高管理层在奖励的规模和鉴别奖赏程度的细化标准上必须要有准确的判断。这笔奖励的数额应该足够大，以能吸引红海成员的注意力，但它的数额又不能大到会使这些成员为了得到这笔钱就不择手段，不惜破坏任何事或伤害任何人。授予这些奖励的标准在数量上必须不止一个，并且这些标准之间要有一定的利害冲突。例如，对技术项目经理的奖励标准就应不只包括按进度按预算地完成实施，而且应包括他和用户准备项目经理之间充分的合作。如果不加上用户准备的标准，技术项目经理就会不计企业规划中企业其他部分的代价只在技术实现上直接进行努力。

应用红海策略

要在一个组织中运行企业系统是一个艰巨的技术性挑战。而有时，在技术方面一切就绪时使用户也做好准备将是更艰巨的挑战。这个战略中的原则只要应用恰当就能为企业节约数月的时间和数百万美元的资金。

第九章 红海战略：实施电子商务解决方案

最新的红海策略是在一个现有的公司内实施电子商务（E-business）解决方案。这种把电子商务的“点击”添加进它确立的公司的“房产”中的实施，看来会给公司增加极大的潜力，但同时它也会有极大的潜在风险。新型电子商务解决方案能深化公司供应链的有效性，应对客户的方法，或是与员工互动的关系，但是它也能扰乱现有的公司与客户、供应商和员工之间的商业伙伴关系。这一章将以有关电子商务解决方案为主题的高级入门作为开始，以关于在这种形势下所应用的红海原则的讨论作为结束。

实施电子商务入门

实施电子商务的定义

出于我们写作的目的，我们把对实施电子商务的讨论局限在那些将“点击”加入他们的业务或是实施一个电子商务解决方案来取代或是补充现有的业务系统的公司。我们的目光没有集中在像亚马逊（amazon.com、eBay）和E*Trade这样的，在一开始就是在网上做生意的、以网络为中心的公司，我们把红海范围集中在那些正在或是想要变成网络增强型的公司上。

网络增强型公司在很大程度上是一些传统公司，诸如联邦快递（Federal Express）Office Depot公司办公仓库和惠普，这些公司在互联网上投入了相当大的资金来加强它们现有的业务。网络加强型公司预定要达到的目标包括：

- 增加产品、服务和信息的分发渠道。
- 改进现有的业务流程。
- 增进与供应商之间的联系。
- 增强客户关系管理（CRM）战略。

电子商务可以涉及多重客户的多重互动：

● 企业对客户（Business-to-Customer，B2C）。企业对客户围绕着企业和客户的互动展开，诸如分享产品信息、创造虚拟显示空间、开发产品、订购产品以及提供客户服务。例如，gate way.com 和 dell.com 提供产品明细，并允许客户在网上配置他们的个人电脑（PCs），而 ford.com 和 gm.com 提供有关他们产品和特许经销商的信息。

● 企业对企业（Business-to-Business，B2B）。企业对企业包括大批上游厂商和下游厂商的互动，它加强了渠道协作，增进了客户/供应商/合作伙伴之间的关系，使设计、购买与销售，以及产品与服务的分销成为可能。例如，jcpenney.com 和供应商分享包装、运输、盘存以及产品流动信息，而 phillps66.com 则与渠道合作伙伴共享产品流动的趋势和预测。

每个行业中的公司都在寻求能与客户和供应商进行互动的新的渠道，以把触角延伸到新的市场。进行交流，分享知识，并最终创造出价值。感谢互联网，企业有了实现这些目标的能力和机会，而当变化和竞争的速度和激烈程度都在呈几何级数增长时，要达到这些目标对企业来说就更是一个挑战。成功的电子商务会促进企业在包括内部流程和外部动态市场，在每日、每周，甚至每天的基础上的深入、实时的理解。多么大的报偿啊！当然多么大的收获就要付出多么大的代价。正如我们将要讨论的，转变到电子商务会改变公司怎样管理增长和如何规划未来的非常核心的内容，而且需要红海原则。

电子商务如何增强传统业务

对许多传统经济的公司来说，电子商务为企业在处理流程上削减成本，节约时间提供了大好机会。许多公司的电子商务是从关注客户的自助服务和电子采购开始的。如果能得到成功的实施和运营，这两个领域可以提供相对而言更快的投资回报和盈利。关键的资源能够更快地获得，最初的成功所带来的能量还有助于推动本战略下一阶段的进展。

西南航空（Southwest Airlines）就是在企业对客户领域进行网上询价和业务办理的极好范例。西南航空使用它的〈www.iflyusa.com〉网站进行网上订票，同时也提供投资者信息、广告、销售信息，促销和公关（PR）材料。它的查看订票是其竞争对手美国航空公司（American Airlimes）的 Travelocity 网站订票率的 2 倍，并比其他任何一个网上零售商的订购率都要高。在线销售占到其 2000 年 8 月总销售的 30%。按照《国际航空》的统计，截止到 2000 年第一个季度末，西南航空的网站已经创造了超过 10 亿的乘客收入。并且，因为客户不只是在其网站上查看航线的时间表和票价，也自己在网上进行登记的购票，所以西南航空的电话服务中心（Call Center）因此减轻了电话负荷量，而电话服务中心的每项事务处理成本较网上订票的相应成本要高得多。

按照《财富》杂志1999年11月8日上的文章《大型企业在线业绩报告》中的观点，在企业对企业销售领域，格兰杰（W.W. Grainger）公司是一个被认为将沦为互联网上的不幸牺牲品的典型企业。为了订购格兰杰的维护—修理—运行（Maitenance-Repair-Operations，MRO）业务的服务项目，顾客不得不使用一本重达7磅，多达4000页，列有70000个服务产品项目的产品目录册。这个拥有50亿美元资产的分销商，经营的领域涉及电动工具、发动机、灯泡以及机器的维修和操作配件等却恰恰被它所经销设备的制造商和供应商忽略了。相反，格兰杰在其公司网站上的1999年的订单额达到了1.4亿美元，超过了它的任何竞争对手及供应商。遗憾的是，它的大部分客户还未转向从网上进行电子采购。但是令人鼓舞的是，那些实际上运用格兰杰网站上的在线订单进行采购的客户，对他们在格兰杰网站上的经历感到满意，他们在格兰杰网上下的订单总额比去年多了20%。他们在格兰杰的网上能够迅速地查看甚至比印刷目录上所列产品还要多的产品（220000个服务产品项目），可以得到有关产品的价格和性能的最及时信息，某些特定的顾客还可以享受价格上的折扣。这样，在全世界横跨各个时区的商店都到了停止营业的时间之后，格兰杰网上的订单还在源源涌入，订量猛增。

除了在线的流程处理外，公司还可以考虑投资那些对现有的具有竞争力的资产性产生杠杆作用的电子商务解决方案：

● 对公司的产品线产生杠杆作用。如同录音磁带和CD对音频市场产生巨大影响一样，互联网为人们运用新的方式来重新包装已有产品创造了机会。价值160亿美元的全球传媒巨人贝塔斯曼公司（Bertelsmann AG），开始将由其下属的兰登书屋出版公司（Random House）出版新书（和大量其20000卷再版书中的畅销书）以电子文档进行存储，这样如果这个概念可以流行起来的话，一有需求公司就可以简单而迅速地进行印刷或是下载成电子书（e-book）。由于书的内容已经数字化，包括书中的插图和有关书的促销材料，贝塔斯曼就可以在网上永久性营销书籍，主要是通过其持有40%股份的barnesandnoble.com网站来进行这项工作。因为贝塔斯曼还拥有出版社、批发店以及在美国和欧洲最大的读书俱乐部，所以公司可以从出版链的开始到结束都始终赚钱。贝塔斯曼的首席执行官托马斯·米德霍夫（Thomas Middelnhoff）在2000年1月27日的《新传媒时代》（New Media Age）的一篇文章《不要草率地说贝塔斯曼只是跟风》中说："我们的战略就是将互联网整合进我们所有的核心业务。"

● 对公司的物流系统产生杠杆作用。像Lands' End，L.L.Bean和Sharper Image这样的直接目录公司已经在很早就吸收了基于网络的商业模式，它们利用互联网作为附加的销售渠道。Lands' End 在线销售的服装比其他任何零售商都要多，它在 1999 年的网上服装销售收入为 1.36 亿美元，占其全年总收入的 10%，是其 1998 年在线销售收入的 2 倍。

● 增进渠道关系与合作。J.C.Penney 公司在网上与其供应商分享有关包装、运输、盘存以及产品流动的信息。

● 强化价值链。生产厂家可以利用网络来宣传他们的渠道合作伙伴。Godiva 公司的网站提供延伸定位服务，这样访问者就可以下载标注着离他们最近的零售商位置的详尽地图。

● 促进供应商和合作伙伴之间的交流。互联网使诸多公司通过提供有关产品、服务和项目的详细信息而增进了供应商和合作伙伴之间的联系。波音公司为供应商和合作伙伴开辟了一个网站，其中持续地提供其所需零件的技术规格信息，这样反过来也使供应商能够转换他们的订单/行动以满足波音最新的技术要求。

● 尽可能地增进与关键市场的沟通。像强生公司（Johnson & Johnson）这样的制药厂商就为顾客和研究者在网上提供有关疾病、药方和治疗方面的信息。

● 充分整合市场沟通工具。大型购物中心的开发者和经营者西蒙资产公司（Simon Properties）利用它的网站来为多重顾客服务。它给投资者、分析家和新闻记者提供特定信息，而给普通上网者提供公司的一般信息，慈善行为，并能通过链接得到大型购物中心的所在位置。

● 扩展服务使之更优秀。Nordstrom 公司以其更进一步，授权于员工的客户服务而闻名。公司用它广受欢迎的个人购物计划的网络版把这个战略扩展到网上的虚拟市场。通过电子邮件，参与"Nordstrom 的美国个性接触"计划的顾客可以按照他们的个人偏好来选择所需的礼物，或是限定礼物的式样、质地、型号、颜色。Nordstrom 会给客户推荐礼物的选择方案，在客户选定购买后为其包装礼品并在指定的日期送出。

● 为产品提供技术支持。软件公司和电子厂商已经用在线技术支持迅速地获取了互联网的潜在资源。客户们通常寄希望于产品开发商和制造商，而非零售商，来提供技术支持。微软公司（Microsoft）和索尼电子公司（Sony Electronics）就是两家已经开发了延伸性的在线支持资源的公司。苹果公司（Apple）广受欢迎的站点每天就有超过 150 万的访问者。除了在客户有特定需要时给予帮助外，这些站点还有望增进公司与客户的关系，提供往常只能从厂商的经销商那里得到的宝贵的产品下游的反馈信息。

没有哪种业务像电子商务

互联网的速度、涉及的范围以及可达的深度都给商业关系产生了深远影响。公司都面临着巨大的机遇，即对于他们是谁、他们提供什么价值以及把这些价值提供给谁，进行进一步的改善或是重新定义。电子商务对于今天的管理者是一个挑战，它要求经理们对网络和基于网络的技术所带来的多方面影响，要做出准确而彻底的理解。这个问题超出了技术层面，并且深深潜入了组织的结构和文化。

许多传统经济的企业对于这场电子盛宴已经迟到了。当传统企业都在往前冲着要涉足电子商务时，硅谷的专家们却常常嘲笑他们这些早期的努力，而著作颇丰的商学院教授们也说这些家伙根本没有抓住要点。事实上，许多企业的确没有。但可能不是你想象的原因，根本不是有关电子的什么东西。

许多这样的企业不该在没有事先确切地查明，电子商务将怎样支持他们更大的商业目标和战略，电子商务将怎样补充现有的流程和渠道的情况下就贸然启动任何有关互联网的商务应用。如果说对这一努力的计划是差劲的，那么对它的实施甚至更为糟糕。这种对电子商务不假思索就采取行动的做法导致了种种后果：不是启动过早、启动延迟，就是一启动就会成为失策的决定，或是为失策的决定担忧，或是消耗在失策的决定上。为什么另一些像 J.C.Penney，Target 以及沃尔玛（Wal-Mart）这样的明智的零售商要宣称他们网站只提供少数的商品呢？为什么其他一些像 Levi 这样地位稳固的名牌也会因禁止它的零售商在他们的网站上出售 Levi 的产品而激怒了它的零售商，只好在后来关闭了自己的电子商务网站，而建议其站点访问者回到 Levi 的经销商和仍是进行老式贸易的合作伙伴那里去。

在 2000 年 9 月的一篇文章《路漫漫》中，AMR 研究所的分析家克里斯·牛顿（Chris Newton）告诉《生产系统》（Manufacturing Systems）的记者："所有（向电子商务）的推进还处在幼稚阶段。但是，不管是财富 100 强的公司，还是一个更小的公司，它们的管理者都处于进入电子商务竞技场的压力之下，而且确信他们的竞争者比他们先行一步。结果有关电子商务能力的歇斯底里的情绪和压力陡然上升。"他继续说："但是这些管理者中的许多人并不知道如何去转变他们的公司。他们可能知道他们想到哪里去，但他们不知道如何到达那里。"

缓慢进行网络的被证明对许多公司来说反而是一个优势，这些公司避免了陷入不得不挽救自己被毁坏的品牌和声誉的窘境，当已成立的公司吸收了电子商务的概念并准备奔向网络时，表面上他们具有很大优势：已获得认知度的品牌名称、已有的客户基础、与供应商的强力纽带，便于对电子商务的实现和分销提供支持，以及了解产品的员工。但是滞留在表层下面的事实是，大多数的传统企业在他们能利用网络机会的优势之前，都有一定程度的文化惯性需要克服。

电子商务目标会提出其他挑战。例如，已成立的公司可能在市场营销上可以少花点力气，这要感谢他们已有的品牌实力和客户基础。但是，就电子商务而言，他们有关客户的信息可能还相当欠缺。大多数的零售商可能对他们所卖的商品及其质量非常了解。但是，调整过的库存并不等于对个别客户或他们的偏好的深入感知。互联网是收集和挖掘这样的个人购买信息的理想工具。无论要从电子商务的实施中获取何种收益，大多数的公司在向它的供应商、合作伙伴和客户打开它的电子商务大门之前，都需要进行不同程度的组织性的重新调整。

为什么实施一个电子商务解决方案是红海环境

首先，电子商务是困难而充满风险的，加特纳集团（Gartner Group）的分析家在讨论他们的电子商务十年规划时，做出预言："不论是拥有传统资产的组织还是新兴的电子商务企业，他们在电子商务的路途上都不会一帆风顺。"在 1999 年 11 月 30 日的《澳洲银行与金融》（Australian Banking & Fince）对该集团的 99 信息技术专题年会的报道中，分析家们警告说："当那些在技术上积极进取的企业面临着由不成熟的技术、未准备好的市场以及拙劣的电子商务策略带来的失败时更多地想通过完全忽略'网络时代'而避免所有因之而来的风险的谨慎保守型组织也注定要走向失败。"他的观点已经说得极为透彻。

加特纳集团负责电子商务转变的副总裁亚历山大·多贝克（Alexander Drobik）强调说："这种失败并不是因为转向网络有什么错误，而是因为在商业模式、战略以及实施上已经失败了。"多贝克与我们分享了他的网络业时间表：

- 21 世纪初对网络梦想的高度幻灭。
- 到 2004 年，我们将看到一束坚定的"启蒙的曙光"，真正的电子商务开始出现。
- 到 2006 年，许多企业已经进行了向电子商务的转变，大多数公司是传统企业与电子商务公司的混合体，而电子商务公司与传统企业的区别将不再存在。

多贝克说："在这一阶段（2004~2006），电子商务将完全嵌入组织的业务流程之中。"他指出，明智的商业实践应该具有一种穿透谎言、现实与实际事物的洞察力，这一点很重要。

电子商务同样是昂贵而充满风险的，早期的资本投资者是勇敢的。在软件和硬件上的初期费用的多少取决于公司现有的基本结构，但一点儿也不会少。对于这一点，福雷斯特研究所已经发现大型的交易网站的年均运营成本超过了200万美元（包括用于硬件、软件和人员的费用，以及处理电子支付有关的管理成本）。在今天的市场上要在运营网站的过程中获得具有技术和设计能力的人员是困难的，更不用提设计、准备和启动解决方案所需要的多功能的项目管理专家了。

没有哪个关于实施电子商务解决方案的入门书，没有几个成功的或是在这个红海中摔跟头的公司的实例就草草结束的。我们提供的这些例子有望证明，在电子商务解决方案的问题上无所事事、混日子将会给公司的市场带来极大影响而且它也是一种严重的红海状况。

康柏电脑：即使巨人也会跌倒①

正如我们将看到的，当一个公司并不拥有它的电子商务可以调用的分销渠道时，调拨销售渠道的问题就变得复杂起来。康柏与戴尔的竞争为此做出了详尽的引证。康柏的前首席执行官埃克哈德·费佛（Eckhard Pfeiffer）似乎对于一定要领先于戴尔这个既成的念头极为着魔，他决心为达到这个目标不计任何代价。在费佛的领导下，康柏再次成功地自我创新，打进低端个人计算机市场，与像戴尔和Gateway这样的公司展开了竞争。在六年当中，康柏的销售额从30亿美元增至250亿美元，并成为世界顶级的台式电脑生产商。

多年以来，华尔街一直对于戴尔以直销的商业模式来经销个人电脑的做法津津乐道。而康柏则不然，它的75%的销售都要靠其广大的经销商网络，对于策略实施者来说，这是一个更为复杂的销售模式。与此同时，在1998年11月，康柏雄心勃勃地宣布它要扩展自己的电子商务直销项目——附加直销。或许看起来更像一场纸上的大举变革。不出所料，它的经销商网络群起反抗。因为顾客可以跳过他们而直接从康柏的网站购买，并能得到比经销商出价低8%~9%的价格。《财富》杂志在1999年9月6日发表了一篇有关此事件引人注目的评论文章：《互联网防御战略：我们可以把它称作以自杀求生存》。一位小型经销商（兼任康柏中小企业顾问委员会主席）史蒂文·哈珀（Steven Harper）说："当他们第一次把这个计划交给我们时，我们痛恨极了。"康柏的行动"等于从根本上限定了我们的价格"，哈珀说："这迫使我们要玩这个猫与老鼠的小把

① 2002年5月，康柏公司被惠普收购，并成为电脑史上最大的并购案。新惠普于2002年5月7日成立，如无意外，它将成为一家与蓝色巨人IBM平起平坐，并是全球最大的服务器、个人电脑以及打印机的生产厂商。

戏：我得猜测我的顾客是不是知道网上的价格。”

康柏新的Prosignia系列可以在网上买到，但有关这一系列产品的广告活动几乎没提这一系列的产品仍能从经销商那里买到。康柏的一位年经销额达到1200万美元的经销商特德·沃纳（Ted Warner）对这件事实在是太气愤了，他开始向他的顾客推荐惠普的硬件产品。其他经销商纷纷效仿。没出几个月，康柏就在具有决定作用的中小企业业务上出现明显亏损。当康柏在埋怨是因为行业问题出现下滑时，分析家们则得出另一个原因，那就是康柏正在失去经销商的心。

康柏的副总裁迈克尔·波科克（Michael Pockock）主持了一系列听取经销商呼声的会议。在激烈的讨论中，经销商们担心康柏是这么的为戴尔所困扰，甚至不惜损害与其经销网络的关系，而正是这种关系才使康柏拥有了个人计算机销售领域的领导地位。康柏陷入了一个明显两难的境地：要不继续冒着毁掉渠道的危险往下走；要不就是通过它自己造成的有些不愉快的境况滑回老路上去。

康柏选择了折中的办法，在两种渠道上都没有更健康的发展。它暂停了一些第三方网站销售康柏产品的权利。同时它也引进新的计划来帮助它的经销商们建立自己的在线店铺，而建议顾客参加“附加直销”活动来购买康柏产品的代理费则被康柏收为已有了（别忘了，这个时候一些个人计算机厂商推出了价格为500~800美元的电脑，而个人计算机的利润也比在芯片上布线要少）。在费佛的谈话中，他称这种努力为“客户之选”并以此希望能再次肯定康柏“业界渠道最友好厂商”的地位。

1999年4月，费佛宣布公司第一季度的利润将比华尔街的预测少一半以上。这个通告使康柏的股票下跌了22%，是八年以来下降最大的一次。在股价大跌的一个星期之后，康柏宣布费佛辞职，结果立竿见影。

分析家们表示，他们同意计算机价格的下降、来自戴尔的压力，在康柏之间以及康柏与其经销商之间的摩擦都要为公司最近一系列的财政上的坏消息负一定的责任。在1999年4月19日的《达拉斯早新闻》(Dallas Mornning News)的一篇名为《康柏电脑的两位最高长官下台》的文章中，艾伦·戈德斯坦因(Aaron Goldstein)，(齐夫—戴维斯（Ziff-Davis）的副总裁和首要分析家）说：“当康柏在这个季度（1999年第一季度）末需要它的经销商们来帮助它渡过难关时，没有人站起来支持它，康柏深受重创。”戈德斯坦因继续说：“他们疏远了与自己经销商的关系，现在必须要努力弥补裂痕。这中间的底线就是康柏将仍是业界的顶级球员，我认为它将因此成为更强大的公司。”

世界上从来不缺纸上谈兵的指挥家。在1999年9月6日的《财富》杂志一篇谈论互联网防御战略的文章中，麻省理工学院的管理和经济教授莱斯特·瑟朗（Lester Thurow）发表了他的意见："我明白你们忍受了极大的痛苦，承受了六个月的低销售水平。这简直是死亡之谷。至少过了一年，你们宣布了一场大的灾难，但是非常明显的是戴尔就做得很好。我不认为这儿还有什么其他选择。"哈佛商学院（Harvard Busines School）的克莱顿·克里斯坦西（Clayton Christensen）补充说："记者和学者们要把他们的困难说得没什么大不了很容易"。但是，"无可辩驳的证据表明，这家公司试图对它的分销渠道进行有效管理，使之健康发展，但这份努力以徒劳告终。如果渠道在走向分崩瓦解，它们所释放出的力量就比任何公司都要强大。"如果我们听说过红海，那么我们会知道这正是一个红海信号。

康柏在1999年仍然是世界个人计算机厂商的排行老大，占据着将近14%的市场份额，戴尔紧跟其后。但是，在美国本土，戴尔在整个一年当中的销售量都胜过了康柏，许多分析家预测戴尔的这种优势仍将继续。

红海启示

将网络添加进业务中来是一场重要的转变，如果它未能与现有的商业战略保持一致，未能对现有的商业战略做出有益补充，那么它就会给企业带来相当大的负面影响。互联网能力（E-capability）是一项重要的新武器，但是，如果在战略上没有瞄准，这个武器射出的子弹也会打中它自己的脚。

电子商务吃掉自己的生意

查尔斯·施瓦布（Charles Schwab）是美国最大的网上零售经纪行。作为折扣电话经纪商截止到1996年，该公司已把生意做得很大，并有多家分支机构，按照老式经纪业的标准施瓦布还只算一个新贵时，它启动运营了一个在线贸易行动计划，是首批开始做电子商务的传统经纪商之一。为了推动新的业务和吸引顾客，施瓦布网对每笔交易索取更低的佣金，每件29.95美元。而施瓦布的传统网下客户每笔交易所支付的佣金平均为65美元。这种双层的价格系统是令人尴尬的，它激怒了经纪人也激怒了现有的客户。有些客户只跟网下的查尔斯·施瓦布公司保持少量交易，以使他们在必要时仍能与有效的经纪人进行交易，而他们大量的交易则通过施瓦布网进行。恐惧、无常和疑虑笼罩了施瓦布的分支机构。

大卫·波特拉克（David Pottruck）（查尔斯·施瓦布的联席首席执行官以及施瓦布在线业务的"压倒一切的力量"）遇到了他作为一个真正领导者的关键时刻。他做了一个彻底的领导决策：在线就应该一致如线。为了支持自己的在线贸易系统，施瓦布在一个新的平价支付计划下加入了一个研究和向导服务。在这个计划之下，每个施瓦布的客户都能得到其所有的经纪服务，不管是电话服务、分支服务，还是在线服务，每笔交易 29.95 美元，每月最高额度为 1000 笔交易，超过 1000 笔交易的每笔交易只收取了 3 美分。设计这样的转变是为了帮助施瓦布更牢固地抓住它的在线贸易市场，并从 Merrill Lynch、Prudential Securities 以及其他的全方位服务的经纪公司那里吸引来更多的客户。这项转变通过消除在贸易服务上的双重价格标准，也帮助公司解决了客户服务方面的问题。

在解决销售人员调拨和渠道冲突的难题时，公司度过了许多艰难时刻。公司分部的员工被这个决定弄得忧虑不安。在 1999 年 9 月 6 日的《财富》杂志的报道《互联网防御战略：调用你自己：我们可以把它称作以自杀求生存》中，波特拉克说："他们都在想他们将不再会有什么业务了，而且也会丢掉工作。这对于我们的老业务是一种打击。"

董事会的成员同样忧心忡忡。在同样级别的业务上，这样削减佣金估计会损失 1.25 亿美元的收入，而且若是新的业务没有直接而有意义的现金流和积极的客户，施瓦布的股票肯定会遭受重大打击。朋友们，你们不可能再同时遇到比这更多的红海了。回顾当时的状况和他的决定，波特拉克说："我不能撒谎说那么多夜晚我根本就没有失眠。"事实上，我在想，"也许所有我们将要做的事情真的会击垮我们的收入、利润还有股票价格"。为了使员工为这次转变做好准备，波特拉克举行了一个"跨越鸿沟"的仪式，在仪式上他穿过了一个由施瓦布的 100 个左右的高级经理手牵手组成的"金门大桥"。这个姿势象征着施瓦布将摆脱旧有的商业模式，积极地迎来一个新模式，即基于互联网的商业模式。董事会的成员也从这座大桥下面走了过去。波特拉克坦诚地说："我们走向的不是什么更容易的道路，所以我们只能继续向前并全力以赴。"周围的人表示他们愿意向前进发。

1998 年 1 月，公司对自身进行了重新的构造，使之成为一个单一的公司，主要集中于在线业务。于是施瓦布的网上公司 eSchwab 吃掉了施瓦布的传统公司查尔斯–施瓦布。公司的股票价值几乎损失了1/3。但是，只用了很短的一段时间，新的战略就开始发挥作用并且克服阵痛取得了成功。在新战略实施的前六个月，公司的总利润从 300 万美元上升到 620 万美元，并且流入了 510 亿美元的新资产。

施瓦布一跃成为在线贸易公司中的"领头羊"。据《财富》杂志 1999 年 11 月 8 日的文章《大型企业在线成绩报告》，eSchwab 夺取了 42%的新市场。在 2000 年第一季度，他们在交易量上远远领先，占到了 21%的市场份额，每日的平均交易额达到了 140 万美元，eSchwab 还创造了一些其他机会来获取利润，

"它不只是一个销售存货的地方，它也是一个可以开具支票、购买保险以及电子支付账单的地方。"这次转变是痛苦而昂贵的，但是eSchwab战胜了痛苦，终以数千亿的在线客户资产傲立于世，并且它所拥有的资本总额已经可以与Merrill Lynch的资本分礼抗衡。波特拉克说："当你还站在第一个位置上时，你不可能占领第二个位置。"

红海启示

把一个现有的传统剧本与一个与之非常一致的网络剧本合二为一，这就是这个故事所体现出来的杠杆作用秘密的全部。但是，即使有了一致和杠杆作用，成功的互联网能力还是会给运作新经济的您带来新的经济因素，它会带给您在整个业务上的新气象，虽然您可能要为此付出与旧秩序决裂的代价。

原则

现在到了说说应用于电子商务实施的红海原则的时候了。本章的目标不是对第四章原则的简单重复；相反，我们想展示出对于这个特定的红海策略，这些原则有哪些变化与不同。

红海原则一：宣布公司进入红海

说实施电子商务系统是一个红海出于以下三种原因：

- 从技术的角度讲，电子商务实施起来非常困难。
- 它对企业现有的规则秩序会有非常大的裂变性影响。
- 许多企业家还在犯欣快症，狂热地以为互联网能包治百病。

实施电子商务带来了别的红海没有的冲突：在新品牌与已经站稳脚跟的老品牌之间的冲突，年轻职员和老员工之间的冲突，以及新经济的理念与旧经济的理念之间的冲突。而底线是，最高管理者应该警告组织成员，我们现在即将进入一个红海，它要求人们要有最好的想法和彼此最大的宽容。在这种艰难时刻，那些对于电子商务的神奇品质，并非尚未验证的，强有力的商业实践和原则，就必须起到支配作用。

在前面关于再造的章节中，我们提到过许多员工一听到"再造"这个词就意识到警钟敲响了。而在电子商务红海中，最高管理者所面临的挑战之一就是要保证给全公司的所有成员都敲响警钟，在某些人还在为互联网的万能而欣喜若狂时，让他们听到这样的钟声。

红海原则二：投入最佳人员

第一，和任何红海一样，电子商务的实施需要管理者进行大量的直接领导，为了使组织能享受到电子商务解决方案带来的裨益，每一个管理者都有一个他们必须扮演好的明确的角色。我们已经看到许多在电子商务的实施中出现的，必须要避免的问题。首先的一个问题就是，没有强大的技术能力的首席执行官和首席运营官所不能离开这个红海的领导岗位，而把实施电子商务的领导权交给那些只有技术技能的人，这样将导致核心的商业知识和商业经验被排除在考虑范围之外。

第二，最高管理者应该避免仅凭直觉就假想，如果谁有纯熟的信息技术的技能，那么他一定也是公司所要实施的网上市场营销、网上客户关系管理、网上供应链或是网上的任何东西实施方面的个中高手。想当然地认为你的首席信息官一定有市场营销能力，因为他懂 CRM 的实施，这就如同你因为你的首席销售官知道同样的应用，你就认为他一定也懂信息技术一样的荒谬。

首席执行官的红海职责

● 面对组织的首要倡导者。首席执行官必须要在内心深处坚信引进互联网技术来支持公司的使流业务是一件好事，一次具有防御性的行动，并且有着大好前途。

● 首要的战略官员。首席执行官要确保所有的竞争战略和网上战略清晰可辨。首席执行官必须要能清楚地陈述出公司战略以及电子商务能力在促进公司的战略发展上所发挥的作用。

● 首要的流程选择者。首席执行官和首席运营官一起指定组织中哪些业务流程是需要用电子商务能力来提高或补充的流程。

● 设定目标的领导者。首席执行官和首席运营官一起为公司电子商务的战略部署设定商业目标。

● 首要的客户倡导者。首席执行官要确保从客户的角度看，公司新的互联网能力能为客户增加价值。

● 供货与分销渠道的设计者。首席执行官要与首席销售官以及首席运营官一起，确保供应链/分销渠道的构架满足公司战略的要求。

● 首要的沟通官员。负责与公司内部和外界进行沟通，指出公司采取互联网战略部署的原因，特定的商业目标以及互联网给公司所带来的变化的持久影响。

● 总的规划管理者。首席执行官是主要的资源提供者、内部障碍的清除者、电子商务部署实施者以及其相关的商业目标实现的最终时间表的掌控者。

首席运营官的红海职责

● 负责流程指定的首要官员。首席运营官确保为电子商务解决方案指定了最好的和正确的流程。

● 目标实现情况的监控者。首席运营官负责电子商务项目特定商业目标的实现。

● 电子商务蓝图的首要执行者。首席运营官要与首席信息官直接合作，确保电子商务的实施要与组织对使用新系统的准备情况保持一致，并保证这两项工作都能很好地完成。

● 每日变化的领导者。首席运营官要与规划经理和首席信息官一起，理解、确定所有为实现电子商务项目目标所需的方法变革，并为这些变革制定出时间表。

首席销售官的红海职责

● 分销渠道的关键构筑者。在电子商务项目计划与实际的部署实施过程中，首席营销官要负责确保公司的分销渠道能满足公司实现战略目标的要求。

● 流程选择者。首席营销官与首席执行官和首席运营官直接合作，为电子商务指定所需的业务流程。

● 客户倡导者。首席营销官的关键注意力集中在客户关系和公司与分销渠道的关系上。当然，首席销售官也要为关键的客户交互、市场影响、预防客户损失以及确保客户记分卡已明确地按提高客户价值的理念设计完成而负责。

● 市场信息来源。在实施中期和后期，首席营销官要保证首席执行官及管理团队与市场（客户及分销系统）保持一致。

● 面对客户和分销系统的首要沟通者。首席营销官负责向客户和分销渠道商解释电子商务的付诸实施将会对他们起到什么作用、创造哪些价值。

首席信息官的红海职责

● 首要的客户信息官员。首席信息官深知电子商务所蕴涵的信息机会，并与首席销售官一起增进公司与客户的关系以及客户的获利性。

● 首要的信息技术战略家。首席信息官要确保公司的技术战略要与其使用的电子商务系统保持一致，并且在电子商务实施之后，首席信息官要与首席运营官协同合作，确保全组织范围内对电子商务系统的使用所带来的在工作表现上的提高能够得到认识、巩固和技术支持。

● 首要的电子商务系统构筑者。首席信息官与首席运营官和首席销售官一起，确保对电子商务系统的选择（或开发）能满足为实现商业目标所需要达到的要求。

● 首要的技术官员。首席信息官要确保电子商务系统的技术性实施能够圆满完成，并保证与实施相关的风险能得到有效的管理和降低。

● 信息技术资源的提供者。首席信息官与规划经理和首席运营官直接合作，以使在用户准备的过程中，系统用户可以得到相应的信息技术资源（例如，提供组织所实施的电子商务系统的培训课程）。

● 评测中的领导者。首席信息官与首席执行官和首席财务官直接合作，使评估系统实施结果的评估标准和记分卡准备就绪。

首席财务官的红海职责

● 在财务上应有的勤勉和谨慎上做出表率。首席财务官与首席执行官协同合作，理解并记录下进行初步电子商务的经济情况，确保首席执行官和首席运营官在所有时间都能获悉电子商务项目的预计成本和收益。首席财务官也要要求实施电子商务根本性的商业理由要尽可能的贴近现实，以防止可能出现的对电子商务的盲目狂热和盲目乐观。

● 评测中的领导者。首席财务官要使评测电子商务初步实施结果的评估方法准确到位，以使电子商务实施向特定的可观的商业目标迈进。

● 资源管理者。首席财务官协助首席执行官调配完成电子商务实施所需的各项资源。

● 工资和奖励制度的设计者。首席财务官与首席执行官和人力资源官员一起，使激励那些为获取电子商务的实施成功而努力工作的组织成员的货币性奖励已经准备就绪。

首席人力资源官的红海职责

● 流程选择者。首席人力资源官与首席运营官和首席信息官一起，指定与人力资源事项相关的流程和电子商务系统。

● 执行管理的领导者。首席人力资源官与首席运营官合作，使员工的执行管理系统与受到电子商务的实施部署所影响的业务流程，以及在激励薪酬标准上的变化，保持一致。

● 组织发展的领导者。首席人力资源官与首席运营官直接合作，确保影响员工的电子商务实施事项被确认并尽力向前推进。

● 培训和发展的领导者。首席人力资源官要负责确定使用电子商务系统所需的各项能力，并提供在培养员工的这些能力时所需的培训课程。

● 负责员工的调职或给其介绍新工作的首要官员。首席人力资源官协助首席运营官，处理那些不愿和/或不能与电子商务系统保持一致的员工的工作执行问题。

整个管理团队在这个红海策略中都必须提供一定的领导职能，对有分歧的配合保持警惕，留心不要对所需的人力预算不足。简而言之，在这场比赛中必须要从技术的角度派上正确的赛马，但是又要注意不能走技术的极端，也不能走不要技术的极端。

红海原则三：聚焦客户

让我们面对这样的事实，电子商务的实施比其他的任何红海与 CRM 和供应链的关系都要大，为了在这个红海获取成功，我们需要清晰明确的客户记分卡，如同我们在第四章中展示的客户记分卡一样，它既要考虑到客户的利益又要考虑到供应商/分销商的利益。增加了电子商务能力将使企业可以以一种完全不同的方式来与客户接触，并且能够比以往任何时候都更好地理解他们的具体需求和购买习惯。但是，如果公司对它的 CRM 战略并不清楚，对于它想从电子商务的实施过程中得到什么也不甚了了，那么问题就出来了。客户始终是企业的上帝，任何电子商务的部署实施都必须明确地把他们考虑在内。在计划之初未能确定出你的 CRM 战略，那么最终你可能会得到一个默认了的，你并不想要的 CRM 战略。

在新技术的应用上，我们常常会过高地估计我们的竞争对手，这也包括对电子商务的应用。而当我们盲目乐观时，我们又可能倾向于相信我们所感受到的兴奋与欣喜，而假想着竞争对手可能有着最糟的状况。一个组织必须花一定的时间和精力来确定，我们的竞争对手现在到底处于什么位置，而且他们真正的方向在哪里。

分销渠道的分崩瓦解与销售人员的“自相残杀”始终是电子商务实施开展过程中存在的一种威胁。将经销商视为客户一样来对待，并为他们做出相应的客户记分卡，这样能使电子商务的“建筑师”们更好地理解渠道潜在的反应和它的裂变分化性作用。

红海原则四：树立明确的红海目标

新经济的目标不是要代替旧经济的目标。管理部署一个电子商务的目标必须是那些我们熟悉的，诸如速度、成本、客户价值以及满意度之类的目标——而不是鼠标点击数这样的目标。实施电子商务的目的在于解决一种现实世界中存在的难题，把互联网添加进传统业务中来，是为了能用它加强公司现有的业务流程和资产。而初步的行动必须要有清晰明确的商业目标。网络的应用不是什么新的商业流程；它们与现有的流程相比是与之相似、比之多余或是可以取而代之的流程。

实施电子商务目标与再造的商业目标一脉相承：业务流程的目标以及商业成果的目标。业务流程目标在于引导实施走向更快、更好以及更低廉的作业，而商业成果目标的着眼点则在于如何实施，才能获得更大的市场份额、利润率以及投资回报。针对客户价值和分销渠道效率的目标也很重要。不要忘了，每一次组织改变它与客户对话的方式时，分销渠道都会受到冲击，并有可能出现裂痕，这是因为正是这些渠道承载着企业与客户相互关系的亲疏，以及产品/服务的多少。

业务流程的目标也许会制定得具有一定的攻击性：向一个供应商订购的时间缩短 90%，或者是增加处理速度，使每个遇到难题的客户都能与公司百分之百地接触。另外，成果目标应该制定成另一类目标，既切实可行，又具有挑战性。在一个充满着较成熟公司的产业，要想在商业成果上取得很大的变化可能性不大，即使对于能够非常有效地招徕顾客的互联网解决方案也是如此。

红海原则五：为成功绘制蓝图

在这个绘制蓝图的阶段中，将产生出一副组织的电子商务流程一切就绪，员工使用生效后的电子商务流程进行操作的场景。第一位的也是最重要的一步就是要开发出公司的电子商务战略。

针对这个极为重要的步骤的方法论开始出现。虽然这些方法在用词上有很大的变化，但是从本质上讲，它们的核心思想都是相同的，包含了诸如以下列出的一些步骤，这些步骤节选于我们公司的名为“迈向成熟电子商务的能力评估和电子商务的战略选择”的方案中：

- 为开发电子商务战略评估公司整个企业战略的基础。
- 对公司的商业产品/服务/流程进行评估，以找出开发电子商务解决方案中具有杠杆作用的点。
- 对公司主持电子商务解决方案（包括信息技术战略）的现有能力进行评估。
- 特别针对电子商务的商业环境评估：竞争对手的前进方向、发展趋势及竞争能力，以及客户/供应商的方向、趋势及能力。
- 探索电子商务今天及明天的无限可能性。
- 开发出对于用户公司在短期和长期都能增加价值的电子战略的选择/方

案（包括量化的商业计划）。

● 把这些选择方案交给关键的商业人员和技术人员进行讨论，以确定出组织所期望的电子战略。

在开发出一个电子战略后，管理者必须积极地引领组织选择电子应用，来按照这个战略进行行动，蓝图描绘的是更进一步的整个组织的情况，而不仅仅是新的系统。制定完成了的蓝图必须要呈现出一幅完整的画面，否则员工就会产生一个错误印象，似乎他们的工作将完全变成互联网世界。员工必须能够看到和理解整个组织在上马和运行了与现有的流程平行或是替代现有流程的电子商务系统后，将要呈现出来的面貌，蓝图也要勾画出员工们将会如何工作，包括在企业文化、态度、精神面貌等方面的情况。蓝图中标准的构成同我们在第四章中引出的内容相同：组织结构图、目标/评估方法、流程、系统构架以及员工在执行工作时所需达到的补充要求。

别走开！不要停下你的红海设计引擎，在你对企业在互联网加入传统流业务后将会如何运作没有清晰的图景之前，不要走到下一个阶段的执行原则上去。在执行阶段开始之前，最高管理者必须要明确：

● 电子商务解决方案将如何既增加客户的价值又提高供应链的价值完整性。

● 组织主要的业务流程和电子商务系统将如何协同工作以满足组织提高工作业绩的目标。

打造电子商务的红海原则

实施电子商务解决方案的红海执行原则至关重要。提出系统设计，找到与组织变化所需的实施工作所匹配的适当技术范围内的厂商。要抵抗住那些还未将解决方案彻底地整合进公司的日常运营时，就要急于冲上去实施电子商务的冲动和主张，这时需要强有力的领导者。

红海原则六：聚集方法并为实现连营整合做出规划

红海策略的成功执行应以确认所需的方法变迁作为开始。只有在新的电子解决方案融入公司的日常运营中时，执行才会成功。对任何红海发挥作用的方法都是一样的。我们再次重申，这些方法是：

● 业务流程。

● 支持这些业务流程的工厂、设备和工具。

● 将员工行为集中于新的、重新设计的业务流程执行管理系统。

仍要说明的是，底线是相同的：业务流程和信息技术工具，必须严格地满足最大限度地执行和最小限度地混淆达标的要求。

我们发现在有关企业和电子商务解决方案方面的沟通中，“运营整合”这个词是特别有帮助的，这个词对于技术人员似乎意味深长，他们自身属于技术实施小组，而系统整合是与技术实施同时进行的。我们用图 9.1 来显示运营整合在为组织带来价值方面的重要性。

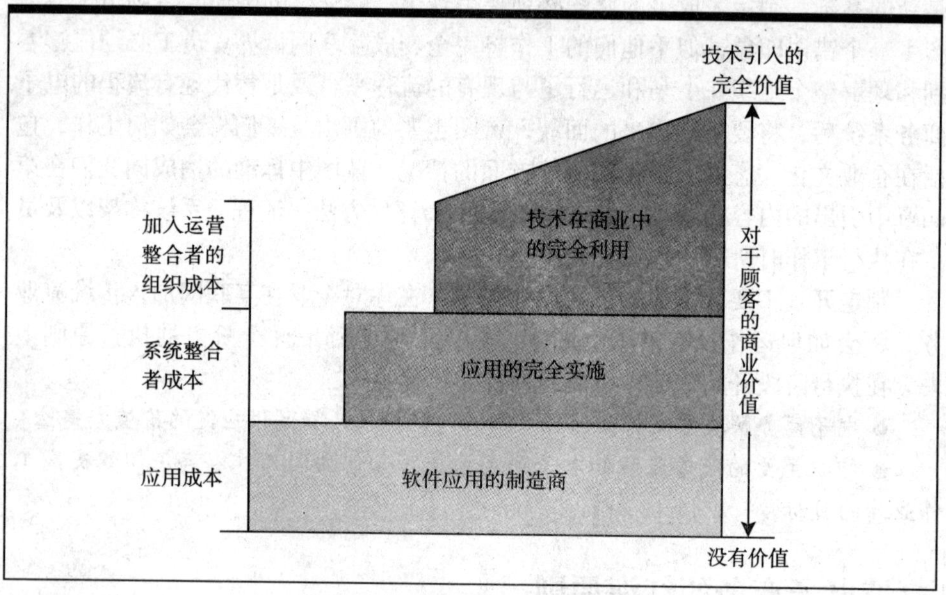

图 9.1 技术嵌入的成本/价值累积

在实现电子商务解决方案的运营整合时，必须采取以下行动：

- 清楚地展现出电子商务解决方案投入运转时的情景。
- 直接表达出对使用电子解决方案的要求/预期。
- 改变业务流程或使业务流程保持一致，以使业务流程与电子商务解决方案相匹配。
- 对业务流程进行记录存档，将组织对员工的指令加入公司政策和工作程序中。
- 员工的角色要进行更改，以与业务流程和电子解决方案保持一致。
- 对用户/员工在业务流程上的培训应包括电子解决方案的内容。
- 执行管理系统准备就绪，以对那些达到预定要求的员工给予奖赏，而对那些不能很好地使用电子解决方案的员工给予处罚。

在大多数公司，运营整合都是一份需要小心管理和注意细节的，具有重要意义的努力。再加上电子解决方案技术实施和系统集成上的复杂性，纪律严明的规划与项目管理无疑是必要的。

红海原则七：运用规划和项目管理来构筑蓝图

对于电子商务解决方案，规划管理的要求与实施企业解决方案（ERPs）的要求（见第八章）非常相似。规划经理的主要任务是使这张蓝图恰恰按照它所被描画好的方式去实现，或者至少尽可能地在人力所及的范围内按照计划好的方法去实施，虽然即使这样，在技术和用户这两股势均力敌的力量之间的冲突还是不可避免。

规划经理应该把注意力集中在立刻做好两件事上：技术上的集成和运营上的整合。第一项任务将确保电子商务解决方案，以及任何其他附加的技术系统，从技术的角度，按既定目标、按时并且按预算地得到顺利实现。而第二项任务是确保新的电子商务系统的用户能够彻底地做好准备，以在新系统一准备好时就能马上将其投入完全地使用。要同时完成这两个任务，不仅要有大量的计划和日常的监督，而且要在横跨组织的技术组和用户组的作业线中来回穿梭，而技术组和用户组有着不同的任务、优先顺序，有时他们也有着不同程度盲目迷信网络的欣快症。

组成电子商务解决方案规划的项目最好能围绕着技术系统（电子商务应用软件）和受影响的用户群来进行组织和展开。例如，集中于电子商务系统的配置和实现的技术项目小组，应该吸收一些用户人员来协助他们的工作，以使他们在考虑问题时也包含了用户的视角。而用户准备项目的关键部分则在于运营整合，它是为了改变用户的业务流程，使之与技术系统保持一致；为了改变用户的角色和职责以及为了提供业务流程的培训而设计的。没有与技术人员非常有效的沟通和协作，用户准备工作就不可能顺利地向前发展。

规划经理的主要目标，是要确保电子商务解决方案能够为了公司的利益而得到完全地实现和充分的利用。在规划经理与首席执行官和首席运营官直接合作以确保运营整合得以实现的过程中，对电子商务解决方案完全的实施是艰苦的，而对其充分地利用则需要使用相当多的技巧和处理大量的困难。

一旦电子商务系统投入运行，规划经理就必须把重点转移到为了争取公司优势而对系统进一步的开发利用上来。组成开发利用规划的项目最好是围绕那些服务于内部和外部客户的全组织范围内的业务流程展开。为了使组织能够发现更好的合作方法，吸收跨功能的成员对于项目小组极为必要。

规划经理应该始终保持活跃，直到最高管理者对于电子商务的实施所取得的成果目标已经表示满意。从这时开始，规划经理可以歇一歇了，直到电子商务系统又遇到了下一个障碍，比如实施电子商务厂商提供的下一版的电子商务软件，规划经理才开始继续发挥作用。而在实际情况中，有些规划管理几乎还没完整地完成一个系统的实施和深度开发周期，就开始着手处理另一个最高管理者决定要实施而新购买的系统版本或功能模块了。实施一个新的系统版本可能是也可能不会是另一个红海，这取决于与系统保持一致所需的流程变化的数量的多少。

红海原则八：聚焦速度

正如和其他红海策略要求的一样，这一原则的核心思想是要尽可能快地转入对电子商务系统的充分利用。但是，我看到许多公司在这个红海策略上都有不同类型的速度问题。虽然大多数的红海策略都倾向于持续时间过长，但是电子商务策略的趋势则似乎是进展得过于迅速。这种超额的速度明显来自于最高管理者急于看到结果，有时也太心急了。冲得太猛导致了两种难题：在电子商务战略尚未明确之前就开始进入实施阶段，以及猛地一下子把技术解决方案塞入了还未做好准备的组织。使用"猛地一下子"这样的词，意味着企业在实施一个技术解决方案时，在运营整合上做得很少或是根本就没有做出任何努力。

在确定好战略之前就开始行动常会带来糟糕的商业结果，即使公司幸运的话，也可能要取消所进行的项目，"猛击"常会带来组织内极度的困惑、员工的沮丧，以及在系统的利用上，花费了比预先要求的运营整合和技术实施同时展开的时间多得多的时间。与其他任何红海策略一样，一个电子商务解决方案从开始到充分利用可以考虑花费 12~18 个月的时间。

红海原则九：满足员工的特殊要求

虽然我们已经在其他的红海策略中描述过大多数员工的特定需要对于电子商务解决方案的实施同样适用，但是有两个需要更为突出。首先，员工将会对有关转到电子商务解决方案会对他们以及他们的工作有哪些冲击的信息有极大的需求。除非这些员工在信息技术领域的经验已经非常丰富，否则公司内就会一片混乱，而且有关工作会受到电子商务系统冲击的谣言一时也会甚嚣尘上。有些报道大肆宣传电子商务解决方案会使许多员工失去工作、流离失所，在这种情况下，在整个红海策略的实施过程中努力与员工进行深入的沟通将尤其重要。所要达到的目标就是要确保员工能够知道项目进展得怎么样，为什么电子商务解决方案将是有用的，电子商务解决方案将如何在组织中发挥这些作用，以及他们随之而来的未来将在电子世界中如何展开。

电子商务红海所要特别关心的第二个问题与员工的技能有关。虽然技能水平对任何一个红海策略都是一个重要因素，而它对于这个红海格外重要。我们听说过一个故事，一个经理看到他们的员工在第一次看见鼠标时，竟然把它放在电脑屏幕上滚动，他这时才真正意识到一个电子商务的实施将会是多么的困难。高成效、高效率和及时的培训，将能保证员工们按照他们的电子商务工作所需要的标准来执行工作。最高管理者必须要面对现实，有些员工可能就是不能按照需要过渡到电子世界中。必须要公正而真诚地对待这些员工，帮助他们在公司中找到一个能真正发挥他们价值的位置。

红海原则十：对红海表现给予奖赏

对于本策略工作表现的激励和奖赏与所有其他策略类似。但是这些激励措施在什么时机采取才合适在这里却是至关重要。把奖金集中在那些像“使我们的公司迅速地迈进电子世界”这样的含混而短视的目标上会导致迅速盈利的色情网站以及鲁莽轻率地解决方案。奖赏必须按照第四章红海原则的要求，紧密联系我们曾在本章早些部分讨论过的流程目标和成果目标。虽然看起来有些奇怪，但结果确实如此，在电子商务实施中最好的结果得自于对已得到的商业成果进行奖赏而非对于实施好的电子技术进行奖赏。

当然，我们也想对按目标、按时、按预算地完成技术性的电子商务解决方案进行奖励，但是我们不想以组织准备和整合的不利作为代价。奖励需与多重目标相联系，既包括流程目标，也包括商业目标，而且要在电子商务策略基本完成的一年到两年后进行支付。避免只给流程目标的完成予以奖励，而对得到的商业成果没有给予相应的奖赏。也要避免给那些只为了达到电子商务目标而践踏了公司其他部分利益的成果，予以不应该的奖赏。

实施红海战略

实施电子商务解决方案是一种时尚，崇尚技术者对此推崇备至，开足马力，大肆宣传。而最高管理者的任务就是为这个最新的红海策略设计一个安全而稳健的航程。集中于获得成果的强大领导，在实现蓝图过程中具有的卓越才能，以及积极进取的规划管理都能把组织推向领先的高峰，而没有这些，组织将会掉入流血的边缘。

第十章　红海战略：企业文化变革

在这一章中，我们将要讨论一个最难而又是理解得最少的红海策略。当人们大谈改变企业文化时，很少有人能在如何去做的问题上达成一致。许多经理只是说说改变文化的妙处就够了，他们之中很少有人愿意忍受痛苦追求一次彻底的文化变革。一个经理甚至说改变企业文化就如同在走向基地；你可别指望从这些原先文化的属民那里得到什么帮助。这一章将以有关文化变革主题的高阶入门作为开始，以对应于这个模糊不清状况下的红海原则的讨论作为结束。

文化变革入门

文化变革的定义

每个人至少都会有一个爱过的人，对于这个人你很难决定买点什么送给她/他。我的妻子就是其中的一个。每当生日和周年纪念日来临时，我就常常会在当地的百货商店或是珠宝店的走廊里踱步。售货员总是忍不住要问："您今天想要点什么？"一到这种时候，我总是不知道该说什么才好。于是我回答："我也弄不清楚，但是如果我看到了我想我就知道了。"组织文化跟它没有什么两样，它们都是很难描述却又非常的重要。

在 1998 年《管理评论》（Management Pevievo）的文章《整合挑战》中汤姆·达文波特（Tom Davenport）将文化定义为："一个组织的 DNA，用肉眼看不到，但在形成工作场所的特征时至关重要。他控制着组织最终的形式和功能。"在 1999 年 4 月号的《人力资源杂志》（HR Magazine）的"不可调和的差异"专栏中的一篇观察报告中，《联合力量：在合并、收购以及联盟中促使 1+1=3》的作者米切尔·李·马克思（Mitchell Lee Marks），从一个非常实际的层面提出，文化就是："有几分像呼吸的东西。你不会想着呼吸，你只是无时无刻不在呼吸而已。但是，一旦我用手捂住了你的嘴，你就想呼吸了。"

在大多数的组织，"官方"的文化源于组织的创立者以及之后的历任领导者创立和传播下来的一系列的准则，这些准则需要在公司面临挑战和启动主要项目时具有一些超越时间的意义，形成一种充满了人性和习俗的公司传统，组织中总有一些员工在没有任何指示的情况下，在变化的条件中，应该如何去做的不成文的规则，这些不成文的规则是基于普通员工长年累月内的行动、思考和对过去的领悟形成的，并同时通过它们得到了加强和深化。当员工的行为与这些规则和习惯一致时，他们就为组织所接受，当他们做不到与之一致时他们就会得到不同形式的组织性的惩罚，这些惩罚包括直接的批评，奖金升幅下降（或根本没有奖金），缺少提升机会或是干脆遭到辞退。

历年来，我们公司对文化有一个非常简单可行的定义，那就是“我们如何去做”，这对于企业文化来讲，至关重要。文化就是员工在日常工作中如何去做公司的事情，就是他们之间如何地相互对待。文化就是一个组织提炼它过去行为的成果，就是它为自己可预见的将来规划行动。

文化如何影响组织的工作执行

正如我们已经讨论过的，对于文化有数打不同但同样有效的定义存在着。简单地说，文化就是一种围绕着工作如何去做，对员工如何选拔、培训、管理、领导以及奖励的组织概念。为了支持组织的目标和策略，企业文化同样必须要与组织的结构、业务流程以及人力资源系统保持一致。

据一些学者的观点，企业文化的确直接地冲击着企业的底线。约翰·科特（John Kotter）和詹姆斯·赫斯凯特（James Heskett）在他们的著作《公司文化与表现》（Corporate Culture and Performance）中指出，那些企业文化组织方向和业务流程保持一致的公司，具有一种能够增长他们的收入甚至他们的股价的，意义深远的更好机会。听起来，这些已经足以让许多经理愿意试一试文化变革的红海策略。

查尔斯-施瓦布公司（Charles Schwab & Co.）的联席首席执行官大卫·波特拉克（David Pottruck）将施瓦布的企业文化归功于在公司向一个强大的电子—经纪商转型的过程中，单独发挥作用的最重要因素。据刊载于 2000 年 7~8 月号的《金融服务市场》（Financial Services Marketing）中的综述文章《网络产业：在互联网驱动的世界里激情驱动增长》中，波特拉克以及该文章的联合作者特里·皮尔斯（Terry Pearce）将施瓦布描述为“一个围绕着，其主要任务是帮助人们达到他们财务目标的、杰出而富有职业道德的主席而建立起来的公司。”而支持这位领导者的是一大批真正相信他，并以同样深切的使命感和热情行动的、忠于职守的管理者们。并且，为了确保这些价值观念在向下传达时没有稀释变味，公司设定了专门的机制保证每条信息不偏离既定目标，而且符合公司的根本价值。管理者的信息必须100%地按既定时间得到100%的传达。

六西格玛、企业变革以及组织表现

六西格玛是一种有关零缺陷（Zero-defect）和几近完美的概念。它发展于摩托罗拉公司（Motorola）的一种概念，摩托罗拉运用这种概念，创造了渗透于全公司的一种最高的质量期望和完全的聚焦客户的公司文化，这个概念源自摩托罗拉各种初步的质量活动，焕发出更大能量则靠的是其海外的竞争对手。在2000年11月的《监督管理》（Supervision）上的一篇文章《变革公司文化并不困难》中，摩托罗拉大学的一名顾问解释了这个概念的意义所在；"如果一个公司抱的是为什么要自找麻烦?"的态度，我将问问他们，如果当他们第二天一大早醒来时，他们的投资竞争对手宣布说，"我们的效率提高了10倍，我们的质量提高了10倍，而我们承诺以过去一半的时间用更好的服务支付更好的产品而且全部按原来的价格。他们将怎么做?"听起来有点耳熟是吧？因为它们正是发生在摩托罗拉、通用汽车（General Motors）以及其他一些在19世纪70年代蒙日本所赐的公司中。缩写为VMI，指供应商管理库存。VMI是一种供应链管理方法（SCM）之一，与零售商自管理库存（Retailer Managed Inventory，RMI）的传统库存管理模式相反的全新库存管理思想。具体而言，VMI是一种以用户和供应商双方都达到最优成本为目的，在一个共同协议下由供应商管理库存、监督协议履行、修正协议内容，持续改进库存管理的合作策略。

引进六西格玛的决定是改变一个公司企业文化的决定，除了在美元上的投资，它要求的更多。摩托罗拉半导体产品公司的质量工程经理，克雷格·欧文(Crarg Erwin)在《监督管理》（Supervision）的文章指出："要成功地实现六西格玛需要远见和洞察力。你要有一个计划，必要的资源，每个人的承诺，不能妥协让步的模块［以确定提高率］。然后你须沿着这条道路设立积极进取的目标，并让人们为此负责。"这是红海式的谈话。

有些公司试着使用六西格玛作为文化变革的工具，以取得多重的成功。诺埃尔·蒂切（Noel Tichy)，《领导引擎：成功的公司如何在每个层次树立领导》这篇文章的作者在1998年6月8日的《计算机世界》（Computerworld）的一篇文章《通用电器公司（GE）的质量冒险》中解释说，在通用电器，具有神奇色彩的首席执行官杰克·韦尔奇（Jack Welch）首先变革的就是公司的企业文化。他清理了自己手中的资源，使业务趋于集中，使优秀的人员各就各位，实行"集思广益大会”。[①]改变了所有的管理流程，继而把对六西格玛的实行放在了首位。

有关通用电气的六西格玛的成功已经写得太多了。韦尔奇和他的团队于1995年末开始了他们的六西格玛行动。全公司范围内的成果是惊人的——总的年节约额高达66亿美元或是年销售额的5.5%。第一个采用六西格玛的公司是通用电器塑胶公司。其首席执行官加里·罗杰斯（Gary Rogers）在2000年10月《现代塑胶》（Modern Plastic）他的文章《通用电气塑胶采用了新的利润中心》中着重讲述了他们的这段历程，他指出随之而来的变革是深刻的：“自从我们从1996年开始使用六西格玛，我们已经很难回忆起它什么时候不是我们公司的DNA之一了。回溯过往，我们不知道这个活动是从哪里开始占据领导位置的，但是可以肯定的是，它正在逐渐成为我们公司历史上最具挑战性的也是最重要的行动。”

罗杰斯将他的公司在电子商务上取得世界领先的成功归功于六西格玛。“我们用六西格玛改造了负责分销的GE Polymerland的客户系统，继而我们将它在线交付上的应用使我们获得了向电子世界过渡所需的实施能力。六西格玛真正成为我们的工作方式。它同时也为我们带来了大量的机会。我们现在每周的网上订单远远超过了2000万美元——而我们像Vendor Managed Inventory（供应商管理库存）、Colormpress（一个可以允许客户选择和配色的外部功能网站），以及Visualfx（QE的注册商标，有相应的树脂，TM材料系列等）这样的新服务，若是没有六西格玛，简直不可能实施。

并购、文化变革以及组织表现

没有比合并和收购（M&As）期间和之后更能凸显企业文化的了。根据休利特联合会（Hewitt Associates）对美国一些主要的组织的调查，在被调查的218家公司中有69%的公司认为整合文化是排在首位的挑战。早在1992年，库珀斯＆莱布伦德（Coopers & Lybrand）公司就研究了100家在合并中失利或遇到了麻烦的公司，其中有85%的公司的管理者表示在管理方式上和实践的不同是他们所面临的主要难题。汤姆·达文波特（Tom Davenport）在1999年4月号的《人力资源杂志》中解释说：“有两种方式会把合并搞糟。一种是付出太多；另一种是整合得太慢太差，以至于没有创造价值，反而毁坏了价值。而误解企业文化是破坏整合的头号元凶。”

当组织开始磨合工作场所的文化时，被收购的公司的生产率会下降50%之多。即使合并或收购是以成功告终，新组成的组织也需要有3个月到3年的时

---

① 一种全公司范围内的活动，大家各抒己见，致力于扫除公司内的官僚障碍，鼓励最佳实践。

间才能从文化震荡中得以恢复。与此同时，时钟仍在一分一秒地向前行进——市场仍在按一定的标准要求公司提供出像样的产品和服务，而且市场也在检验新的实体是否有潜在的成功。

- 价格俱乐部（Price Club）公司，它的员工被称为具有“繁忙的购物中心心态的房产商”，与科斯特科趸售公司（Costco Whole Sale）进行了合并，后者的员工被称为“忠于职守的职业军人”，因为该公司有太多的员工是以底层干起来，之后又发迹的。虽然两家公司都是折扣零售商，但因为不同的文化，他们无法在一起工作，合并也在一年之内土崩瓦解。
- 1993 年美林银行（Mellon Bank）和货币管理的杰出公司波士顿公司（Boston Co.）之间的合并看起来好极了。但是，由于不满于美林银行的以成本为中心的管理方式，波士顿公司的一个关键管理者在合并三个月后就离开了，在他离开的同时，他还带走了 30 个同事和 35 亿美元的资金以及许多原公司的老客户。

公司文化变革的驱动器

在埃德加·斯彻因（Edgar Schein）最新的一本书《公司文化生存指导》中指出：“在公司时代，如果他们不发展、适应以及变革他们企业文化中的要素，他们就会逐渐不适应周围的大环境，而他们的企业文化也就成了限制他们学习和变革的一个严重障碍，不管一个组织是靠什么取得成功的，它都符合这条规律。而越是创造过成功的企业文化，越使组织成员难以在大环境要求他们有新的响应时，看到变化的必要。企业文化这时成了对企业战略的束缚。”

有关这种停滞的一个案例是数字设备公司（Digital Equipment Corp., DEC）。从 DEC 的早先历史开始，它就具有明显地对市场的偏见，和对其产品的最终用户业界闻名的忽视。在可接多个终端设备的大型主机电脑风光的时候，这种态度对它的竞争力还没有太大的影响。但是这种态度确实对公司产生了伤害，当它的业务转向个人电脑和客户—服务系统时，这种伤害就暴露无遗了。数字设备公司没能读懂市场、适应以及响应的含义。

除了我们在其他章节中有关红海的一系列注意的重点之外，要获得高效的文化变革还需致力于在以下关键领域的努力：

- 动员领导者掌握变革的主动权。
- 创造出与战略性和结构性变革一致的角色和业务流程。
- 开发出支持文化变革的人力资源战略，包括执行管理流程以及培训和发展上的支持。一套完备成熟的奖励计划（有形的和无形的）必须要能支持公司的商业目标和策略，业务流程中的角色和责任，以及文化变革。

斯彻因说："没有正确的或是错误的文化，也没有更好的或是更糟的文化，只有联系到组织正在试图做什么，以及组织所在做的事情允许它在什么样的环境中运作，企业文化才有了正误和优劣之分。"比集中在薄弱环节上树立企业文化更好的，是在现有的优势上构筑企业文化。斯彻因总结出来的结论是："永远不要从改变文化的念头开始，而是一直从组织所面临的问题开始，只有对这些问题清楚了，这时你才应问问自己现在的企业文化是帮助了还是阻碍了这些问题的解决。"

用一个对组织来说意义深远的商业难题或是商业机会作为文化变革的驱动器，这种观念我想对于它的重要性我就是再强调也不过分。组织性的意义意味着：

- 在没有控制住难题或是没能抓住机会的巨大价值时，领导者在面对因之而来的严重后果时要保持完全的一致。
- 组织所面临的难题或机会能以清晰和通俗易懂的方式传达给员工。
- 要包括多重的业务流程。
- 要能直接影响各级员工。

组织如何迈向文化变革

在谈到列宁和毛泽东在实施他们各自的"文化革命"的挑战时，有人认为他们常常是采取一个向前的步骤再采取一个后退的步骤——或者更糟，一个向前的步骤和两个后退的步骤。从后面的例子我们可以看出，实施企业文化变革的行动与之常常没有什么两样。最重要的是，组织和文化变革的覆盖面相当广泛，就像是业务流程一样。我们选择以下的例子是想说明在相对成功的序列中的一些不同之处。

CSX：回到原有的轨道上

铁路运输的商业文化已经有超过一个世纪的古老历史了，和从那个时代开始的其他行业的文化一样，它也是基于命令和控制的管理结构之上的，CSX 的高级管理层关心的，也是要保证合法和保证安全，为此，CSX 的高层强制实行了一系列他们认为可以提高工作执行力度的规则和管制。他们采取这些措施并未过多地听取第一线员工的意见。那些报告了不安全状况的作业线上的员工不是被忽略了，就是受到不断的倾扰。所以越来越少的人向上汇报也就没什么可奇怪的了。就这样过了一段时间，工人和管理层之间的联系断层越来越大，不管是在沟通上还是结果上都是如此。而事故和受伤情况也在上升。来自工会和联邦管理机构的压力在增大。在 1997 年，来自联邦铁路管理委员会的伤害审查发现 CSX 中存在着大量的轨道和信号错误、员工过度疲劳以及强调按时完成超过了安全防范的管理文化。

很明显，进行大型整改的要求已经排上了议事日程。在 1997 年初，CSX 管理层采取了惊人的一步，将他们的安全和员工纪律计划交与公司的 2.8 万名普通员工去完成。考虑到铁道行业在历史上曾经对其劳动力十分残暴，CSX 的这一举措无疑代表了一种根本性的转变。管理层还将与它的两个最大的对头——兄弟机车工程师协会（the Brotherhood of Locomotive Engineers）和联合运输工会（the United Transportation Union）进行合作，这两个对手的劳动力占到 CSX 的一半。为了使这次调整的前景具体化，CSX 雇用了吉姆·舒尔茨（Jim Schultz）——这位联邦铁路管理委员会（FRA）的前高级官员——来作为公司的首席安全官并负责这次变革的实施。

这个规划包括了趋向安全和做出决定的两个根本性的改变，设计这两个基本的改变是为了消除危险并鼓励员工对不安全的情况和事故进行更经常也是更准确的报告，以分析有关的根本原因：

● 员工现在可以在每个中心终端选择自己的安全委员会，而不是过去的由管理者指定。

● 新的纪律流程将由员工负责。在一个经过授权的规划中，违反了安全规则的员工坐到中间，与由其同事组成的小组共同讨论所发生的事件，如果没有发生严重的损伤，他们大多是不受惩罚地回到原来的岗位继续工作。只有在严重的伤亡出现时，才会授权一个正式的听论会进行听论处理。当新的规划开始时，原先的惩戒、控制、纪律就被勾销，员工们又以一张新的白纸一样的面貌和记录开始新的工作。

在 1999 年 4 月 7 日的《华尔街日报》（The Wall Street Journal）的文章《CSX 单元打破传统，彻底革新安全规则》中，描述了在这场行动中的林林总总。为了向员工宣传这个计划，CSX 雇用柯蒂斯沃（Curtis Wall）（一名铁路列车员和联合运输工会的本地领导人）来作为全职的劳工联络人，这恐怕是公司历史上第一个此类工作。CSX 将它的文化变革行动引入了公司总部，以及蒙哥马利分部、阿拉巴马分部。一位公司在蒙哥马利设施分部的火车列车员和领导 250 名员工的工会领导人罗伯特·科勃（Robert Cobb）说："在我 20 年的经历中从来还没看到任何像这样的事情。"授权计划接着推广至遍及佛罗里达到东南地区的广阔地域。在 1999 年，它已经在中西部和东北部的服务沿线上开始试行这套计划。CSX 在员工的自我实现的力量促进下全速发展，而其他的铁路运营商也开始更小心地进行运输。"CSX 所使用的语言和其他的铁路商的语言是一样的，差异在于 CSX 将其付诸了实践。"联合运输工会的国内立法主任詹姆斯·

布鲁肯霍弗（James Brunkenhoefer）这样总结说。

在这个规划生效的1998年，报告上来的事故和受伤事件数量上升了，而且持续了数月。这种结果可能与员工们想用报告事故来测试一下这个项目有关。实际上的好消息是初步的规划加入了那些尚未稳定但一心想要向调整者和股东都证明这套流程的安全性的管理者。虽然当时出现了几分令人沮丧的结果，CSX的管理者们仍很坚定，拒绝有关放弃这个新规划的任何诱惑。

坚持终于有了回报。在最终的增长之后，结果开始出现更加令人鼓舞的局面。虽然基于数十年彼此不信任还在持续着，本地工会的领导人看起来对公司愿意尽更大的责任的态度开始表示欢迎（大部分的一线员工都是从20世纪60年代开始他们的这份工作的，他们对公司差劲的管理和糟糕的劳工关系都拥有单一而深刻的记忆）。沃评论说："这次宣传可不容易，但是我们必须要让人们相信。我们的信誉在接受考验。"这里有一些早期的成功。1999年3月员工受伤率是10年内任何一个三月当中最低的，与1998年相比，火车事故下降了20%，与1998年相比，受到停职和免职的人数也减少了。

管理者现在要面临的挑战是要在大量增加的要求提高安全性的呼声与保持盈亏平衡的利润底线间寻求平衡，业内的观察家声称，由于缺少材料以及其他一些短命的联合劳工—管理层初步行动的失败，他们对CSX这一变革努力的评判暂时保留意见。而调控者仍持鼓励的态度。联邦铁路管理委员会的管理人乔莉·米利托丽斯（Jolene Molitories）指出虽然事故和受伤率开始攀升，内部的抵抗呼声也很高，但她仍然相信CSX的领导对变革所做出的承诺："在解决这种文化变革方面，我认为没有任何其他的哪一个铁路公司比CSX做得更多。"

为继续促进在员工—管理层关系上的改善，卡彭特的管理团队和首席劳工谈判代表肯·佩弗（Ken Peifer）与员工创建了一份"社会契约"，其中包括每两周与国内和州劳工领导者以及CSXT官员的电话会议。在2000年1月号的《铁路时代》（Railway Age）中的文章《倾听他们渐起的呼声》中，佩弗说："我们在其中用开放的用语谈到了我们的铁路以及铁路行业的状况，"他把CSX常能在疲劳和生活质量问题上达成全体一致的同意归功于这种定期和开放的对话，而这些问题在其他的铁路运营公司中往往是激烈争论的焦点。佩弗说："我们的目标是在新的商业机会面前有更大的灵活性和适应性，"而这会转化为更多的利润，更有保障的工会工作，更多能定期支付的工会会员。"通过解决彼此的难题，我们都才得以向我们都想去的方向前进。"

在1998年有了开天辟地性的劳工—管理层的协议后，卡彭特为公司的文化变革打下了良好的基础，1999年7月，卡彭特成为CSX公司的董事局副主席，而罗纳德·康韦代替他成为CSXT的首席执行官。康韦原是Conrail公司的资深经理，在Conrail被收购后与其他几位资深经理共同加入了CSXT，康韦曾作为Conrail的首席运营官而赢得了来自客户和华尔街的高度关注。对于他的新任命，华尔街把它当做是对正在提升的CSX业绩的回应而对康韦的新角色大加吹捧，作为他的业绩提升计划的一部分，康韦启动了LAM计划（即本地区域管理计划（Local Area Management，LAM）），这是他在Conrail开发出来的一个分散性的区域性结构，这个结构使各组织在区域层次上为资产利用和客户服务负责。将管理决定沿着管辖链向下推行，使Conrail的汽车循环速度提高了20%，在该计划推行的两年间，该计划为Conrail在提高生产率和降低库存周转费用上节约了大约超过1亿美元。康韦所允诺不推翻的是卡彭特和舒尔茨所构筑的已经形成的信任手工作业的文化。现在不是要同情因"在Conrail的整合中付出了太大的代价"而受到惩罚的教练和同辈领导，取而代之的是康韦在1999年9月的《铁路时代》（Railway Age）中发表的一篇文章《罗·康韦能重新按照客户的角度来重塑CSXT吗?》。他说："这样的事情是正确的。它使我们从其他铁路公司中区别出来。"

如果故事讲到这里就结束的话，还能有一个愉快的结局。但是时间和困扰还在继续。在2000年3月，联邦铁路管理委员会发布了一次对CSX轨道条件的安全审核（就像1997年进行的那场引发了公司新的安全行动的轨道安全审核一样）。这次的核查发现，CSX的轨道条件在恶化，特别是轨道在变宽，而这是近年来小型出轨事故的原因之一。在《商业日报》（Business Journal）2000年4月28日的一篇文章《首席执行官发誓要扭转CSX的困难局面》中，CSX公司的首席执行官约翰·斯诺（John Snow）回应这次核查的结果时表示，公司"对在报告中确定的所有缺陷有的已经全部修复，其余的也全处于修复的过程之中"，而且他将亲自挂帅，实施一个对公司的所有轨道进行维护和完善的公司内部复查计划，以确保所有的努力充分达到效果。

在2000年4月，斯诺免去了罗纳德·康韦的CSX主席的职务，并宣称由他来亲自掌控公司的铁路业务单元——在成为母公司（CSX）的主席和首席执行官之前，斯诺曾在1985年到1989年负责领导该单元（CSXT）的工作。从Conrail的崩溃和整合中不断上升的服务和安全问题，再加上股价下跌，这些都证明了康韦致命的合并生涯。

在2000年4月11日的《费城调查》（Philadelphia Inquirer）的文章《CSX的主席因服务、安全和资金问题遭到解职》中，斯诺评论说："许多他（康韦）带进CSX的糟糕的东西可能还将持续一段时间。"斯诺又说他将走访公司2.34万英里，跨越23个州的铁路网络上的所有主要站点，并启动一段时间的现场管理，以使CSX能在7月1日前令人满意地回复到正确的轨道上来。斯诺说：

"随着时间的推进，CSX 的总部将会搬到飞机上。从现在开始的三个月内，你将看到一个完全不同的铁路。你将看到增加的速度以及大量车辆准备投入第一线。你将看到我们对于困难及时采取行动的倾向。我们将回到我们的根本所在，回到我们的 101 铁路运营上去。"

在本书付梓时，随着时间推移，CSX 有了一些新的进展：

● 第三季度业绩的提高，(如果不算是惊人的提高的话)，使股价逐渐上升。

● CSX 的首席安全和文化变革官员詹姆斯·舒尔茨宣布了他的辞呈，结束了和 CSX 铁路 3 年的合作，他继而加入休斯敦废物管理公司，接受了一个类似的"赚钱"的职位，在 2000 年 11 月 9 日的《佛罗里达时代—联盟》(Florida Times-Union) 中的文章《首席安全官离开了 CSX 运输公司》中，CSXT 负责运营的执行副总裁迈克尔·沃德引证了舒尔茨对运输行业的价值所在，他说："吉姆·舒尔茨在过去三年间为我们确立的道路改变了我们公司的文化，对我们的劳工管理者关系产生了深远的影响，而且它也成为了其他公司仿效的榜样。"

● 在沃德发表如上评论的几天后，斯诺在 2000 年 11 月 29 日的公司出版物上宣布任命沃德为 CSXT 的总裁，并将公司近来的状况好转归功于沃德："自从 4 月份投入运作，迈克尔和他的团队已经使情况有了显著的好转。今天，我们提供给客户的是更高水平的也是更连贯一致的服务。我们的铁路现在运转得更为通畅也更加可靠，而且我们的 35000 名员工也提高了效率，为了公司在所有领域都能获得业务增长而紧密地团结在了一起。"

红海启示

这个故事是典型的走两步、退一步。你可能难以在一两年内就改变一个百年历史的文化，但是你能为真正地开始重塑它取得初步的进展。如果你相信自己的规划，就要坚持到底。

奥斯拉姆-西尔范尼：文化变革隧道尽头的曙光

奥斯拉姆-西尔范尼（OSRAM Sylvania）是马塞诸塞州为基地，主营通用的照明产品、汽车照明器材和配件，以及特殊材料、化工用品和电子组件的价值 18 亿美元的生产商和经销商。公司雇用了 1.3 万名左右的员工，在北美经营了 22 个工厂。在其 30 多年的历史当中，西尔范尼吸收了以其电信母公司 GTE 为范本的工作实践和企业文化。在 1993 年，西尔范尼（Sylvania）被西门子的一个子公司奥斯拉姆（OSRAM）收购。公司的大部分部门沿着功能线进行了重组，反映了它的新的德国母公司的结构——使用的是一个传统的目标管理方式的执行管理计划；从一个功能到另一个功能基于工作的等级制度；以及基于扁平级别、工资范围和控制点的报酬体系。这种实践的目标是完成每年的商业计划和确保整个人力的平等，但是极少强调对个人的优秀表现进行定义、确定和奖励。

西门子 AG 公司在欧洲是如同通用电器在美国一样的知名企业，而它现在无论是在规模上，还是在组织内部公司的多样化上都出现了畏缩不前的现象，这一点以其医疗工程公司到公用通信网络设计公司到高速的微处理机公司，情况都是如此。据发表于 1997 年 10 月 14 日的《加拿大计算机应用》（Computing Canada）上的文章《改变形象的时刻》，西门子 AG 公司有近 70%的产品所基于的技术少于 5 年的历史。公司的总裁及首席执行官亨利契·沃恩·皮埃尔博士（Dr.Heinrich von Pierer）认识到西门子自身需要增加收入和重塑组织的公司文化。在 1996 年的年度报告中，皮埃尔博士提出了来自西门子的业务上深刻的变化和挑战，包括技术变革，以及作为撤销管制的结果和定制化解决方案的要求，而在购买程序上应做的改变。他写道："我们也必须进行变革以迎接这些挑战。"但是十足庞大的规模和多样化的组织，使得这些挑战在成比例地增加。然而，积极的变化仍能在本地化的层次上得以实现。

在奥斯拉姆公司内部，滋生出了形形色色的子文化，这些子文化大多是由数个强势领导者的管理风格，以及他们与各商业单元和他们最大的客户间的关系综合形成的。例如，在奥斯拉姆下属的汽车照明分公司的企业文化就是受了福特公司（Ford）和克莱斯勒（Chrysler）公司的影响，强调要有系统的质量保证以及对疑难问题的快速反应。而另外，奥斯拉姆的精密材料集团则深受其前任领导的运营方向的影响，他的重点在于业务单元可以自由联合但各自对所需的结果有严格的职责。

在这次实施西门子管理实践的转变过程中，一位新的人力资源副总裁得到了任命。弗·亨特曾是奥斯拉姆的一个有着 1200 名员工的玻璃制造分公司的成功的总经理。亨特认为企业文化是一种潜在的工具，它能够驱动或至少跟踪员工在态度和行为上的变化。

他从运营的角度来推进文化变革项目。认识到在各种矛盾倾向中的不同的和潜在的冲突，亨特启动了一个计划，以期能在正在变化的环境构架内，找到一条道路，来确定公司现有的和未来期望达到的企业文化。这些正在变化的大环境是：

- 汽车照明行业的全球化。
- 消费照明产品的零售客户基础进一步得到巩固。
- 不断有新光源被开发出来。亨特和他的执行管理团队的成员们明白，高度程序化的企业文化在稳定的时期可能会很好地发挥作用，但是在发生快速而重大的变化的时代则难以进行有效的竞争。

公司的执行委员会和资深管理层在优先考虑的企业文化上总的达成了一致，即使用 Hay 集团（Hay Group）的目标文化模式流程。他们确定了七个，公司将给予更多奖赏和鼓励的，能够为向理想的企业文化前进提供支持的关键行为模式，也确定了六个公司不予奖赏和鼓励的主要行为模式。

给予鼓舞和奖励的关键行为：

- 加快做出决定的速度。
- 为客户提供可靠的承诺。
- 为员工提供资源客户。
- 灵活而适应性强地思考和行动。
- 持续提高运营水平。
- 有效地增加周转速度。
- 鼓励团队精神。

不鼓励（制止的）主要行为：

- 谨守上命下行。
- 极力提倡某一观点。
- 极度限制负面风险。
- 组织过严。
- 用以前证明过的方法适用于现在的市场。
- 支持自己老板的决定。

公司启动了数个关键的初始行动来支持公司的商业目标和文化变革目标。这些项目都有良好的联合增效效应和回报。亨特重新设计了公司的执行管理流程（Performance Management Process，PMP）。主要的目标是从以头衔为基础的企业文化转变为以工作表现为基础的企业文化。工作表现将以一个由数项关键因素组合而成的概念进行重新定义，这些因素包括：按工作目标所获得的成果，在特定职责领域所做出的行为以及其所表现出来的技术和其他技能。职责领域被定义为基于全公司范围内的和特定角色范围内的领域，以与基于流程和时间的企业文化更紧密地联系起来。

新的执行管理流程做出承诺，将会有更多的管理时间和员工的时间转向对执行管理的培训，中期表现情况的评审，员工职业发展计划，以及针对表现差的员工的行动计划。它也要求对带薪员工要按以下四个核心职责能力来进行评估：

- 承诺进行持续的改善。
- 客户服务导向。

- 变革管理。
- 在他们特定的本职工作之外加强团结合作。

整个照明业务单元启动了一个为时 30 个月的初步行动，目的在于使用一个由咨询公司托马斯集团（the Thomas Group）开发的方法来缩短周转时间，再造规划包括了在生产、客户支持、物流组织、分销以及产品开发上的流程改进项目。

一项 1997 年的进展测量核查结果表明，奥斯拉姆-西尔范尼公司在迈向流程文化的道路上已经有了一定的进步，但是，公司在转向基于时间的文化方面尚无太大进展。作为对此调查的反应，公司进行了大量的实践，这些实践的原则是：客户的问题和新的机会，都应以公司内具有最高效率水平的方式进行处理。

红海启示

在这里，中心的红海精神就是对处于不断发展中的文化变革进行实证型的探索。组织在全面地向目标推进，和在应对挑战做出方向正确的决定时，不需要在任何时候都是完美的。变革的规划，应该是在抱着坚定的要改变企业文化的意愿，并针对商业挑战而开发形成的。这个规划将由最高管理者支持和推行，而一步步的进展都要得到评测。

原则

现在到了应该介绍应用于这个文化变革策略中的红海原则的时候了。这一章的目标不是对第四章的简单重复；相反，我们想展示出对于这个特殊的红海策略这些原则都有哪些变化和差别。

红海原则一：宣布公司进入红海

所有文化变革策略所要说的就是，改变所选的全组织范围内的工作行为，以更好地实现远期目标。同时，我们也想让诸多公司明白，文化变革将会是艰难的，耗费时日的，伴随其间的还有大量的困惑、麻烦和错误，在宣告公司进入红海的同时应该也描绘出公司试图要影响的环境状况的特征。

例如，如果组织文化中有交付时间长，较少关心客户感受的倾向，那么最好把红海策略的特征归结于客户满意度或是增进客户的保持率。最高管理者将描述出文化变革会对组织和客户带来的双重收益，同时也将指出，如果变革进展不利也会带来潜在的损失。在宣布进入红海时，我们建议您与其使用“文化变革”的字眼，不如把焦点对准你要修正的业务状况。

红海原则二：投入最佳人员

“照我说的去做而不要照我做的去做”，这种观念在文化变革中明显行不通。如果说哪个红海策略要依靠最高管理者的典范作用，那么无疑文化变革就是这样的策略。组织既要指望最高管理者，众所周知也要依靠员工在任何指定的文化变革中执行指令和提供支援。

对文化变革的领导始于最高层继而流向全组织的各层经理。对待这场变革，整个管理团队必须要有同样的观念和承诺。他们必须要在想要达到的文化变革以及使这些变革得以实现的商业焦点上达成共识。虽然在观念看法上达成一致是至为重要的第一步，但它本身并不能驱动变革。领导者的角色和行为也必须改变。在企业中已经牢固树立的文化，以及在许多情况下领导者较长的任期，都使这种领导者的转变变得至为困难。但是除非也只有到了它的领导者进行改变并起到模范带头作用的时候，组织才可能真正地进行文化上的变革。

首席执行官的红海职责

● 面对组织的首要的倡导者。首席执行官担负着倡导文化变革的使命，他的胸中饱含改革的热情，言行也要与之相匹。若是首席执行官自己没有成为文化变革的化身，那么他也就扼杀了这场变革。

● 面对董事会和投资者的首要倡导者。首席执行官的目标应是保证董事会能够获悉、参与和支持文化变革，并向他们说明文化变革的方法和目的。

● 首要的客户倡导者。首席执行官要确保文化变革能够从客户的角度增加价值。

● 首要的沟通官员。首席执行官要就文化变革的商业原因、要达到的特定的商业目标，以及它给公司带来的持续的形势变化而与外界沟通。

● 总设计师。首席执行官要确保新组织的蓝图应包括公司想要运用的新的运营模式，首席执行官要与首席运营官共同工作，一定要选择出那些可以用来为组织在如何工作上得到预想的改变，而提供定义，努力即可达到的可能性和支援的特定商业环境。

● 总的规划管理者。首席执行官必须要毫不心慈手软地确保，文化变革所需的所有细化的方法变化都已得到确认和控制，使变革能够按目标、按时以及按预算地进行。另外，首席执行官是资源的主要提供者，内部障碍的排除者，实现文化变革以及相应的商业目标的最终时间掌控者。

首席运营官的红海职责

● 设计者。首席运营官紧密地参与进文化变革蓝图和设计当中，负责那些由变革影响的商业运营。

● 文化变革蓝图的首要执行官。首席运营官及其直接报告者将要为组织实现商业目标，以及确保为了达到这些目标做出预期的组织行为而负责。

● 客户记分卡的日常拥有者。首席运营官负责新组织接触客户的那部分工作。

● 每日变革的领导者。首席运营官与首席执行官和规划经理协同工作，以理解、确定和安排好要实现文化变革的商业目标所需的方法性变革。

● 职责典范。首席运营官是文化变革的初步行动所期望看到的行为模式的个人楷模。

首席销售官的红海职责

● 客户倡导者。首席销售官关注的是在文化变革期间的客户关系，为客户交互、市场影响和防止客户损失负责。首席销售官也与首席执行官和首席人力资源官直接合作，以确定预期的行为改变以及它们对客户记分卡产生的直接影响。

● 市场信息的来源。首席销售官要保证首席执行官和管理团队在文化变革期间和之后能够与市场保持一致，并把市场影响持续放在优先的位置。

● 面对客户的主要沟通者。首席销售官负责解释文化变革将如何更好地为客户服务。

● 面对公司的主要沟通者。首席销售官保证组织获悉文化变革如何正在影响客户和市场以及做出个人楷模应有的行为。

首席财务官的红海职责

● 评测中的领导者。首席财务官负责测量文化变革行动的结果，推动与可见的文化变革相关的商业目标的进一步实现。

● 资源经理。首席财务官用资源来协助首席执行官实现文化变革行动。

● 薪酬和奖励机制的设计者。首席财务官与首席执行官和人力资源官员协同合作以确保激励推进文化变革成功的组织成员的货币性奖励已经准备就绪。

● 职责楷模。个人典范，做出首席财务官要作为文化变革行动所期望达到的行为的个人典范。

首席信息官的红海职责

● 评测中的领导者。首席信息官与首席执行官和首席财务官直接合作以使评测文化变革结果的标准和记分卡全部到位。首席信息官也要直接和最高管理者和 IT 资源管理者合作，以确保有关进展报告的实时信息能及时获得。

● 职责楷模。首席信息官要作为文化变革行动所期望达到的行为的个人典范。

首席人力资源官的红海职责

● 组织发展的领导者。首席人力资源官与首席执行官、首席运营官以及首席销售官协同合作以确定文化变革所期望的行为和现在需要改变或取消的行为，以为达到这些预期行为开辟道路。首席人力资源官也要与首席运营官直接合作以确定和努力找出文化变革带来的对所有人员的影响。

● 面对公司的首要沟通者。首席人力资源官与首席执行官共同工作，向组织成员传达文化变革的信息，包括哪些行为是组织期望看到的，哪些行为是组织不希望出现的。

● 执行管理的领导者。首席人力资源官负责改变执行管理系统，以对公司所期望看到的行为给予奖励，并对公司不想看到的行为予以制止。

● 培训和发展的领导者。首席人力资源官负责确定出文化变革所需的能力要求，并为培养员工的这些能力提供培训。

● 负责调职或介绍新工作的首要人员。首席人力资源官协助首席运营官一起处理有关不愿和/或不能与文化变革保持一致的员工的表现问题。在文化变革中，你总会发现个别的员工，无论是出于什么原因，总是完全地拒绝改变他们的行为。在这些情况下，首席人力资源官要对这些员工的调动或解雇提供支持。

● 职责典范。首席人力资源官要对文化变革行动所预期的行为做出个人表率。

要成功地完成文化变革，管理团队必须要完全地团结在一起。在管理团队中不只是每个人都要在组织倡导的新行为上做出个人表率，他还必须支持和鼓励其他团队成员采用新的行为模式。一个盔甲中到处都有裂缝的管理团队就会成为一个摆在那里，大家都可以看见的影响极坏的例子，它等于在说，文化变革并非真的是公司内大家都要遵守的新法律。

红海原则三：聚焦客户

启动一个有效的文化变革的关键是将这场变革与客户相连。事实上，检验一个预期的文化变革是否明智的较好的方法，就是看一看这场变革是否会给客户添加直接的价值。组织与客户的工作方式就是对文化变革是否有用的一个很好的检验。简而言之，如果最高管理者看不到一个如我们在第四章中展示的客户记分卡，看不到文化变革产生的直接影响，那么他为什么还要推行这场变革呢？

我们相信，以首席销售官为中心，与管理团队共同合作，把任何预期的文化变革都转化为客户向度的价值，这一点非常重要。这种转化的行动，将与许多不是把整个销售队伍甩到一边，就是把他们束之高阁作为组织余下的那批尝试改变行为的人的文化变革，有着根本的不同。

常见的文化变革目标诸如反应灵敏、信息共享、速度、关注细节以及卓越的六西格玛品质，都可以与客户记分卡直接相连。要努力使预想的变革落实到具体的客户评测上，要通过这些评测能使大家广为理解和接受文化变革和其基本理论，要使这些评测能够尽量的具体，以便在实际工作中发挥作用，这一切都还有很长的路要去走。

红海原则四：树立清晰的红海目标

这个原则要求，最高管理者能把他们有关文化变革的思想转化为具体的商业目标。最好是与客户有关的能反映文化变革的简洁明快的目标。

使用我们前面提到过的文化变革例子中的向度，红海目标可以是类似以下的目标：

- 快速的客户响应。所有投诉的客户在24小时内能与公司取得个人联系。
- 信息共享。客户记录包含有完成客户交易1小时内的所有所需的信息。
- 速度。来自客户的建议，在收到的24小时内，按规定的程序加入到新产品开发所需考虑的因素之中。

业务目标也可以由客户部门来确定，这些目标包括市场占有率目标，以及预期增加反应灵敏度、信息共享度和速度的客户满意度目标。任何文化变革策略都需要确立好的、清晰的、以客户为导向的目标，这一点我就是再强调也不过分。没有由变革思想转化而来的，员工可以理解的，并与他们息息相关的一些目标，文化变革就会举步维艰。

红海原则五：为成功绘制蓝图

蓝图这一步骤的目标，是用文字描绘出一副组织的文化变革已经到位时将要呈现出来的图景。蓝图必须能向公司从以下数个关键向度上传达出准确的信息：

● 把预期的行为模式应用在与客户交互的业务中，以达到在早些阶段树立的目标。这里的描述应该是运用组织想要拥有的行为模式，来与客户进行交互活动，并为客户增加价值，为组织增进成果。换句话说，蓝图必须要表现出，在新的业务流程中组织预期看到的行为模式。

● 在公司内部员工之间的行为要采用组织预期达到的行为模式。这里的描述应该表明日常的工作是如何表现目标行为的。

● 公司中经理们的行动要进一步地巩固预期的行为。这一描述表明经理要对做出预期行为向组织目标奋斗的员工给予奖励和支持，而对那些做出组织不愿看到的行为的员工给予制止。

● 经理们要按新的企业文化身体力行。这里的描述表明最高管理者将是预期行为的楷模。

我们至今已经讲过的所有策略蓝图，展示的都是公司在红海后应该如何运作，而在文化变革这个策略中，做出一个反面蓝图是极为有用的。这个反面蓝图所描绘的是组织在红海策略之后，组织应该如何地不做某些事情，反面蓝图要表明所有组织不想看到的行为累积到一起会给组织和客户带来怎样的，大家都不想看到的结果。

别走开！在组织于文化变革后将如何运作的清晰图景尚未出现之前，不要停止红海的设计引擎而走向下一阶段的执行原则。这些清晰的图景应包括：

● 组织范围内的新行为将如何增加客户的价值。

● 组织将会怎样奖励预期的行为和怎样阻止不想看到的行为。

执行文化变革的红海原则

红海执行原则对于文化变革而言尤其重要，因为这场变革对许多员工而言都是既花费时间又令人沮丧的事情。这时需要强有力的领导把变革的焦点折中文化变革中实质的部分，以确保预想的结果能够一击即中的，也确保组织在改变可能是他们数年的做事方式沉重的任务面前不会临阵退缩。

红海原则六：聚焦方法

红海策略的成功实施最好是以确定必要的方法变迁作为开始。文化变革的方法变迁分为两类：与商业目标相连的一类和集中于公司的执行管理系统的一类。

首先要面临的挑战，是要确定为实现为文化变革确定的目标所需的方法变迁。继续用我曾用过的提高客户服务的例子，如果已经确立的商业目标是服务的响应灵敏度和速度，那么影响这些目标的业务流程就必须要得到确认并作为更改的对象。例如，对于响应灵敏度，组织可以把目标指向客户订单处理和生效的业务流程，力争使客户订单的处理和生效过程更加准确可靠。一旦确定了目标流程，特定的方法变更就可以得以命名。再次重申一遍，这些方法是：

- 业务流程。
- 工厂、设备以及支持这些业务流程所需的工具。
- 帮助员工把行为集中于获得商业目标上的执行系统。

第二个挑战，是确定在执行管理系统中，用奖励来对预期行为进行传递思想，提供可能以及巩固加强的方法变革。虽然执行系统对所有的红海策略都是重要的，但它对文化变革尤其重要。执行管理系统是最高管理者手中的工具，他充分地使用这个工具，就可以驾驭组织，达到预期的行为模式。

在公司执行管理系统中特定的子流程，也必须通过核查，以确保它们能够支持业务流程和行为方式中的改变。需要关注的子流程包括：

- 确定在每个组织职位上，支持已经改变的业务流程所需的特定行为和薪酬。
- 重新招募和雇用具有组织所需技能的员工，并给每个岗位设计好薪资标准。
- 把公司对于岗位在职者期望的表现，与其进行沟通（包括交流在文化变革中，公司确实想看到的和不想看到的行为）。
- 对尚达不到业务流程要求的预期行为的在职者，进行培训以提高他们的能力。
- 提供定期的和实时的对员工工作表现的反馈，以使员工能够把他们的工作行为集中在组织期望的行为上。
- 对员工的工作表现进行评价，包括对达到预期的行为模式的员工给予报偿，而对那些没有达到工作要求的行为进行阻止。
- 对没能达到预期工作表现的员工予以教导。

虽然这些变革是简单而富有逻辑的，实施起来还是很困难。因为，执行管理系统是最难影响的流程之一。改变这个基本的组织流程，意味着经理们需要围绕着工作表现的主题，以不同的方式来对待员工。而许多经理发现，这是一个完全难以对付的主题。虽然许多经理发现给予积极的反馈相对容易，但同时他们也发现对于那些尚未达到工作预期的工作表现，对付起来可就困难了。

红海原则七：运用规划和项目管理来构筑蓝图

文化变革策略归属于首席执行官。没有其他的什么人能有信誉、权力和权威来启动一场文化变革。但是我们发现，一个直接向首席执行官汇报的规划经理能够给予首席执行官极大的帮助，以确保文化变革所需的工作都能有效地展开。

规划管理的工作应该集中在，为获取文化变革目标中特定的商业成果，以及加强公司的执行管理系统的形形色色的项目当中。我们公司的经验表明，参与流程的组织代表应该包括来自每个业务项目的人员。例如，如果一个商业目标是通过以更少的错误使订单入口更为畅通，而增加对客户响应的灵敏度，那么在安排项目小组成员时，应该吸收来自客户服务、销售及财务各部门的人员。

规划管理必须要抱有一种要取得文化变革彻底胜利的态度。规划经理要保证在业务目标达到之后，对各项目仍要投入适当的时间和关注，以使项目进展顺利。这些项目绝不允许失败，因为它们是整个文化变革的排头兵。

但是，规划经理不能采取规划管理中至关重要的步骤。这些步骤要由首席执行官做出，首席执行官必须确保每个周期的奖励，都经过了有理有据的评估，并能从文化变革的核心，对预期的行为进行巩固和加强。只有首席执行官才有力量确保和坚持，最高管理者认真彻底地，对预期的行为进行的奖励，以及对组织不鼓励的行为的有效制止。

红海原则八：聚焦速度

通常的奖励周期决定于文化变革的速度，组织成员先是听到组织宣传，现在有些行为是组织期望看到的，而有些行为不是，接着组织启动一个奖励周期，对组织所期望看到的行为给予奖励，这种奖励强化了有关行为变革的信息，这时候，员工的行为改变才会出现。虽然有些组织成员将直接响应并迅速进行组织所要求的行为转变，但另一些组织成员则相反，他们等待、观望，有时是在咂摸着一个表现奖励/工资评审事件的结果。有的组织成员甚至在等着下一轮的奖励下发后才能确信。我把对这一现象的解释权留给行为科学家们，而我则给最高管理者提供我们的一条实际的经验：在你看到整个组织取得预期的文化变革前，最好在心中准备好两个奖励周期。

因为大多数的公司是以年度为基础发放业绩奖励的，他们可以假定用两年的时间来完成一个全组织范围内的文化变革。我曾看到过有些公司加快奖励周期并给符合预期方向的行为提供年中的奖金，但是这种情形并不多见。

当我使用“奖励周期”这个词时，我指的是高度公正的奖励周期，在这里，最高管理者在控制奖励的发放时应该铁面无私，在奖励预期行为和拒绝给未达到预期行为的员工发放奖励时做到一视同仁。一个不甚公正的奖励周期，使有些员工在其行为尚未达到预期时就能得到积极的奖励，这实际上将会拖慢文化变革的进程。总而言之，员工们需要听到组织期望奔往的方向，看到同时也是感觉到他们行为的结果。

红海原则九：满足员工的特定需要

将文化变革向所有员工阐明清楚。我们经常看到的情况是，组织把自己要进行的文化变革讲得太笼统，对它到底都要做些什么没有足够的解释。在有些员工迅速地获得了文化变革信息的同时，其他员工则在抱怨难以理解组织究竟在期待他们做什么。管理人员的表彰作用看起来是把文化变革讲清楚的唯一也是最好的方法。

帮助员工为迎接新的企业文化而做出改变。员工需要的帮助多种多样，从在新技能上的指导和培训到给他们带来出其不意的挫折感的更严格的评测，这些都能帮助他们更好地掌握组织要求的行为规则。虽然我们公司参与的大多数文化变革并不需要员工具有他们尚达不到的新能力，但是的确有些公司要求进行这样的变革。在这种情况下，那些对于文化变革不能提高自己相应能力的人必须要得到公平而诚实的对待，让那些不能达到文化变革要求的员工仍留在原有岗位，也发出了另一个信号，即这场变革是组织所渴望的变革而非组织所需要的变革。最高管理者可以坚持耐心、坚定以及灵活的指导原则，但不能超过了限度，以致削弱了处于文化变革策略核心的预期行为规则。

红海原则十：为红海业绩奖励管理者

在至少三年的时间内，如果最高管理者所进行的文化变革的成果高于预定的底线，就要对他们提供以可观的奖赏。这种红海策略的观念能在组织行为方式上产生巨大变化，而变化后的组织行为将能更好地实现企业的长期目标，最高执行官们既要为这一成功变化负责又要从中得到报偿。

为了达到与文化变革相联系的特定商业目标，应该提供额外的奖励。例如，如果目标是把解决客户投诉的时间缩短一半，那么达到这个目标时，管理者就要因之受到奖励。这些奖励应是在管理者完成年度成果底线所得的薪酬之外额外发放的。改变企业文化，使之能更好地迎接商业挑战，这将会给公司带来长期的特有价值，而最高管理者应该为此获得奖励。

应用红海阵略

文化变革并不容易，但是如果最高管理者集中于这场变革的商业理由，坚持改善预期的行为，并且使用高度公正的奖励周期，这个策略就能取得圆满成功。

第三部分
精通红海管理

在商业生涯中一个糟糕的事实就是，在公司通往成功的路途当中需要完成许多红海策略。红海策略将不会是例外而是常规的原则。在这种事实之下，今天的公司将需要精通红海策略以迅速而成功地完成它。精通需要开发和整合新的组织能力。第三部分就是要指出这些所需的能力并向您展示红海名人堂中的领导典范。

第十一章　精通红海管理

随着时间的飞逝，写这本书的早些章节时还是奥运会期间，很容易就会想到红海成功也需要奥林匹克级的承诺。在写这本书这最后一章时，我正在等待超级腕比赛（注：美国全国橄榄球联合会自 1967 年起每年举行一次的决赛）于一个多雨的日子拉开序幕，一两个球队肯定要面临某些真正红海挑战的日子，一个对于商界肯定要面对一些巨大的红海挑战的新的一年。正值经济紧缩，正值中小公司在自我优胜劣汰，正值大型公司也又进入成本缩减期，正值产业联合在继续……新的一年无疑将会有着红海的挑战和教训。幸运的是，你不用等着接受这些教训；在你读完这本书的时候，你已经学到了这些教益。这一章总结了六个要真正掌握红海管理所需要吸取的最重要的教训。

训诫一：运用红海策略增长你的业务

红海的种子在全球的商业经济中存活和生长。野心和期望前所未有的高涨。混乱的力量持续地既在提供机会也在制造威胁。行业进步在发生。强大的具有远见的管理者一直在寻找机会将他们的组织带入另一个更高境界。而且他们也将运用红海策略来开启这段向下一个表现水平迈进的旅程。记住，界定红海是一件好事情；领导者们在努力使之发生以推动组织向前发展。不幸的是，如果红海实施不利，没有人能避免它可能带来的巨大损失。图 11.1 显示了在今天的成长型公司的生命周期中红海的常规应用。

红海的概念已被广为接受。这一事实产生了非常重要且不容忽视的影响。既然红海不断出现，我们最好还是尽我们所能来予以掌握。对于所有想要赶上竞争对手并为物主提供不断增长的回报的组织，精通红海都将是必需的。

精通要求对于一些新的能力和资源，进行开发和提炼，从冠军级的心态和期望，特定的红海工具及应用，到赢得那些被认为是拥有优秀红海能力的人才。今天的组织将真正需要努力应对红海挑战了。在可预见的商业的未来中，将需要人们以破釜沉舟的承诺去抵御失败，以奥林匹克般的动力去争取成功。

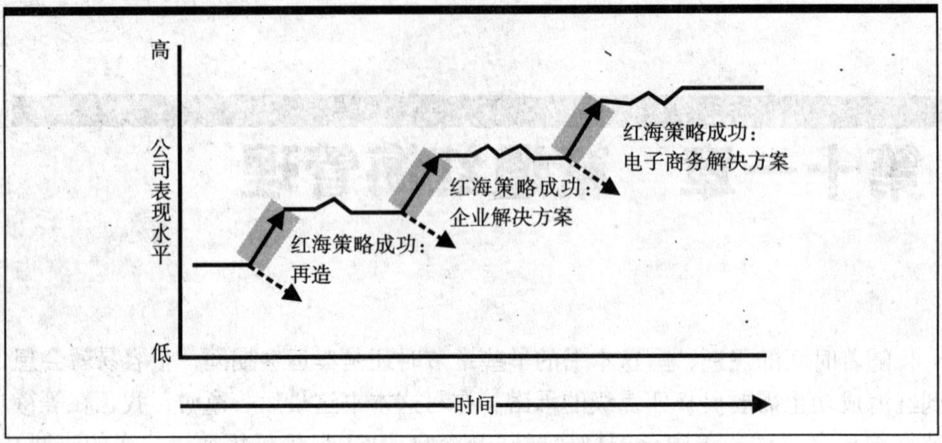

图 11.1　成功的红海策略给公司带来的表现水平的提升

训诫二：培养红海心态包括树立红海预期

培养一种对红海具有良好预期的心态是至关重要的。我们不能老把红海策略看做可恒的、问题不断的、实际上不可能做好的冒险。

我们必须停止再因红海策略的困难而丧失信心的状况了，我们要开始把注意力集中在可以经工作表现带来潜在积极影响的因素上。并且我们必须要树立良好的预期。

要取得红海的卓越成功，据我所知，没有比花点时间仔细看看由那些精通红海的首席执行官们组成的红海名人堂更好的方法了。在下面的四篇短文中，你将读到一些颇有胆识的领导者，他们没有躲开红海策略，而是运用它为其公司做成了大事。这些名字你可能很熟悉，但这一次我们是从红海管理的角度走近他们。

杰克·韦尔奇（Jack Welch），通用电气，1981 年至今。通用电气公司是美国第五大公司，年收入超过 1000 亿美元。GE 企业集团是业务包括 NBC 电视网、GE 资本服务公司，以及大量的生产医用，航空，消费电子以及能源产业产品的制造企业。自从杰克·韦尔奇在 1981 年出任 GE 的首席执行官以来，他引导 GE 成功地实施了许多红海策略。

韦尔奇已经证明了他有一种用红海策略推动其公司向前进发的神奇力量。他在被任命入主新的职位不久就做出在战略上进行变革的决定是极为重要的。为了在全球市场上更具竞争力，公司必须要进行重新构造并削减员工数额。他的决定受到了来自公司内外的嘲笑。韦尔奇在《来自领导者的课堂》（In lessons from the Top）中解释说："彼德·德鲁克（Peter Drucker）提出了一个极好的问题，如果你并非已经从事这项业务，现在你还要进去吗?"韦尔奇用这个问题检验了他的所有业务单元，并决定只保持那些在本领域市场上数一数二的业务。韦尔奇裁减45%的员工，并使公司从一个产品制造商转变为服务提供商。最终，韦尔奇的行动使公司收入从1980年的250亿美元增加到1998年的998亿美元。

韦尔奇同时也认识到需要运用另一个红海策略——改变公司文化。他决心要铲除官僚，增进沟通，鼓励思想交流。韦尔奇知道按GE的公司规模，若是在非正式的环境，公司将运营得更有效率。"90年代的成功者将是那些创造出，使他们行动更快，沟通更清楚，并使每个人都融入其中，集中力量努力为越来越苛求的客户服务的企业文化的人。为了达到这种成功的文化，我们必须要开始创造我们称之为无边界公司的公司。"

韦尔奇通过发起一个全公司范围内的敞开交流的计划，实现了这次企业文化变革。这个名为"集思广益"的新计划，包括了一系列在各部门间召开的分享想法和最佳实践的会议。这些新型沟通讨论会的好处之一是人们获得了跨边界的能力。大多数像GE这样规模的公司都以没有共享信息的筒仓式运营而闻名。而实际上，在20世纪90年代初，GE的成功应该归功于韦尔奇成功地改变了公司的文化并采用了"集思广益"的计划这个真正的红海策略。

最近以来，韦尔奇又启动了一个新的文化变革策略，即他的改进质量的"六西格玛"行动。新的计划要求进行一大笔投资，以对成千上万的员工进行培训，使他们掌握一种纪律严明的方法来推动质量的提高。在1998年6月8日《商业周刊》的报道中，作者写道："韦尔奇在1995年的晚些时候启动了200个项目和集中的培训计划，到1996年发展到3000个项目和更多的培训，到了1997年承担了6000个项目以及仍旧更多的培训。到现在为止，该项活动已经取得了惊人的成功，实现的收益远远超出韦尔奇最初的预想。在1997年，六西格玛计划产生的生产盈利为3.2亿美元，超过韦尔奇原始目标1.5亿美元的2倍。

珀西·巴尼维克（Percy Barnevik），ABB集团，1987~1996。ABB集团是一个为多种行业市场的客户服务的大型跨国企业集团。ABB的业务包括输电和配电；自动化技术（石油、天然气以及石化产品；建筑工艺；以及金融服务。1987年，两家欧洲的工程公司：瑞典的ASEA公司和瑞士的Brown，Boreri公司合并，形成了ABB公司。珀西·巴尼维克努力使这两家公司联合成为一个全球企业巨人。但是，为了合并成功，巴尼维克必须要证明他能够将两个各不相同的公司合二为一，成功地通过这个红海)。

巴尼维克受到承认，是因为他在将大型公司转化为更精干更有效率的全球性的竞争者上的能力。在他职业生涯的早期，巴尼维克被任命为桑德维克钢铁美国子公司（the U.S. Subsidiary Sandvik Steel）的首席执行官。

他很快就明白了率先采取行动和令人鼓舞的快速变化的重要性。在1991年三至四月期的《哈佛商业评论》（Harvard Business Review）上，巴尼维克谈道："我告诉我的员工，如果我们所做的100个决定中有70个被证明是正确的，那已经相当不错了。为什么要以损失准确性的代价来强调速度呢？因为延误带来的费用会比偶尔的错误大得多得多。"

最终巴尼维克迎接了一个甚至更大的挑战。他接受了ASEA公司首席执行官的职位，ASEA是一家瑞典的大型工程集团，他的任务是要意义深远地提升公司的表现水平。巴尼维克意识到要成功地改变ASEA，就需要对其进行彻底的重组。

在一个单个的红海策略中，他决定进行两个根本的改变：

- 对组织进行重新调整以更有利于国际化的扩张。
- 消除官僚主义作风并对公司的集团总部进行裁减。

一开始，巴尼维克就知道对于成功的改变速度是必须要达到的。他痛恨官僚作风，并在裁减集团总部时创造出了自己独特的方法："30%原则"。他的努力在曼弗雷德·凯特斯·德沃瑞斯（Manfred Kets de Vries）的书《新的全球领导者：理查德·布兰逊、珀西·巴尼维克以及大卫·西蒙》（The New Global Leaders：Richard Branson，Perey Barnevik and David Simon）中就有体现。书中这样描述巴尼维克："他运用自己的假定把总部的员工进行了分解。按照他的假定，集团总部的员工有30%应被划拨出去，加入分离而独立的利润中心，另30%的员工可以被调到运营性的公司作为它们管理人员的一部分，还有30%的员工将被淘汰掉。余下10%的员工仍留在总部作为在数量上最小化的必需人员。"最终，巴尼维克将集团总部的员工数从2000缩减到了200。

巴尼维克并未到此就停止，他强烈地相信电子行业将经历一场弱者出局的震荡，而ASEA必须要变得更加国际化和多样化。起初，他开始收购一些邻近国家的小公司。但是，巴尼维克一直不甚满意，直到他准备收购瑞士的Brown、Boveri公司。两家公司走到一起象征着一个重要的全球公司的出现。1987年8月10日，合并正式向外宣布：ABB是新公司的正式名称。与在ASEA的经历类似，巴尼维克决定先从裁减集团的总部开始。对于新公司他运用了同样的30%原则。同样地，他的下一个任务是迅速地精简机构，提高效率，使ABB的组织结构转化为矩阵型。

在《哈佛商业评论》的一篇文章的报道中，巴尼维克支持"在中心调控前提下的分权”，最终，他建立了一种在创新和变革基础上发扬光大的新的企业文化。他说“ABB 是一个有着三个内部矛盾统一体的组织。我们想成为既全球化又本地化的；既大又小的；既是彻底放权的又是集中汇报和控制的组织。”终于，巴尼维克培养出了一个真正的跨国公司，有着遍布 140 个国家的 1200 家公司，以及工作于这些公司超过 5000 个利润中心中的 21 万名员工。

郭士纳（Lou Gerstner），IBM，1993 年至今。国际商用机器公司（IBM）是一个价值 875 亿美元的计算机制造和服务公司，以其开发的 IBM 个人电脑闻名于世。IBM 号称“蓝色巨人”，被人们视作新经济的技术领导者。但是，IBM 并非一直成功的，在 20 世纪 80 年代末和 90 年代初，IBM 的市场份额和利润率迅速地直线下降。当时公司的首席执行官为约翰·阿克斯（John Akers），他对于技术背景下日新月异的变化没能迅速反应。结果，蓝色巨人的董事会决定撤换阿克斯。1993 年，郭士纳作为 IBM 历史上第一位以公司以外吸纳的最高管理者，受雇担任了 IBM 的首席执行官。IBM 的董事们选择郭士纳的主要原因是他具有扭转公司困境并使之赢利的能力。在《高层智慧》（In lessons from the Top）一书中，作者托马斯·J.奈夫（Thomas J. Neff）和詹姆斯·M.西特伦（James M. Citrin）说，IBM 向郭士纳提出了两个主要的挑战：

- 扭转 IBM 的局面并使之赢利。
- 把 IBM 带回“世界一流公司”的领先位置。

1993 年，IBM 遭受的亏损是 80 亿美元。郭士纳意识到本公司必须要改变企业文化并且聚焦于客户。在《挽救蓝色巨人：IBM 的郭士纳的领导艺术和转变战术》这篇报道中，郭士纳说：“如果一个公司的首席执行官不能置身于和鼓吹公司的企业文化，并且身体力行，那么这种文化根本就不会产生。”郭士纳巡回视察 IBM 所属的各个公司，鼓励员工采纳关注客户的视点和看法。他的努力对公司的获利状况产生了深远影响，1998 年 IBM 宣布赢利 63 亿美元。

除了成功运用了改变公司文化这个艰巨的红海策略之外，郭士纳还引导公司成功地实施了对莲花公司（Lotus）的收购。起初，莲花集团对于成为蓝色巨人的一部分惴惴不安。但是郭士纳通过收购不久后的一次演讲解除了莲花公司员工心中的恐惧。在演讲的回答问题环节，一名员工问郭士纳，是否他也要穿上别人的衣服乔装打扮一番，就像莲花的现任首席执行官为了鼓舞员工的士气而曾经做过的那样。据《IBM 归来：郭士纳与十年的业务转变》的记载，郭士纳当时说：“我将做成这笔生意。到我们已经拥有 40%~50%的组件[①] 市场时，

① 电脑软件包或硬件包，可使终端联网，在某一终端输入的数据可以更新中央资源，为各个终端所利用。

到西海岸与我们竞争的家伙们认输时，你们再想用什么方式看待我随你们的便。”最终对莲花公司的收购取得了成功，并且在 1998 年，公司的组件包 Lotus Notes 系列软件拥有了超过 2000 万的用户。

郭士纳同样成功地改变了公司的竞争战略。当郭士纳刚接管公司时，多数分析家认为他将对公司进行分析。但是，根据罗伯特·斯莱特（Robert Slater）的书《挽救蓝色巨人》中的描述，郭士纳另有计划。“我们相信决定保持 IBM 的完整在当时是正确的。”他的兴趣更多在于如何把公司从一个产品生产者转变为一个提供整体解决方案的公司。“解决方案的原始技术的需求更大。它们包括了由我们整合的软件、硬件及服务。”五年过去之后，IBM 已经以它的解决方案著称。郭士纳通过将公司带出只生产诸如个人电脑这种处于衰退边缘的产品的低谷，成功地证明了自己的能力。现在，蓝色巨人比以往任何时候更注重于向客户提供综合的软件和网络解决方案。郭士纳确实表明他有能力带领公司走出红海。

拉里·鲍西迪（Larry Bossidy），联盟标志（Allied Signal），1991~2000 年。在与 Honeywell 合并之前，联盟标志是一个价值 151 亿美元的航天、汽车，以及工程材料制造商。拉里·鲍西迪在 1991 年成为其新泽西州集团的首席执行官。在加入联盟标志公司之前，鲍西迪作为通用电器的副主席在杰克·韦尔奇手下工作。一加入联盟标志，鲍西迪很快就以扭转公司局面证明了他在红海管理上的能力。

当鲍西迪 1991 年上任时，他看到的是失望且幻想破灭的员工。联盟标志的股票几年来持续低迷，而两项主要的对 Bendix 和 Signal（标志公司）的收购也未能产生积极的财务结果。合并在组织名下的各不相同的各个公司，每一个都有着自己的独特文化，这对鲍西迪提出了极大的挑战。

鲍西迪认识到公司必须要把一切努力统一起来才能成功地把握未来的方向。作为开始，他裁减了 20%的员工并立即开始对组织进行重新编制。正如在《高层智慧》中指出的，鲍西迪沉着镇静地公布了一份新的远景报告，提出“我们想要成为最好的公司，在我们所做的任何事情上都要出色而成功。”虽然他的远景报告清晰而明确，公司仍需要更多的东西来激励变革，而解决的方法就是：六西格玛质量提升计划。通过在全公司内推行该计划，他有力地促进了横跨全公司的共同目标的实现。最起码，六西格玛起作用了。

除了树立起了全公司范围内的质量意识和积极进取的氛围，鲍西迪认识到领导原则的成功变革也是势在必行。他说：“今日的首席执行官必须比以前的首席执行官更加事必躬亲。”并且，鲍西迪宣称首席执行官为了规划公司战略必须要有跨越时间的远见。“当今世界变化的步伐是如此迅速，你必须要更加频繁地审视哪里是你永远的目标，否则机遇将稍纵即逝”。

通过大量彻底而广泛的行动，鲍西迪将公司改造成为一个遍布 40 个国家，拥有超过 87000 名员工的行业巨擘。在鲍西迪的领导下，公司成功地进行了对 Honeywell 公司的收购，1999 年，公司的年销售收入超过 240 亿美元，位列财富 500 强中的前 75 家公司。

这些家伙已经取得了优势；他们把红海管理视为推动他们的组织达到现在的卓越程度的一种重要工具。难怪他们会跻身名人堂。

训诫三：制订红海计划

我碰巧造访了一位我们的顾问团队中协助佛罗里达动力和光源公司 (Florida Power & Cight) 实施红海策略的顾问，当时不可避免的事情发生了：公司里对红海策略响起了飓风警报。令人惊异的是，这家公司似乎不费什么力气就利用它事先计划好的组织结构，业务流程和时间表进入了飓风的模式当中，而且一旦飓风冲击了他们所服务的任何领域，他们对于有可能出现的能量不足都做好了充分准备。

今天的商业组织需要一个当他们使用红海策略时可以转变为所需状态的红海模式。需要一个当红海策略启动时他们可以效仿的核对清单。这个核对清单应以公司的红海经验和来自红海原则的基准为基础。这个核对清单必须指明在红海中作为正式运作方式的公司的正式职责。

今天的组织要想在一开始启动红海策略时就一帆风顺也许不太可能。所有的细节都需要考虑到，并且静下心来踏踏实实地认真开始，包括在公司的员工手册中加入红海职责的内容。

正像为防备飓风时对如何使用海岸上的电动工具要进行培训一样，公司为了通过红海也必须进行必要的培训。有一张核对清单是势在必行的，但同时列在清单上的所有经理以及红海的失败原因和原则也极为重要。任何或是所有的公司高层管理者，都应有能力对经理和员工就公司将在红海中如何运作进行培训。

训诫四：使红海流程到位

这个思想足够的简单和朴素。就像我们在这本书里的红海方略所举例说明的那样，要想在红海里取得成功，有些组织流程和能力是必需的。这里的想法就是，在这些流程和能力急需之前，就把它们添加进组织的运营当中去，而不是等到实施红海策略即时需要时才来准备。举例来说，要想提升组织的能力，在稳定时期增加规划和项目管理已经够艰苦了，而在红海过程中增加这一能力将变得更为困难。

组织可能需要增加的额外能力包括：

- 计划和预算能力，以使资源为了红海成功能得到恰当分配。
- 制定完成客户记分卡的能力，以使组织能够深刻理解他们的产品和服务在各个方面上得到了客户什么样的评价。
- 评估体系，以对工作的信誉和常规的商业运营表现做出反馈。
- 有弹性的激励政策，以在红海中提供所需的有效的刺激、推动和冲击。

想要对红海机遇进行深入准备的组织，必须在战斗打响之前就齐心协力地增加这些能力。

训诫五：保证红海资源

红海成功需要技能熟练、经验丰富，在红海打拼过的“过来人”。这些人不是已经存在于组织内部，就是公司必须要从外界寻访。在开始招募执行官和经理时，需要以他们的领导红海的资格、奋斗的历史作为选拔的基础，而不能只看他们在正常时期的商业成功。要找那些实际在红海策略实施时身居领导岗位的，而不是那些在已经成功地通过红海的公司中作为常驻经理的管理者。招募这样的人选，要从把红海要求加入所有管理人员的岗位描述中作为开始。一个经理必须不只是能在平稳航行时驾驶战舰，他必须也能够引导和指挥他的组织战舰通过红海。实际上红海中的领导经验是无法替代的：要准备对这种经验付出补偿，因为它能带来更多的回报。

在红海时期，如果组织内部缺乏一位经验丰富的领导者，就需要从外面去寻找。那些能够提供帮助指导你如何走过红海旅程，或者甚至是能够给你提供一些在这段旅程中急需的领导的个人或是公司，都是你在红海中可以有效利用的资源。我们公司与企业协作已有超过 20 年的历史了，我们向本书覆盖到的每种红海的公司，提供清晰的引领、教导和培训以及规划和项目管理。

如果你需要从公司外部寻找帮手，注意不是所有的咨询公司都有红海的技巧和经验；红海可不是让那些“我们有所有答案”的咨询师来告诉你们每件事应该如何做的时候，也不是让那些成群的聪明厉害的年轻 MBA 们准备他们第一次的红海蜕变的地方（就看你扔的镍币哪面朝上了）。要寻找那些知道怎样带领你走过你的这段旅程（而不是他们的旅程）的人，要找那些能帮助你成功地走出你自己的路来的，具有灵活性和创造性的经验老到的人。你可能还想挑选那些能对如何按目标、按时以及在预算内地完成红海要求提出出色的参考意见的人。

训诫六：了解你的红海能力，并利用它来进行竞争

你知道你的公司进入红海有什么好处吗？你的红海能力是一个优势还是一个弱点？我想找出这些问题的答案将是重要的，这样你就能依靠你的红海能力或是开始加强它。如果你在红海策略实施的过程中没有对你的公司的红海表现进行评定，那么你可能对你的红海能力就没有一个恰如其分的评估，从而你也就难以了解你真正的红海能力。如果你已经在红海策略的实施过程中正式地运用了规划管理，那么你可能有一些可以利用的评测资料。

为了对你的公司的红海能力做到心中有数，你可以召集少数感知力强、比一般的员工有更敏锐的洞察力、具有更大的勇气能够实事求是地说出真实情况的组织成员，请他们给你的公司的红海能力一个较公允的评价。对于团队来说，一个好的起点可能是在你的公司的发展历史上绘制出不同的红海，然后大家就你的公司在这每个红海中将会产生怎样的效果进行彻底充分的讨论。只是随便聊聊而已，你可以按照以下的非常粗糙的红海能力衡量标准，从高能力（红海斩获者）到极低能力（潜在的红海牺牲者），来问问这个小组的成员，让他们为你的公司找出其能力的大致定位。

高能力：红海斩获者

- 能够轻松自由地进出红海。
- 拥有具有天赋的、灵活性强的，并有红海成功记录的领导者。
- 对红海策略的应用超出业界一般的应用水平。
- 对红海策略强有力的、高效的应用。
- 能够运用红海作为一种竞争手段。
- 能够在获取收益和减少出现损失的风险中取得平衡。

有红海能力

- 把红海策略看做一种干成事情的手段。
- 具有业界平均的红海策略应用能力。
- 能够适当地运用红海策略。
- 运用红海策略的主要动机在于其潜在的获利。
- 能够在获取收益和减少出现损失的风险中取得平衡。

低能力：竞争对手红海能力的潜在牺牲品

- 很少或没有采取主动占据优势的红海能力。
- 在对红海策略的反应上能力有限。
- 进入红海更多的是作为一种防御策略。
- 常委派代表来作为红海领导。
- 注意力集中在如何逃避红海风险而非获利。
- 以一种"我真不幸啊"的态度开始红海策略。

在明确了你的公司可能的红海能力等级之后，再拿你最势均力敌的竞争对手用同样的方法做一遍。如果你发现你比自己的竞争对手能力更高，在红海策略对于增加你的组织的相对表现很有意义时，考虑一下开始进行更多的红海策略。

那些具有红海能力锋芒的公司在这个残酷变化的时代，具有一些实实在在的商业优势。想象一下，如果你的公司擅长运用红海，你的公司将会做些什么：

- 加快商业步伐。
- 能够更主动地把握先机。
- 有更多的选择。
- 反应速度快得让竞争对手吃惊。
- 使用更多的竞争秘密武器。

如果你对自己公司的红海能力的评估低于你的竞争对手，你的选择就十分有限了。提升你的公司的红海能力将成为你当务之急的优先战略，因为没有应用红海策略的能力，你们公司在应对红海上所有的意图和目标都将困死于绝境。

红海管理：大终局

写这本书的目的就是要讨论一下这个最大的商业挑战。红海是一个特殊的战场，在这里，领导者能够运用那些经过设计，用来将组织推进到更高表现境界的策略，带领他们的公司成立业界翘楚，引领潮头。

我想提出有关红海的新的规则与原则，以表明在这个特殊的时刻，无论是管理者还是员工都需要做出一些不同的努力。我不想把人们从红海吓跑，但是我确实想让大家对于在一个红海策略中运用通常的管理原则将会带来的恶果影响深刻。我想说明在红海方面已经积累了大量的知识。也许不是所有的公司都能跻身红海名人堂，但是他们能够掌握获得基本候选资格所需的红海原则。

红海的隐喻还有一个最后的用途。在橄榄球比赛中，胜利者都想拿到球。他们想要持球是因为他们有信心有能力打好球，他们想要拿到球是因为他们相信、他们计划、他们非常地渴望得分。我希望这本书也能够挑战管理极限，让你在红海中频频得球、顺利突破、成功得分！

参考文献

1. Bingi, Prasad, Sharma, Maneesh K. and Godla, Jayanth K., "Critical Issues Affecting ERP Implementation," *Information Systems Mangement*, Summer 1999.

2. Chopra, Sunil and Van Mieghem, Jan A., "Which E-Business is Right for Your Supply Chain," *Supply Chain Management Review*, July 2000.

3. Cliffe, Sarah, "ERP Implementation," *Harvard Business Review*, January-February 1999.

4. Crainer, Stuart, "The 50 Best Management Saves," *Management Review*, November 1999.

5. Davenport, Thomas O., "The Integration Challenge," *Management Review*, January 1998.

6. De Figueiredo, John M., "Finding Sustainable Profitability in Electronic Commerce," *Sloan Management Review*, Summer 2000.

7. Epsrein, Marc J., "Organizing Your Business for the Internet Evolution," *Strategic Finance*, July 2000.

8. Garr, Doug, *IBM Redux: Lon Gerstner and the Business Turnaround of the Decade*, 1st ed., New York: Harper Collins, 1999.

9. Griffith, David A. and Palmer, Jonathan W., "Leveraging the Web for Corporate Success," *Business Horizons*, Jaunary 1999.

10. Hammer, Michael and Champy, James, *Reengineering the Corporatoin: A Manifesto for Business Revolution*, 1st ed, New York: Harper Business, Harper Collins Publishers, Inc, 1994.

11. Hammer, Michael and Stanton, Steven A., *The Reengineering Revolution: A Handbook*, New York: Harper Business, Harper Collins Publishers, Inc., 1995.

12. Holland, Dutch and Kumar, Sanjiv, "Getting Past the Obstacles to Suc-

cessful Reengineering," *Business Horizons*, May–June 1995.

13. Jarrar, Yassar F. and Aspinwall, Elaine M., "Business Process Reengineering. Learning from Organizational Experience," *Total Quality Management*, March 1999.

14. Kets de Vries, Manfred F.R., *The New Global Leaders: Richard Branson, Percy Barnevik and David Simon*, 1st ed., San Francisco: Jossey–Bass, 1999.

15. Kim, W.Chan and Mauborgne, Renee, "Strategy, Value Innovation, and the Knowledge Economy," *Sloan Management Review*, Spring 1999.

16. Kotter, John P. and Heskett, Jamees L., *Corporate Culture and Performance*, 1st ed., New York: Free Press, 1992.

17. Neff, Thomas J.and Gitrin, James M., *Lessons from the Top*, 1st ed., New York: Doubleday, 1999.

18. Neufield, Derrick and Parent, Michael, "From Bricks to Glicks," *Ivey Business Journal*, March 2000.

19. Picken, Joseph C.and Dess, Gregory G., "Right Strategy –Wrong Problem," *Organizational Dynamics*, Summer 1998.

20. Porter, Michael E., *Competitive Strategy: Techniques for Analyzing Industries and Competitors*, New York: The Free Press, 1980.

21. Schein, Edgar H., *The Corporate Culture Survival Guide*, 1st ed., San Francisco: Jossey–Bass Inc., 1999.

22. Slater, Robert, *The GE Way Fieldbook: Jack Welch's Battle Plan for Corporate Revolution*, 1st ed., New York: McGraw–Hill, 1999.

23. Slater, Robert, *The New GE: How Jack Welch Revived an American Institution*, 1st ed., Homewood, IL: Irwin, 1993.

24. Taylor, William, "The Logic of Global Business: An Interview with ABB's Percy Barnevik," *Harvard Business Review*, March–April 1991.

25. Vitiello, Jill and Manganelli, Raymond, "It's Totally Radical," *Journal of Business Strategy*, November–December 1993.